JN095552

紛争類型別
事実認定の考え方と実務
第2版

田中 豊 著

発行 ㊦ 民事法研究会

第2版　はしがき

　本書の初版を上梓したのは2017年であり、それから3年が経過しようとしています。本書は、幸いにも、裁判官、弁護士、司法書士等として既に法律実務に携わっている方々のみならず、司法修習生、法科大学院生、法学部生といったこれからその列に加わろうとしている方々の支持を得て刷を重ねてきました。

　また、この間、民法（債権関係）改正および民法等（相続法）改正が実現し、前者は2020年4月1日に施行されることになっており、後者は2019年7月1日に施行されています。そこで、これらの法改正に言及しておいたほうがよいと思われる箇所を中心に、最小限の改訂作業をすることにしました。今回の改訂によって、上記の民法改正を踏まえても、本書でしている事実認定に関する諸問題の検討がその意味を失っていないこと、その背景になっている法律問題についてもおおよそ同じ状況にあることを確認することができるものと思います。

　本書は、事実審裁判官の立場からすると「事実の認定」の問題を、当事者の訴訟代理人の立場からすると「主張と立証」の問題を、民事訴訟の動態に即して理解しようとするものです。本書は、この点において、筆者が2007年に上梓した『事実認定の考え方と実務』（民事法研究会刊）との間で姉妹書の関係にあります。初版のはしがきに述べましたように、本書のタイトルに「紛争類型別」と冠したのは、売買契約、消費貸借契約、賃貸借契約等各種の契約をめぐる紛争、土地の所有権や相続をめぐる紛争といった現代日本で多数提起される典型的な紛争を取り上げて検討しているからです。

　しかし、実は、本書は、そのような大まかな分類をするにとどまらず、例えば、売買契約の当事者が争われるという一見簡明な紛争の中に、当該売買契約の法的効果の帰属主体が争われる場合と、当該売買契約のほかに別の契約が成立しているかどうかが争われる場合とがあることを指摘し、前者を第1類型、後者を第2類型として分類し、各類型に存する事実認定または主

張・立証上の問題の所在と解決の仕方とを解明することを試みています。すなわち、「紛争」を「類型化」することによって、適切な解決を導く「道標」を得ようとする試みでもあります。

　さらに、本書は、読者が本書中の記述を客観的に評価しフェアに批判することができるように配慮しました。まず、争点の所在を明確に理解するため、要件事実論を用いて当事者の主張を「請求原因→抗弁→再抗弁」と構造化して示すことによって、当事者のいずれがどの主要事実を証明しなければならないかを示しています。また、当事者間に争いのある事実が主要事実レベルのものであるか、間接事実または補助事実レベルのものであるかをも分析して示しています。次に、そのようにして明らかになった争点の認定または立証につき、動かない事実を幹として紛争のラフ・スケッチを描き、その中に主要事実レベルのまたは間接事実（補助事実）レベルの争点を位置づけ、各争点に経験則を適用し、複数の経験則の相乗効果によって正しい結論に至るという道筋を示しています。

　結局、本書は、事実認定または主張・立証を、法律実務家の勘に頼ったエピソードとしての「どんぶり勘定」の世界から、論理と経験則とを複合的に組み合わせた「可視化された」世界へと解放しようとする筆者なりの試みです。

　「自由心証主義」の原理原則が、誤った事実認定とその結果としての誤った判決の隠れ蓑にされない時代が到来することを心から期待して、第2版のはしがきを締めくくりたいと思います。

　最後に、本書第2版の刊行にご尽力いただいた民事法研究会の竹島雅人氏に深甚なる感謝の意を表します。

　2020年2月吉日

田　中　　豊

は し が き

　筆者は、2008年に『事実認定の考え方と実務』（民事法研究会刊）を上梓し
ました。同書は、裁判官、弁護士、司法書士といった多くの法律実務家、司
法修習生、法科大学院生等の各層から大方の支持を得て刷を重ねています。
一方で、民事紛争の類型ごとにより多くの事案に即した問題分析とそれを総
合した姿を論ずる書籍を出版してほしいという要望が同書発行の当初から寄
せられていました。筆者の多忙（怠慢？）のゆえに延び延びになっていまし
たが、ここに刊行することになりました。

　民事裁判において解決を迫られる問題は、法律問題（法令の解釈適用をめ
ぐる争い）と事実問題（過去の事実の存否をめぐる争い）とに大別すること
ができます。事実問題は上告理由または上告受理申立理由にすることができ
ないのですが、それは、民事裁判において事実問題が重要でないことを意味す
るものではありません。民事裁判の結論は、「確定された事実」に法令を適
用することによって導かれますから、その基本である「事実の確定」がいい
加減なために、民事裁判の利用者である市民の信頼を得られないようでは、
司法に対する信頼自体が揺らぐことになります。誤った判断がされた場合、
事実問題は、上告理由または上告受理申立理由にすることができないため、
法律問題よりもその誤りが修正される機会が少なくて表面に出にくく、当事
者は泣き寝入りを余儀なくされるという深刻な事態に至ります。

　そのうえ、民事訴訟における事実の認定は、裁判官が当該事件の審理に供
された資料を基に自由な判断で心証を形成することを認める「自由心証主
義」と呼ばれる原理原則によってされていて、判決書上に心証形成の過程の
詳細が明らかにされることが少ないこともあって、第三者による客観的な批
判や論評がなかなか難しい実情にあります。

　本書では、上記書に示した事実認定の考え方の基本を前提にして、売買契
約、消費貸借契約、賃貸借契約といった契約をめぐる紛争、土地の所有権や
相続をめぐる紛争を取り上げ、それらの紛争類型ごとに、裁判官のすべき正

3

確な事実認定のあり方と裁判官に対する説得をめざして訴訟代理人のすべき主張・立証活動のあり方とに焦点をあて、できる限り客観的・具体的に解説を進めました。

　したがって、事実認定についての基本的考え方に繰り返し立ち戻ることになります。一見複雑にみえる事案において事実認定の基本とのつながりを明確に意識することによってのみ、裁判官の事実認定力と訴訟代理人の主張・立証力は磨かれるものです。この点を常に思い出しつつ、それぞれの事案における問題点をいっしょに考えていただければ幸いです。

　また、狭義の事実認定の問題にとどまらず、法律問題として性質分類される法律行為の解釈の問題を取り上げ、かなり詳細な検討を加えました。実際の紛争では、これら2つの問題が併せて提起されることが少なくなく、これら2つの問題を明確に識別することがそう容易ではないこと、近時、契約の解釈および遺言の解釈をめぐる紛争が増加していること等を考慮したものです。そこで、本書では、事例演習を通じて、狭義の事実認定の問題のほかに性質の異なる法律行為の解釈の問題が存することを実感することができるように配慮しました。

　本書は、事実の認定ないし主張・立証という観点から動態としての民事訴訟を理解しようとするものです。本書が、すでに民事訴訟にかかわっている法律実務家や研究者に対して何がしかの新しい視点を提供するものであり、また、これからその列に加わろうとしている司法修習生、法科大学院生、法学部生の学習の役に立つものであることを期待しています。

　本書は、市民と法80号（2013年4月号）から103号（2017年2月号）までほぼ4年にわたって連載した原稿に多少の修正をしてできあがったものです。本書執筆のきっかけをいただき、刊行にご尽力いただいた民事法研究会の安倍雄一氏に深甚なる感謝の意を表します。

　2017年3月吉日

田　中　　豊

『紛争類型別　事実認定の考え方と実務〔第2版〕』

目　　　次

第1章　売　買

第2章　消費貸借

第3章　賃貸借

第4章　土地の所有権をめぐる紛争

第5章　相続をめぐる紛争

目　次

16

凡　例

〈法令等略語表〉

平成29年改正民法、改正民法

　　　　　　　　　民法の一部を改正する法律（平成29年法律第44号）

平成30年民法改正　　民法及び家事事件手続法の一部を改正する法律（平成
　　　　　　　　　30年法律第72号）」

〈判例集・定期刊行物表記〉

民録	大審院民事判決録
民集	最高裁判所民事判例集
集民	最高裁判所裁判集民事
東高民時報	東京高等裁判所民事判決時報
判時	判例時報
判タ	判例タイムズ
金商	金融・商事判例
金法	金融法務事情
最判解民	最高裁判所判例解説民事篇

〈文献略称表記〉

田中・事実認定	田中豊『事実認定の考え方と実務』（民事法研究会・2008年）
田中・法律文書	田中豊『法律文書作成の基本〔第2版〕』（日本評論社・2019年）
田中・論点精解民訴	田中豊『論点精解民事訴訟法』（民事法研究会・2018年）
司研・要件事実第1巻	司法研修所編『増補民事訴訟における要件事実第1巻』（法曹会・1986年）
司研・紛争類型別	司法研修所編『改訂紛争類型別の要件事実』（法曹会・2006年）
司研・判決起案の手引	司法研修所編『10訂民事判決起案の手引』（法曹会・2006年）
司研・新問題研究	司法研修所編『新問題研究要件事実』（法曹会・2011年）

※判例の事案を解説している箇所については、改正前民法の条数を用いています。

第 **1** 章

---◆---

売 買

Ⅰ 売買契約の成立

1．売買契約成立の要件事実

　まず、売買契約は、諾成契約（両当事者の意思表示の合致のみによって成立する契約）であって、要式契約（書面によるなど契約成立に一定の方式の具備が要求される契約）ではありません。

　平成29年改正民法は、521条において近代私法の基本原則である「契約自由の原則」を明文化し、522条１項において契約が一方当事者の「申込み」とこれに対する相手方の「承諾」によって成立するという一般的に受け入れられていた解釈を明文化したうえ、同条２項において原則として「書面の作成その他の方式を具備することを要しない」ことを規定しました。

　そして、売買契約は、財産権を移転することおよびその対価として一定額の金員を支払うことの２点を要素とする契約です（民法555条）から、一般に、①目的となる財産権が確定し、②対価となる代金額またはその決定方法が確定していることが必要であり、この２点についての合意が成立することが売買契約成立の要件であると説明されます。すなわち、目的物交付と代金支払の期限の合意は契約の要素ではなく、附款であると説明されます。

1　意思表示の合致によっては成立せず、目的物の交付を契約成立の要件とする契約を要物契約と呼びます。
2　民法の規定する要式契約として保証契約（民法446条２項）、諾成的消費貸借契約（改正民法587条の２第１項）等が、それ以外のものとして定期借地権設定契約（借地借家法22条）、定期建物賃貸借契約（同法38条１項）、任意後見契約（任意後見契約に関する法律３条）等があります。
3　我妻榮『債権各論中巻一（民法講義Ⅴ₂）』（岩波書店・1957年）250頁、司研・紛争類型別２頁を参照。
4　司研・要件事実第１巻275頁を参照。

２．売買契約成立の事実認定と経験則

　上記１の説明を表面的に理解すると、売主となる者と買主となる者との間で目的物と代金額について了解に達した時に売買契約が成立したと認定するのが論理的に正しいということになりそうです。しかし、もう一度よく読み直してみると、**上記１の説明は、わが国の民法が売買契約を成立したものとして扱ってよいとする必要最小限の要件についてのものであって、わが国のどの時代の、どの地域での、どのような関係にある当事者間の、どのような財産権を目的とするものであっても、目的とする財産権と代金額について了解に達しさえすれば売買契約が成立するとの趣旨をいうものではない**ことに気がつきます。

　これは、売買の要件事実をわきまえていなければ、売買契約が成立したかどうかの事実認定または主張・立証に着手することはできないけれど、売買の要件事実をわきまえているだけではその点の事実認定または主張・立証を完遂することができないこと（要するに、要件事実は、必要条件であって、十分条件ではないこと）を示しています。

　実際にも、契約書その他何らの文書を作成することなく、また目的物交付と代金支払の期限やその他の付随的合意を明示することもなく、売買契約が成立することがあります。デパートやスーパー・マーケット等での現実売買は、その典型です。

　他方、１つの契約が成立に至るために解決すべき問題点が数多くある場合には、その問題点の確認と解決方法の探究、当事者双方の利害の調整等が必要になり、相当の期間にわたる交渉過程が必要になります。目的物が高価である、客観的には高価とはいえなくても、当事者（の一方）にとって貴重であるときなどには、そうなります。売買契約の交渉過程において、目的とする財産権と代金額について了解に達したとしても、他に解決を要する交渉事項が存する場合には、当該事項の民法上の性質が附款として分類されるものであっても、その交渉の落ち着き方によっては、目的とする財産権や代金額

についても再度見直しがされ、それによって全体として当事者間の利害のバランスをとるといった事態になることも稀ではありません。

このように紆余曲折を経て成立に至る契約もあるのですから、交渉過程に入ったものの、いずれか一方の当事者が最終的な契約内容案に不満を抱き、適切に当事者間の利害のバランスがとられていない（自分の我慢できる範囲に収まっていない）と考える場合には、契約を成立させるに由ないということになります。[5]契約成立をめざして交渉過程に入ったものの、さまざまな理由で成立に至らずに交渉が破綻する事例は無数にあり、商社ではそのような現実を「千三つ」（1000件交渉しても、成約に至るのは3件にすぎないの意）と表現しています。

そして、このような交渉過程を経る場合には、その時々にさまざまな文書が作成・交換されることも稀でなく、最終的に契約書という形で終止符を打つのが通常です。

以上の売買契約の成立過程の中身は、一言で表現すれば、売買の取引実態に関する経験則の内容です。[6]ただし、一口に経験則といっても、問題となっている取引の時代、地域、当事者間の関係、目的である財産権が何か等のさまざまな要因によって、その内容が異なることがあり得ますから、法律実務家としては、その点を意識して、各般の経験則を収集して身に付け、それを駆使することができるように努力する必要があります。

3. 事例演習（《*Case* 1-①》）

(1) 事案の概要

東京地判昭和57・2・17判時1049号55頁を素材にして、不動産（土地・建物）の売買契約の成否に関する事実認定を検討してみることにしましょう。

5　このような契約の成立過程につき、田中・法律文書319〜323頁を参照。
6　経験則の意義と機能につき、田中・事実認定122〜130頁を参照。

⌐〈*Case* 1 -①〉────────────────────

① 不動産売買を自ら手がける業者 Y_1 は、Y_2 から、昭和45年9月ころ、土地買収の委託を受けた。この委託は、Y_2 が取引先の Z から土地買収の委託を受けたことによる再委託であった。

② Y_1 は、本件土地の所有者 X に対し、昭和46年6月3日、その売却を要請した。X が債務整理資金を獲得するため本件土地を売却する方針でいたこともあり、交渉は急速に進展し、売買目的物の範囲について了解に達し、代金額についての協議をするための交渉期日が同月15日に設定された。

③ Y_2 は、Z の意向を確認のうえ、売買代金額を空欄とした仮契約書の草案を起案し、Y_1 は、それをそのままタイプ打ちして「不動産売買仮契約書」と題する文書を作成し、Y_1 の記名・押印をして同月15日の交渉に臨んだ。

④ 同月15日、X、Y_1、Y_2 が一堂に会したが、Y_2 は、それまで X との交渉の当事者ではなかったため、当初その立場を明らかにすることをせず、代金額の交渉が2億6000万円で決着することになった時点で、自らの上記①の立場を明らかにした。その後、Y_1 が用意した仮契約書案を一同に示したうえで金額欄に「2億6000万円」と記入し、X がこれに記名・押印した(以下、この合意を「本件仮契約」といい、この仮契約書を「本件仮契約書」という。甲第1号証)。しかし、Y_2 は、その準備をしてこなかったなどと言って記名・押印を断った。

⑤ 本件仮契約書の前文には「不動産売買に関する基本事項について仮契約を締結し、正式契約を円滑且つ支障なく締結するための証として当仮契約書各1通を保有する」と記載され、第2条には「更に具体的細部事項を定めて正式契約を締結する」と記載されている。

⑥ 同日、正式契約締結までのスケジュールが協議され、同月28日に正式契約を締結し、手付金5200万円を支払うこととされ、正式契約書草案は Y_1・Y_2 において用意することになった。また、X から、売買目

　的不動産の明渡期限を同年8月末日としてほしいとの要望が出され、
　Y₂はこれを承諾した。

⑦　Y₁・Y₂は、Xに対し、同月28日、Zが買収中止の方針になったこ
　とを理由に売買交渉の中止を申し入れたが、Xはその申入れを拒絶し
　た。

⑧　Xは、Y₁・Y₂に対し、その後も再三本件仮契約の履行を求めたが、
　Y₁・Y₂は、Xの求めに応じなかった。

⑨　Xは、Y₁・Y₂に対し、同年10月23日到達の内容証明郵便をもって、
　売買代金2億6000万円を5日以内に支払うよう催告するとともに、そ
　の支払がないときは本件仮契約を解除する旨の意思表示をした。

⑩　Xは、本件仮契約の締結によって売買契約が成立したとの立場に
　立って、Y₁・Y₂に対し、債務不履行に基づき、予定損害賠償金5200
　万円等の支払を求めて訴えを提起した。

[関係図]

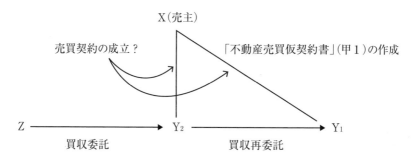

(2)　東京地方裁判所の判断

前掲東京地判昭和57・2・17の判断は、大要以下のとおりです。

①　売買契約は、当事者双方が売買を成立させようとする最終的かつ確
　定的な意思表示をし、これが合致することによって成立するものであ

り、代金額がいかに高額なものであったとしても、右意思表示について方式等の制限は何ら存しないものである反面、交渉の過程において、双方がそれまでに合致した事項を書面に記載して調印したとしても、さらに交渉の継続が予定され、最終的な意思表示が留保されている場合には、いまだ売買契約は成立していないというべきである。

ⓘⓘ　ⓐ本件仮契約書は、「不動産売買仮契約書」と題するものであり、その前文では、本件仮契約書が正式契約でないことを示す趣旨の記載があり、ⓑ第2条ではさらに具体的細部事項を定めて正式契約を締結するものと明確に規定して、本件仮契約書の記載上も、後日正式契約を締結することおよびその締結に向けて正式契約に盛り込むべき具体的細部事項について交渉を継続することを予定しており、ⓒ実際にも、同規定の趣旨に基づき、具体的細部事項についての交渉を継続して昭和46年6月28日に正式契約を締結し、その際、買主側から手付金として5200万円を支払うという今後のスケジュールが予定されていたのであるから、ⓓ本件仮契約書の第2条にいう正式契約の締結がすでになされた売買契約の確認というような単なる形式的なものであるとは認めがたく、かえって、本件仮契約書は、後日正式契約を締結し、正式契約書を作成することにより売買契約を成立させるという当事者の意思を明確に示したものというべきである。

ⓘⓘⓘ　してみると、昭和46年6月15日に、XとY₁・Y₂との間で、売買契約の成立に必要な最終的かつ確定的な意思表示がなされ、売買契約が成立したものと認めることはできず、同日は、売買代金および目的物について合意に達したので、これら売買契約の基本的条件を書面化して確認するとともに、さらに交渉を継続して、売買契約に盛り込むべき具体的細部事項を定め、本件仮契約書の各条項を基本的な内容とする売買契約を締結することを定めた契約がXとY₁との間で締結されたにすぎないものというべきである。

(3) 事案の分析

(ア) 当事者の主張と争点の所在

本件訴訟の訴訟物（請求権）は売買契約の債務不履行（履行遅滞）に基づく損害賠償請求権であり、その請求原因事実は以下のとおりです。

〈請求原因〉

⑦　XとY₁・Y₂は、昭和46年6月15日、本件不動産を代金2億6000万円で売買するとの契約（本件売買契約）を締結した。	×
④　Y₁・Y₂は、Xに対し、同月28日、本件売買契約の解消を要求し、その後も一貫してXによる本件売買契約の履行の求めに応じなかった。	×
⑦　Xは、Y₁・Y₂に対し、同年10月23日、売買代金2億6000万円を5日以内に支払うよう催告し、その期限である同月28日は経過した。	○
⑦　XとY₁・Y₂は、本件売買契約において、一方当事者の債務不履行についての損害賠償として5200万円を支払う旨を約した。	×

　本件訴訟に抗弁はありません。争点は、上記の認否欄のとおり、⑦、④、⑦の3点ということになりますが、その内容から明らかなように、④と⑦に争いがあるのは、⑦に争いがあることが原因です。したがって、本件訴訟における主要な争点は、⑦（本件売買契約の成否）ということになります。

　なお、④は、⑦の主張によりY₁・Y₂が同時履行の抗弁権を有していることが明らかになるところ、同時履行の抗弁権の付着が履行遅滞の違法性阻却事由として機能するので、これをつぶしておかないとXとしては履行遅滞に基づく損害賠償請求をすることができないために、請求原因事実として主張しなければならないのです。そこで、本件売買契約の目的物は不動産ですから、本来的には、本件不動産の所有権移転登記手続の提供をしたことを主張する必要があります。④の主張が同時履行の抗弁権の存在効果をつぶすのに

十分であるかどうかについては問題があります。また、㋓は、民法420条１項（賠償額の予定）の適用を主張するものです。

(イ)　証拠の構造

Ｘは、㋐の点が否認されたため、「不動産売買仮契約書」（甲第１号証）を提出し、Ｘ本人の尋問を申請しました。裁判所は、これらいずれの申請をも採用して、取り調べました。

このうち、Ｘ本人尋問は、本件売買契約における売る旨の意思表示および買う旨の意思表示が合致した現場にいたという当事者の供述を得ることを目的とするものであり、要証事実㋐についての直接証拠[8]であることが明らかです。

これに対し、「不動産売買仮契約書」という文書（本件仮契約書）が直接証拠のカテゴリーに入る証拠であるかどうかはそれほど明快ではありません。Ｘとしては、Ｘの売る旨の意思表示とY_1の買う旨の意思表示とが記載された文書であると主張しており、「処分証書[9]」の性質を有する売買契約書であるという立場に立っていますから、直接証拠として提出しているわけです。

しかし、東京地方裁判所が前記(2)ⓘにおいて説示するように、その記載文言および不動産取引の一般的取引慣行に照らし、本件仮契約書は後日正式契約書を作成することにより売買契約を成立させるという当事者の意思を明確に示したものとみるのが経験則に合致するとの立場に立つと、Ｘの売る旨の意思表示とY_1の買う旨の意思表示とが記載された文書であるとはいえませんから、本件売買契約の成立に必要な売主と買主の各意思表示が記載された文書としての「直接証拠」とはいえないということになります。

7　我妻榮『債権各論上巻（民法講義V_1）』（岩波書店・1954年）153頁、司研・紛争類型別５頁を参照。

8　直接証拠とは、主要事実を直接に証明する証拠をいいます。田中・事実認定152頁を参照。

9　処分証書とは、意思表示ないし法律行為が記載されている文書をいいます。田中・事実認定55頁を参照。

　すなわち、本件仮契約書は、同文書作成時点におけるXとY₁の暫定的な意思表示が記載されたものとして処分証書の性質を有するものではあっても、その後うまく交渉が進展すれば売買契約が成立する可能性があったという間接事実を証明する「間接証拠[10]」として位置づけるべきものであるということになります。

　近時、契約成立前に、将来締結される契約の内容とすべき事項やそれまでに一応の合意が成立した事項の内容等を整理して記載した文書をLOI（Letter of Intent）と呼ぶことがかなり一般化してきました。本件仮契約書はLOIの性質を有する文書ということになります[11]。

⑷ 売買契約の成立認定のポイント

　〈*Case* 1 -①〉は、「売主の売る旨の意思表示と買主の買う旨の意思表示とが合致した」という極めて簡単な主張であっても、その認定が一筋縄ではいかないことをよく示しています。

　現実売買以外の売買取引には相応の交渉過程が存するのが通常であり、売買の要素とされる目的物と代金額について了解に至ることもあるが、それが各当事者（またはその代理人）による「最終的かつ確定的な意思」の表示であることが必要であり、それが後の交渉を予定した「暫定的な意思」の表示ではないかとの疑いが残るのであれば、売買契約における意思表示の合致があったとはいえないのです。東京地方裁判所の前記⑵①の説示部分は、この点を明らかにした定式の提示として参考になります。

　「最終的かつ確定的な意思」の表示であるかどうかの判断を誤りなくするためには、「交渉の開始→各当事者による提案と対案の提示→契約の成立→契約の履行」といった各過程において実際に生起した事実を確定し、各事案に即した取引慣行を念頭に置いて各過程における経験則を探求して獲得したうえで、各過程における経験則に照らして確率計算をすることが必要です[12]。

10　間接証拠とは、間接事実を証明する証拠をいいます。田中・事実認定153頁を参照。
11　契約書とLOIとの関係につき、田中・法律文書319〜323頁を参照。

この点については、本書で繰り返し学ぶことになります。

　また、そのような交渉過程に関与する法律実務家であれば、将来の紛争発生を念頭に置いて、各過程において作成する文書がその時々の各当事者の意向と状況とを正確に反映させるようにすることが必要です。そうすることによって、将来の紛争発生を防止することができ、紛争が発生したとしても、想定した範囲内で有利に紛争を収束させることができます。このように、起きてしまった紛争は、将来の紛争防止のための重要なレッスンなのです。[13]

II　売買契約の当事者

1．売買契約の当事者が争点になるという意味と類型

　前記 I では、売買契約が成立したということができるかどうか（どの時点で売買契約が成立したということができるのか、結局のところ売買契約が成立したと認定することはできないのか）という争点についての事実認定上の問題を検討しました。

　本項では、誰と誰との間に売買契約が成立したのかが争点になる場合の問題を検討することにします。

　ここで、まずもって理解しておく必要があるのは、「誰と誰との間に売買契約が成立したのか」という問題設定の仕方は、法律的には不正確なものであって、経済的実質とでもいうべきものに着目した表現にすぎないという点です。結論から先に述べておくと、大別して、次の2つの場合があります。第1は、問題とされている売買契約の効果の帰属主体が争われる場合です。第2は、当該売買契約の効果の帰属主体が問題であるのではなく、当該売買

12　誤りのない事実認定をするためには複数の経験則を適用して確率計算をすることが重要であることにつき、田中・事実認定141頁、147頁、168頁、180頁を参照。

13　契約書の存在理由が当事者間の行為規範の明確化と紛争発生時における裁判規範の明確化とにあることにつき、田中・法律文書316頁を参照。

契約のほかに別の契約（売買契約であることも委託契約等の売買契約とは別の類型の契約であることもあります）が成立しているのかどうかが争われる場合です。

　当事者の代理人である法律実務家としては、自らの取り扱っている事案がそのいずれであるのか、法律構成としていずれによるべきであるのかを明確に意識して主張・立証に臨む必要があります。もちろん、双方の法律構成を選択的に主張することもできますが、要件事実が異なることを理解して当該事件における主要事実を漏れなく主張する必要があります。また、担当裁判官としては、当事者がそのうちのいずれと理解して主張・立証しているかを把握し、当事者のそのような主張・立証の仕方が当該事案の正鵠を射たものかどうか、釈明の必要はないかどうかを検討する必要があります。

2．第1類型──売買契約の効果の帰属主体が争われる場合

(1) 売買契約の当事者が争われる場合とは

　売買契約の効果の帰属主体（売主または買主）が誰であるかが争われる場合には、当然のことながら、登場人物が3人以上存在します。例えば、一定の日時に、甲土地につき、買主をAとして成立した売買契約（代金1000万円）につき、売主がBまたはCのいずれであるのか、といった形で問題になることがあります。これをさらに具体化すると、Aとの間で交渉にあたっていたのがBである場合に、Bは売主本人として行動していたのか甲土地の所有者Cの代理人として行動していたのかが問題になるといった具合です。

(2) 主張・立証または事実認定の基本

　当事者の訴訟代理人として説得的な主張・立証をし、担当裁判官として誤りのない認定をするための基本的心得は、前記Ⅰで説明したとおり、「交渉の開始→各当事者による提案と対案の提示→契約の成立→契約の履行」といった各過程における経験則を明らかにし、各経験則上「Bが売主本人であったこと」または「BがCの代理人であったこと」と整合する当該事案における具体的事実を整理（主張・立証または認定）したうえで、各経験則に

照らしての確率計算をする、ということです（前記Ⅰ2参照）。

(3)　主要事実と直接証拠、間接事実と間接証拠の整理・確認

　法律実務家の作業は、主要事実（当該事件において、売買契約の当事者が誰であると主張されているのか）とそれを証明することのできる直接証拠（その典型は、売買契約書の売主・買主欄の記載部分、契約当事者や契約に立ち会った者の供述です）が存するかどうかの確認から始まります。

　法律実務家が次にする作業は、売買契約の当事者が誰であるかの問題と関連性のある間接事実を整理することです。これは、売買契約の当事者が誰であるかを示す直接証拠が存する場合であれ存しない場合であれ、欠くことのできない重要な作業です。直接証拠が存する場合には、それらの間接事実が直接証拠の信用性の有無と程度とを測る補助事実としての機能を果たすことになります。[14]直接証拠が存しない場合には、間接証拠によって証明することのできる間接事実としてどのようなものがあるか、それらの間接事実に経験則を適用することによって主要事実を推認することができるかどうかを検証することになります。[15]復習のために、この過程を図示しておきましょう。

〔図1〕　**間接証明の構造**

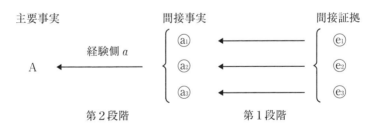

　一般的に売買契約の当事者が誰であるかという問題と関連性のある間接事実のうち主要なものの項目を、これまでの裁判例を参考にして拾い上げてみ

14　間接事実が補助事実としての機能を果たす構造につき、田中・事実認定153〜154頁を参照。
15　間接事実を証明する証拠を間接証拠と呼ぶこと、認定された間接事実に経験則を適用して主要事実を認定する過程を推認ということ等につき、田中・事実認定153頁を参照。

ると、大要、以下のように整理することができます。

① 契約締結交渉に具体的にかかわった者は誰か

② 代金（手付、内金、残代金）の実際の出捐者または収受者は誰か

③ 目的物の登記名義の移転（登記手続）または占有の移転（引渡し）に具体的にかかわった者は誰か

④ 契約締結後目的物の登記名義または占有は誰から誰に移転したか

⑤ 契約書上の当事者名義または目的物の登記名義を真実の当事者（売主または買主）でなく第三者にする必要性があったか

⑷　処分証書または報告文書による幹となる事実群の把握

以上の作業をするのに、起点となり基点であるのは、売買契約書、委任状、登記申請書等の処分証書です。次に重要なのが、上記の各過程においてその当時作成された領収証、借用証等の報告文書です。[16]

これらの文書の作成者（署名または記名・押印したのは誰か）、作成年月日、その記載内容（誰から誰に宛てたものか、代金額・目的物件・登記または引渡しの約定日・代金支払日、当初白地で後に補充された部分があるかどうか等）をしっかり確認することが、何よりも重要です。そして、これらの文書から確実に認定することのできる事実群（情報）が、当該事案における主要な争点を認定する際の幹になります。法律実務家は、通常、自らの手控えにこれらの事実群によって当該事案の「関係図」と「時系列表」とを作成し、折に触れて参照することができるように準備します。[17]

3. 第1類型についての事例演習（《Case 1 -②》）

⑴　事案の概要

最2小判昭和40・2・5集民77号305頁をモデルにして、土地の売買契約[18]

16　意思表示ないし法律行為が記載されている文書を処分証書といい、見聞した事実や感想・判断等が記載されている文書を報告文書ということにつき、田中・事実認定55頁。

17　「関係図」および「時系列表」の作成とその実際につき、田中・法律文書7～9頁を参照。

18　時的因子、金額、文書中の記載内容等を変更し、簡略化しています。

における売主が誰であるかについての事実認定を検討してみることにしましょう。

〈Case 1-②〉

①　Xは、Yの代理人Aとの間で、平成24年12月17日に代金1200万円で本件土地の売買契約を締結したと主張し、Yに対し、本件土地の所有権移転登記手続を求めて本件訴訟を提起した。

②　本件訴訟の提起前にAが死亡していたため、Xは、原審において、X本人尋問を申請し採用された。Xは、その本人尋問において、ⓐ平成23年7月、Aは、平成20年6月6日にYから本件土地を時価で売却してほしいとの委任を受けたと言って、YからAに交付された本件土地の「売渡証書」と「委任状」を示した、ⓑ「売渡証書」の代金、契約年月日、買受人の各欄および「委任状」の委任事項欄は白地であり、Yの記名・押印のみがされていた、ⓒ平成23年7月25日、Xは、Aに対し、本件土地を購入したいとの希望を伝え、売買契約成立の際に代金の内金に充てる金員との趣旨で800万円を交付した、と供述した。

③　Xは、原審において、Aから交付を受けた以下の2通の領収証を証拠として提出した。

　ⓐ　甲第11号証：平成20年6月6日付けのY執事B名義のA宛ての50万円の領収証。ただし書として「本件土地売却代金の内金」と付記されたもの。

　ⓑ　甲第14号証の2：平成21年12月20日付けのY執事B名義のA宛ての200万円の領収証。ただし書として「本件土地売却代金の内入」と付記されたもの。

④　これに対し、Yは、ⓐXに対して本件土地を売ったことはない、ⓑYは、Aに対し、平成20年6月6日に代金650万5800円で本件土地を売り、同日手付金50万円を、平成21年12月20日に内金200万円を、平成22年2月10日に内金250万円をそれぞれ受け取った、ⓒしかし、Aはいくら催促しても残代金の支払をしないので、平成22年5月20日に

15

Aとの間の売買契約を解除した、と主張して争った。

[関係図]

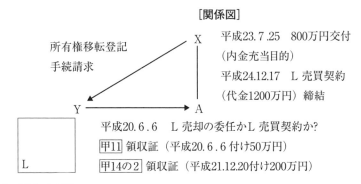

所有権移転登記
手続請求

X　平成23.7.25　800万円交付
（内金充当目的）
平成24.12.17　L 売買契約
（代金1200万円）締結

Y ── A

平成20.6.6　L 売却の委任かL 売買契約か？
甲11 領収証（平成20.6.6付け50万円）
甲14の2 領収証（平成21.12.20付け200万円）

L

(2)　原審の判断

原審は、甲第11号証および甲第14号証の2をも証拠として挙示したうえ、以下のように認定しました。

---

① 　Yは、Aに対し、平成20年6月6日、売渡証書および白紙委任状を交付して、本件土地の売却を委任した。

② 　Aは、Xから、平成23年7月25日、本件土地の売買契約が成立したときは代金に充当する趣旨で800万円を受領した。

③ 　Aは、Yを包括的に代理して他と売買契約を締結する権限があったところ、この権限に基づき、Xとの間で、平成24年12月17日、本件土地を代金1200万円でXに売却する旨の売買契約を締結し、先にXから預かっていた800万円を代金の内金に充当した。

④ 　YからAに対して平成20年6月6日に本件土地を売り渡す旨の売買契約を締結したとのYの主張は、肯認できない。

---

(3)　最高裁判所の判断

最高裁判所は、上記(2)の原判決を採証法則に違背するとして破棄し、本件を原裁判所に差し戻しました。最高裁判所の判断を上記(1)の事案に沿って整

理すると、以下のとおりです。

---

① 　甲第11号証は、Y執事B名義のA宛ての50万円の領収証であり、日付は平成20年6月6日と記載され、「但し……本件土地売却代金の内金」と付記されており、また、甲第14号証の2は、Y執事B名義のA宛ての200万円の領収証であり、日付は平成21年12月20日と記載され、「本件土地売却代金の内入」と付記されている。右各証の記載および体裁からすれば、別異に解すべき特段の事情が認められない限り、すでに平成20年6月6日当時、本件土地について（何人が買主であるか、代金額はいくらであるかはともかくとして）売買契約が締結され、右各金員はその代金の内入として売主たるYに支払われたものであると認めるのが自然であり、書証の通常の解釈である。

ⅱ 　しかも、XがAに対し、将来売買契約成立の際は代金の内金に充てる趣旨の下に800万円を交付した日時が平成23年7月25日であること原審確定のとおりであるとすれば、甲第11号証や甲第14号証の2からすでに平成20年6月6日当時成立していたものと推認される本件土地の買主としてXを擬することはできない筋合である。

ⅲ 　以上によれば、甲第11号証および甲第14号証の2の記載は、平成24年12月17日に至って、Xを買主として売買契約が締結された旨の原審の認定を支えるものというよりは、むしろ右認定に対する有力な反証たるべき関係にあるものといわなければならない。

ⅳ 　さらに、右甲号各証の名宛人としてAの氏名を表示した趣旨を審究し、これに右甲号各証の他の記載を総合すれば、Yが平成20年6月6日に本件土地をAに売り渡した旨のYの主張事実があるいは認定することができるかもしれないのである。

ⅴ 　しかるに、原判決が、YがAを代理人として平成24年12月17日にXとの間に本件土地の売買契約を締結した旨認定判示するにあたり、その記載および体裁上右認定と相容れない前示甲第11号証および甲第14

17

号証の2を右認定に照応する証拠として挙示しているのは、右甲号各証が通常有する意味内容に反して、これを事実認定の資料に供した違法を犯したものであって、右違法は判決に影響を及ぼすこと明白であると認められる。

(vi)　また、原判決が右甲号各証の名宛人としてAの氏名を表示した趣旨いかんについて思いをめぐらした形跡がなく、何ら理由を説示することなく、右甲号各証を前示Y主張事実の認定資料として採用しなかったことは、審理不尽、理由不備の違法を蔵するものといわなければならない。

(4)　事案の分析

(ア)　当事者の主張と争点の所在

本件訴訟の訴訟物（請求権）は売買契約に基づく所有権移転登記請求権（債権的登記請求権）[19]であり、その請求原因事実は以下のとおりです。[20]

《請求原因》

⑦	XとAは、平成24年12月17日、本件土地を代金1200万円で売買するとの契約（本件売買契約）を締結した。	△
④	Aは、Xに対し、⑦の意思表示の際、Yのためにすることを示した。	△
⑦	Yは、Aに対し、⑦の意思表示に先立って、本件売買契約締結についての代理権を授与した。	×

前記(1)④のYの主張は、「Yは、Aに対し、本件売買契約の4年6か月以

19　判例は、登記請求権の発生原因として、物権的登記請求権、債権的登記請求権、物権変動的登記請求権の3類型を認めるものと一般に理解されていることにつき、司研・紛争類型別63〜64頁を参照。

20　代理の要件事実につき、司研・要件事実第1巻67〜69頁を参照。

上前に本件土地を売ったことはあるが、本件土地を他に売却するための代理
権を授与したことはない。しかも、Ａとの間の売買契約は、Ａの債務不履行
により解除した」というものです。このＹの主張の前段は請求原因⑦の積極
否認であり[21]、同後段は単なる事情です[22]（これを抗弁と誤解する人が多いので、
注意が必要です）。結局のところ、本件訴訟に抗弁はありません。

　本件訴訟の争点は、形式的には上記の認否欄のとおり請求原因⑦、⑦、⑦
の３点ですが、実質的な争点は、請求原因⑦（ＹからＡに対する代理権授与）
の成否ということになります。

　(イ)　証明および証拠の構造

　〈*Case* 1 -②〉の実質的争点は、請求原因⑦の成否にあります。これをよ
り具体的に表現すると、ＸとＹ（本件土地の所有者）との間に介在したＡが
Ｙの代理人であった（Ｘの主張する請求原因事実）のか、Ｙから本件土地を買
い受けた者（Ｘに転売した者。Ｙの主張する積極否認事実）であったのかにあ
ります。

　Ｙ作成の「委任状」もＹとＡとの間の「売渡証書」も証拠として提出され
ておらず、Ａはすでに死亡していますから、上記の争点についての直接証拠
はＹ本人の供述のみということになります。

　請求原因⑦の事実について主張・立証責任を負うＸとしては、Ｙ本人の供
述の信用性を減殺させる証明活動をするのでは足りず、〔図１〕（13頁）に示
したように、間接証拠によって間接事実を証明し、それらの間接事実を総合
して主要事実である請求原因⑦を証明する必要があります。そこで、Ｘは、
本人として、前記(1)②のように供述しました。Ｘは要証事実⑦を直接体験し
た者ではないので、その供述は間接証拠です。

21　民事訴訟規則79条３項は、相手方の主張を単に否定するだけの「単純否認」は許され
　ず、否認には理由を付することを要求しています。理由として、相手方の主張と両立し
　ない事実を持ち出す場合、そのような否認の仕方を「積極否認」といいます。

22　民事訴訟の実務では、紛争の経緯や背景についての事実を「単なる事情」とか「いわ
　ゆる事情」と呼んで、間接事実と区別しています。田中・法律文書157頁を参照。

　ここで検討を要するのが、甲第11号証（平成20年６月６日付け50万円の領収証）および甲第14号証の２（平成21年12月20日付け200万円の領収証）の２通の領収証です。Ｘは、これら２通の領収証を証拠として提出したのですが、どのような効果を狙った証明活動なのでしょうか。

　他人のした証明活動を後から忖度（そんたく）するのは容易なことではなく、正確を期しがたいものではありますが、〈*Case* 1 -②〉におけるＸの証明活動を合理的に説明する１つの方法としては、次のようになります。すなわち、上記の２通の領収証によって、①本件土地の所有者であるＹがＡから売買代金の内金を２回にわたって受領したこと、②Ｙ（の執事Ｂ）がＡに対して発行した当該内金の領収証２通をＸが現に保有していることの２点を証明することができ、そのことによって、③Ｘが出捐してＡに交付した代金の内金（この部分は、２通の領収証によってではなく、Ｘの供述によって証明されることを前提にしています）が現実にＹの受領するところとなったことを証明することができ、その結果、さらに、④ＡはＹから代理権を授与された代理人であることを証明することができる、というものです。

　この証明の構造を図示すると、〔図２〕のようになります。

〔**図２**〕　**証明の構造**（〈*Case* 1 -②〉におけるＸの証明活動）

再間接事実	①　本件土地の所有者であるＹがＡから売買代金の内金を２回にわたって受領したこと ②　Ｙ（の執事Ｂ）がＡに対して発行した当該内金の領収証２通をＸが現に保有していること

間 接 事 実	③　Ｘが出捐してＡに交付した代金の内金が現実にＹの受領するところとなったこと

主 要 事 実	④　ＡはＹから代理権を授与された代理人であること

　(ウ)　Xの証明活動または原判決の認定の誤り

　〔図２〕は、このように表現された範囲においては合理的なものであり、一定程度の説得力のあるものです。それでは、この証明の構造のどこに問題（欠陥）があるのでしょうか。

　決定的な問題（欠陥）は、再間接事実①、②および間接事実③に時的因子を入れて、〈Case 1-②〉において具体的に生起した事実としてみて、合理的な因果の流れをたどって主要事実④に行き着くかどうかを検討しなかったところにあります。

　すなわち、再間接事実①に時的因子を入れると、「Yは、Aから、平成20年６月６日および平成21年12月20日の２回にわたって売買代金の内金を合計250万円受領した」となり、間接事実③の前半部分に時的因子を入れると、「Xは、Aに対し、平成23年７月25日、将来成立する売買代金の内金に充当する趣旨で自己の出捐した800万円を交付した」となります。このように、再間接事実①および間接事実③の前半部分に時的因子を入れてみると、YがAから売買代金の内金合計250万円を受領した時期がXがAに対して800万円を交付した時期より１年７カ月ないし３年先立っていることが明らかになり、再間接事実②を考慮に入れても、再間接事実①から間接事実③の後半部分（X→A→Yと売買代金の内金が授受されたこと）を合理的に導くことができないことは明らかです。

　そうすると、当然のことながら、主要事実④にたどり着くことはできないことになります。結局、上記２通の領収証は、請求原因(ウ)の証明方法としては的外れなものであったということです。前記(3)の最高裁判所の判断ⅱは、この点を指摘するものです。

　(5)　売買契約の当事者認定のポイント

　〈Case 1-②〉は、結局のところ、Xが平成24年12月17日に締結した本件土地売買契約の売主としての効果の帰属主体はYであるかどうかが争われたものです。本件土地売買契約を締結した行為の当事者はXとAであったのですから、法律効果は法律行為の当事者に帰属するという民法の大原則からす

ると、売主としての効果の帰属主体もＡであるという結論になります。そこで、Ｘは、そのような民法の大原則の例外として、ＡはＹの代理人として売買契約を締結したと主張したのです。

　このように実質的争点は請求原因⑦（ＹからＡに対する代理権授与）の成否という極めて単純なものですが、〈*Case* 1 -②〉の証拠上の特徴は、一般的には高価で重要な財産であると考えられている土地の売買契約をめぐる紛争でありながら、直接証拠が極めて乏しい（Ｙの供述のみ）ことです。

　そうすると、〈*Case* 1 -②〉においては、前記２⑶に説明したように、Ａが売主Ｙの代理人であったことを示す間接事実としてどのような事実があるかを探求する必要があります。〈*Case* 1 -②〉において問題になったのは、前記２⑶の②のうち「代金（手付、内金、残代金）の実際の収受者は誰か」という点であったのです。なぜなら、「平成23年7月25日にＸがＡに交付した800万円（Ｘの供述）の一部が、ＡからＹに対して売買代金の内金として交付された」という事実を認定することができるのであれば、それは、本件売買契約締結日である平成24年12月17日当時、Ａが売主Ｙの代理人として行動していたことを示す間接事実になり得るからです。

　しかし、Ｙ（の執事Ｂ）がＡに宛てて発行した2通の領収証が平成20年6月6日付けのものと平成21年12月20日付けのものであるというのですから、経験則上、Ｙが受領した売買代金の内金の原資が上記800万円であるとはいえないことが明らかです。前記⑶の最高裁判所の判断ⅱ、ⅲ、ⅴは、この点を指摘するものと理解することができます。

　さらに、領収証の宛名はＡと記載されていたのですが、ＡがＹの代理人であったのなら、経験則上、領収証の宛名をＡにするというのも不自然です。前記⑶の最高裁判所の判断ⅳ、ⅵは、この点を指摘するものと理解することができます。

　結局、原判決は、ＡからＹ発行の売渡証書と委任状を示され、内金充当目的で800万円を交付したというＸの供述に引きずられ、2通の領収証（甲第11号証、甲第14号証の2）という客観的証拠を時系列の中に位置づけて、

その記載内容を正確に把握するという作業を怠ったために、誤った事実認定をしてしまったのです。

　〈*Case* 1 -②〉は、正しい事実認定に至るために、地道で基礎的な知的作業がいかに重要であるかを示す好個の例証です。

４．第２類型──売買契約の外に別の契約が成立しているか どうかが争われる場合

(1)　はじめに

　前記１において、「誰と誰との間に売買契約が成立したのか」という問題設定の仕方は、法律的には不正確なものであって、経済的実質とでもいうべきものに着目した表現にすぎないと説明しました。そして、一般に、売買契約の当事者いかんが争われたものと整理される紛争の中に、売買契約の外に別の契約が成立しているかどうかが争点になった事件が存することを指摘しておきました。この説明だけでは、第１類型として検討した「売買契約の効果の帰属主体が争われる場合」とどのように紛争類型が異なるのかを理解するのは難しいので、より具体的に検討してみることにしましょう。

(2)　第１類型との相違点

　第１類型は、売主をＡとする甲土地の売買契約が成立した場合において、「当該売買契約の買主としての法的効果の帰属主体はＢまたはＣのいずれであるか」という形で問題になるものです。

　これに対し、第２類型は、売主Ａと買主Ｂとの間に甲土地の売買契約が成立した場合において、さらに「売主をＢ、買主をＣとする甲土地の売買契約が締結されたかどうか」あるいは「受任者をＢ、委任者をＣとする甲土地の買入委任契約が締結されたかどうか」といった形で問題になるものです。

　これをチャートで示すと、〔図３〕のようになります。

〔図3〕 第1類型と第2類型の異同

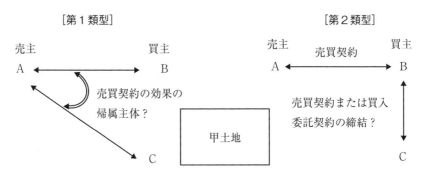

　ここで注意すべきは、**弁論主義の支配する民事訴訟においては、実際の紛争が上記のいずれの類型に属するのかは、当事者の提出する主張と証拠とによって決せられるのであって、あらかじめいずれの類型に属する紛争であるのかが判然としているわけではない**ということです。したがって、当事者またはその訴訟代理人としては、当事者が契約当時に取引をどのようなものとして理解していたのか、その理解を裏付けるものとしてどのような証拠が存するのかを慎重に検討したうえで、いずれの類型に属するものとして主張を構成するかを決することになります。そのような検討の結果、第1類型と第2類型の双方の主張を選択的に主張すべきであると考えられる場合もあります。

　また、裁判所としては、提出されている全証拠を精査したところ、当事者が第1類型による主張構成を選択しているが、第2類型による主張構成の方が証拠との関係で整合的であり、そのように主張を構成すれば勝敗が逆転する可能性があるというのであれば、その点についての主張・立証責任を負っている当事者に対し、訴訟材料（主張）新提出の釈明または不明瞭をただす釈明をすべきであるということになります。[23]

(3)　第2類型の紛争の実態

　紛争を法律的に構成すると第1類型と第2類型とに識別されるものの、紛争によっては双方の法律構成によって選択的に主張せざるをえない場合があ

ること、経済的実質に着目した問題設定によると「誰と誰との間に売買契約が成立したのか」という表現になるということの意味合いを考える必要があります。

〔図３〕の例を念頭に置いて、第２類型の紛争を考えてみましょう。売主をＡとする売買契約には処分証書である売買契約書が存在していて、買主欄にＢが署名押印しているという場合は、売主Ａとの間の売買契約の買主はＢであるとするのが素直な法律構成です。しかし、その売買代金の実際の出捐者がＣであるというときがあり、後日、目的物である甲土地の所有権の帰属をめぐってＢとＣとの間に紛争が発生することがあります。

そのような場合、①Ｃが買主Ｂに対して代金額分の金員を貸し付けたという可能性もありますし、②ＣがＢからの甲土地の買主としてまたはＢに対する甲土地の買入委託者として代金相当額の金員を負担したという可能性もあります。

①であれば、ＣはＢに対する貸金債権者ではありますが、甲土地に対する具体的な権利者ではありません。これに対し、②であれば、ＣはＢからの転得者であって、甲土地の所有者ということになります。甲土地の所有権に着目してみると、Ｃの法的立場は全く違ったものになり、ここに紛争の生ずる原因があります。

(4)　**第２類型の紛争における証拠評価のポイント**

第２類型の紛争の実態は上記(3)のとおりですから、主要事実レベルの争点は、Ａ・Ｂ間の甲土地の売買契約の成立を前提として、Ｂ・Ｃ間に甲土地についての契約関係が存したかどうかにあります。

この主要事実レベルの争点を決する事実認定上のポイントは、主に、以下の４点に整理することができます。

23　裁判官による釈明権行使の態様をイメージするのには、不明瞭をただす釈明、不当を除去する釈明、訴訟材料補完の釈明、訴訟材料新提出の釈明の４類型に分類して観察するのが便利であること、および釈明義務違反の判断枠組みにつき、田中・論点精解民訴176頁、209～213頁を参照。

① 　BとCのいずれの者に甲土地を買い受ける必然性ないし必要性（独自の目的）があったか。

② 　Aとの売買契約における買主をCではなくBにする何らかの必然性ないし必要性があったか。

③ 　A・B間の甲土地の売買契約の代金の出捐者は誰か。出捐者がCである場合、CがBに交付した金員を、貸金の性質を有するものとみるのが自然であるかどうか（裏からいうと、貸金の性質を有するものとした場合に不自然な点がないかどうか）。

④ 　A・B間の売買契約成立後、BまたはCに甲土地の所有者であることと整合する行動または矛盾する行動があったか。

5．第2類型についての事例演習（〈*Case* 1 -③〉）

⑴　事案の概要

最2小判昭和46・11・19集民104号401頁をモデルにして、土地の売買契約の買主と第三者との間に当該土地についての契約関係が存したかどうかについての事実認定を検討してみることにしましょう。[24]

┌─〈*Case* 1 -③〉────────────────

① 　Xは、Yとの間で平成21年6月上旬にA所有の本件山林LをY名義で買い受けたうえでXに対してその所有名義を移転する旨の買入委託契約を締結したと主張し、Yに対し、本件山林の所有権移転登記手続を求める訴訟を提起した。

② 　Yは、たしかに本件山林の買受代金630万円はXから交付された640万円の中から支払ったが、これはXからの借受金であって買入委託契約を締結したことはないと主張して争った。

③ 　第1審および原審においてXが提出した主要な証拠（X本人尋問に

────────────────────────────

24　時的因子、金額、文書中の記載内容等を変更し、簡略化しています。

おけるＸの供述および関連書証）の内容は、以下のとおりである。

ⓐ　Ｘの先代Ｂは、山林約70町歩を所有して林業に携わってきたが、本件山林Ｌの所有者Ａから、平成21年３月ころ、本件山林を買わないかという申し出があり、Ｘと相談してＸが買い取ることにした。しかし、最初の買受申出人はその指値を参考にされるだけで買い損なうことになるとの趣旨の「名付け親」という風習を心配し、長年Ｂ所有の山林の伐採にあたらせていたＹに買受代金を渡してＹに買わせ、Ｙが買い受けたら直ちにＸに対して所有権移転登記手続をするという手順にし、Ｙもこれを了解した。

ⓑ　ＡとＹとの間で、平成21年６月26日、代金を630万円として本件山林の売買契約が成立した。その際、Ｙは、Ａに対し、手付金70万円を交付したが、これはそれ以前にＸがＹに手渡しておいた金員である。

ⓒ　Ｘは、平成21年８月１日、Ｃに対して自己所有の宅地に抵当権を設定して500万円を借用し（甲２の「金銭消費貸借契約書兼抵当権設定契約書」）、これに手持ちの金員を加えて合計570万円をＹに交付した。Ｙは、同年９月27日にＹ名義の所有権移転登記が経由されたことを確認のうえ、Ａの代理人Ｄに対し、同月30日、本件山林の売買残代金としてそのうち560万円を支払った。

ⓓ　Ｘは、当初から本件山林の所有権を取得する意思を有していたため、平成21年10月ころ、司法書士Ｋに対し、ＹからＸへの所有権移転登記手続に必要な書類の作成を依頼した。この依頼を受けて、司法書士Ｋは、Ｙ名義の所有権移転登記が経由された同年９月27日の翌日である28日付けで「山林売買契約書」（甲３の３。Ｙを売主、Ｘを買主とするもの）、「領収書」（甲３の１。ＹからＸに対するものであり、売買代金額を手付金を含んで630万円、仲介手数料を10万円とする合計640万円の領収書）等を作成した。

ⓔ　その後、Ｙが本件山林の所有権移転登記手続をしないので、Ｘは、Ｙに対し、２回にわたって速やかに所有権移転登記手続をすべき旨

の催告書（甲5、6）を送付した。さらに、平成21年12月、Xの代理人EがY方に赴き、Yに対して同様の要求をしたところ、Yは、Eに対し、Xから交付された合計640万円は借用金であると返答した。そこで、EがYに対して借用証を書くよう求めたところ、Yは、その求めに応じて、その場で「借用証」（乙2。以下「本件借用証」という）を作成し交付した。XがEから本件借用証の交付を受けたのは同月14日であるところ、当時先代Bは危篤状態にありその2日後に死亡するという状態にあったため、金員の弁済期も利息約定も記載されていない本件借用証を受け取ったものの、それについてどうこうできる状態にはなかった。

④ 第1審および原審においてYが提出した主要な証拠（Y本人尋問におけるYの供述および関連書証）の内容は、以下のとおりである。

ⓐ Yは、Xの先代Bから、長年B所有の山林の伐採業務を請け負ってきたが、自分では山林を所有していない。Bから、Yに対し、資金を用立てるのでA所有の本件山林を買わないかという話があった。その際、Bは、Yに対し、本件山林の所有者AからXに買い取ってもらえないかとの話があったが、事情があって断ったと説明した。

ⓑ Yは、Xから、合計640万円を借り受け、そのうちの630万円を本件山林の売買代金に充てた。すなわち、平成21年6月26日に支払った手付金70万円も、同年9月30日に支払った560万円も、Xからの借用金によるものである。Yが実際に代金を交付したのはAの代理人Dであるが、Dも、Xから本件山林の買受けを断られたと言っていた。

ⓒ それなのに、Xは、平成21年9月27日にY名義の所有権移転登記が経由されたことを知ると、本件山林の所有名義をXに移転するよう要求するようになった。本件借用証は、平成21年12月にXの代理人と称するEが訪ねてきて、借用証を書けと要求するので、交付したものである。弁済期と利息の記載がないのは、ⓐのような経緯で借り受けたからであって、Yから頼み込んで借りたわけではないか

らである。

   ⓓ　640万円の借受金は、弁済方法についてＸと話し合ったうえで、本件山林の所有者としての林業収入から返済するつもりである。甲３の１には、売買代金との差額の10万円が「仲介手数料」と記載されているが、本件山林の買受けにはそれよりも多額の費用を支出した。

[関係図]

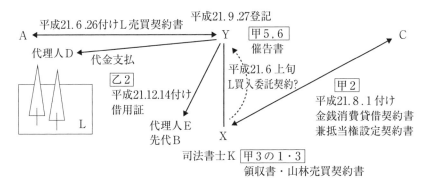

(2)　**原審の判断**

　原審（高松高判昭和45・10・9公刊物未登載（昭和44年㈱第199号））は、大要、以下のとおり、Ｘの主張する買入委託契約の成立を認めるに足りる証拠がないとして、これを認めた第１審判決（高松地西条支判昭和44・9・4公刊物未登載（昭和42年㈯第86号））を破棄し、Ｘの請求を棄却しました。

　　ⅰ　本件山林ＬはＹがＸの買入委託に基づきＹ名義でＡから買い受けたものであって、ＸとＹとの間には、さらに、ＹからＸに対し、本件山林の所有権移転登記手続をする約束があった旨のＸの主張を認めるに足りる証拠はない。

　　ⅱ　そのうえ、ＸとしてＹ名義で本件山林を買い受けなければならなかった理由を見出すことはできず、その代金に充てられた金員は、Ｘ

　からYに対する単なる貸金にすぎないものと認められる。

(3)　最高裁判所の判断

　最高裁判所は、上記(2)の原判決を採証法則に違背し、ひいて審理不尽、理由不備の違法を犯したものというべきであるとして破棄し、本件を原裁判所に差し戻しました。最高裁判所の判断を上記(1)の事案に沿って整理すると、以下のとおりです。

> ⅰ　原審の確定するところによれば、本件山林の買受代金である630万円は、XがYに対して交付した640万円の中から支払われたものであって、これに関して作成された借用証なる書面（乙2）は、XがYに対して、2回にわたり、本件山林の売買は、単にYの名義を借りたにすぎないから、速やかに右山林につきYからXにその所有権移転登記手続をされたい旨の催告書を送付し、さらに、訴外EがY方に赴いて、右同様の催告を繰り返した際、Yが右金員は借用金であると返答したことから、それならば借用証を書くようにというEの求めに応じ、Yが作成したものであるというのであるから、これは、右金員の性質を決するための資料とすることができないのみならず、かえって、その作成の経緯に照らせば、右金員の授受に際しては、XとYとの間に、本件山林の買受けに関して、何らかの話し合いがなされていたことを窺うに難くない。
>
> ⅱ　一方、原審の確定するところによれば、Xは、当初より、自ら本件山林の所有権を取得する意思を有しており、事実、本件売買の直後である平成21年10月ごろには、司法書士Kに対し、YからXへの本件山林の所有権移転登記手続に必要な書類の作成方を依頼したというのであるが、その記載をみると、山林売買契約書（甲3の3）の作成日付はAからYに対する所有権移転登記手続の完了した日の翌日である同年9月28日となっており、代金の領収書（同号証の1）には、売買代

金が手付金ともで630万円とされているほか、仲介手数料10万円と記載されているのである。

ⅲ　加えて、第1審における証拠中には、Xの先代Bは、山林約70町歩を所有し、20年来Yにその伐採を依頼してきた間柄にある旨、これに反し、Yは農業兼伐採業を営み、自有山林はなく、山を買ったのは本件が初めてである旨、および本件売買後、本件山林の所有名義を移すについてはXからYに対し50万円の礼金を出すような話もあった旨の各供述が見受けられる。

ⅳ　これらの事実および証拠によれば、Yが本件山林を買い受けるにあたり、Xにおいて、前記金員を貸与したものと推認することは困難というほかはなく、むしろ、XとYとの間には、本件売買前に、買受山林の所有名義を遅滞なくYからXに移転すべき旨の合意があり、右金員はこの合意を前提として交付されたものと推認するのが経験則に合致するものというべきである。

ⅴ　そうであれば、Xの前記主張事実は認めることができず、その代金に充てられた金員はXからYに対する単なる貸金であるとして、右主張を排斥した原判決は、採証法則に違背し、ひいて、審理不尽、理由不備の違法を犯したものというべきであり、その違背は原判決の結論に影響することが明らかであるから、論旨はこの点において理由があり、原判決は、その余の上告理由について判断するまでもなく、破棄を免れない。

(4)　事案の分析

(ア)　当事者の主張と争点の所在

本件訴訟の訴訟物（請求権）は買入委託契約に基づく所有権移転登記請求権（債権的登記請求権）であり、その請求原因事実は以下のとおりです。[25]

25　登記請求権の発生原因につき、前掲（注19）を参照。

〈請求原因〉

⑦　Xは、Yとの間で、平成21年6月上旬、本件山林LをXのためにY名義で買い受けたうえで、Lの所有名義がYに移転されたときは直ちにXに対する所有権移転登記手続をする旨の買入委託契約を締結した。	×
④　Yは、Aとの間で、平成21年6月26日、A所有の本件山林Lを代金630万円で買い受ける旨の売買契約を締結し、同年9月27日、Lについて所有権移転登記を経由した。	○

　この請求原因事実の構成は、民法646条2項の規定によって、受任者の債務の履行として本件山林Lの所有権移転登記手続を求めるものです。

　前記(1)②のYの主張は、請求原因事実⑦を否認したうえで、XとYとの間の契約関係は委任契約ではなく金銭消費貸借契約（YがAから買い受ける本件山林Lの代金相当額を調達するための契約）であるとの積極否認の事実を主張するものです[26]。

　本件訴訟の争点は、上記の認否欄のとおり請求原因事実⑦の存否のみであり、抗弁のない極めて単純な事件です。

　(イ)　証明および証拠の構造

　(A)　**供述の信用性の検討方法**

　〈*Case* 1-③〉の唯一の争点は、請求原因事実⑦の成否（X・Y間のL買入委託契約の成否）です。

　証拠として、Xの主張に沿ったX・Y作成名義の「山林買入委託契約書」[27]が提出された場合には、処分証書の存する訴訟ということになりますから、Y作成名義部分が真正に成立したかどうかが主要な争点になります。しかし、

26　請求原因事実と両立しない主張をするものですから、抗弁ではありません。否認の理由として相手方の主張と両立しない別の事実を持ち出しており、積極否認ということになります。

27　処分証書につき、前掲（注9）を参照。

〈Case 1 -③〉では、このような文書は証拠として提出されていません。なお、Ⅹから、山林売買契約書（甲３の３）が提出されていますが、これは、所有権移転登記手続用に司法書士Ｋが用意したものであって、Ｙの署名（記名）押印の存するものではありませんから、Ｙの意思表示の記載された処分証書ではありません。また、Ｙから、Ⅹ宛ての借用証（乙２）が提出されていますが、これも、Ⅹの署名（記名）押印の存するものではありませんから、Ⅹの意思表示の記載された処分証書ではありません。

〈Case 1 -③〉における直接証拠は、契約当事者とされるⅩとＹとの供述です。したがって、〈Case 1 -③〉**における事実認定上の問題は、直接証拠レベルでは、Ⅹの供述とＹの供述とのいずれを信用すべきかにある**ということになります。

このような場合における供述の信用性の検討方法としては、一般に、次の３つの方法があります。[28]

①　供述の裏付けとなる証拠を提出する。

②　供述時の人証の状況（挙動）を検討する。

③　動かない事実と経験則とに照らして供述の整合性を検討する。

上述のとおり、〈Case 1 -③〉では、Ⅹの主張する山林買入委託に係る契約書とＹの主張する金銭消費貸借に係る契約書のいずれも存在しないので、主要事実レベルにおける裏付け証拠があるわけではありません。そこで、上記①の裏付け証拠とは、ⅩまたはＹの供述する間接事実についての裏付け証拠ということになり、結局のところ、上記③の検討作業に帰着します。

上記②については、〈Case 1 -③〉において特段意味のある事実は見受けられません。

そこで、上記③の検討作業が〈Case 1 -③〉の事実認定において最重要のものということになります。この作業において意味のある検討項目が前述４(4)の①②③④です。

---

[28]　供述の信用性の検討方法の一般論につき、田中・事実認定119〜122頁を参照。

それでは、〈Case 1-③〉に即してそれぞれの項目の検討をしてみましょう。

(B) XとYのいずれの者に本件山林を買い受ける必然性ないし 必要性（独自の目的）があったのか

Xは先代Bのころから山林約70町歩を所有して林業経営をしてきたというのですから、林業経営の一環として本件山林を買い受けるという選択をするのは自然です。他方、Yは農業兼伐採業を営み、20年来Xの先代Bからその山林の伐採を請け負ってきた者であって、自有山林はないというのですから、Xから借金までして自ら本件山林を買い受けるという選択をすることはよほどの事情のない限り考えられません。

これを経験則の観点から説明すると、Xが本件山林を買い受けてその所有者になるというのは経験則上かなりの確率で起こり得ることですが、Yについては経験則上かなり低い確率でしか起こり得ないということです。

そして、以上の検討の基礎となっている事実関係は、客観的事実であって当事者間に争いのないもの（要するに、動かない事実）と考えられます。

(C) Aとの売買契約における買主をXではなくYにする何らか の必然性ないし必要性があったのかどうか

前記(1)③ⓐのとおり、Xの説明は、最初の買受申出人はその指値を参考にされるだけで買い損なうことになるとの趣旨の「名付け親」という風習を懸念したため、買主をYにすることにしたというものですが、あまり説得的な理由とはいえません。なぜなら、指値を参考にされるだけで買い損なうというのなら、Yは買い損なう立場に立つわけで、その結果、より高い金額をXが提示する用意がない限り、Xもまた本件山林を買い受けることはできないことになるからです。

したがって、前記(2)ⅱのとおり、XとしてY名義で本件山林を買い受けなければならなかった理由を見出すことはできないとした原判決の判断に大きな問題はないというべきです。すなわち、Xまたはその訴訟代理人としては、買主をYとしたことの必然性ないし必要性につき、より説得的で実質的な理由を主張・立証すべきであったと指摘することができます。[29]

　しかし、Y名義で買い受けなければならなかった理由の説明に失敗していることのみを理由にして、Yの属性やXが売買代金のすべてを出捐した事実等を軽視して、代金相当額をYへの貸金であるとして、買入委託契約の成立を否定した原判決に問題があることは後述するとおりです。ただし、この点の主張・立証については、当事者の訴訟代理人である法律実務家として、将来のレッスンとして受け止めておくべき点であることに間違いがありません。

⒟　A・Y間の本件山林の売買契約の代金の出捐者は誰か。出捐者がXである場合、XがYに交付した640万円を、貸金の性質を有するものとみるのが自然であるかどうか（裏からいうと、貸金の性質を有するものとした場合に不自然な点がないかどうか）

　本件山林の売買契約の代金の出捐者がXであることについては争いがなく、動かない事実です。

　そのうえ、2回（70万円と570万円）にわたって合計640万円の金員がXからYに交付されたのですが、①金員交付の当時、借用証が差し入れられていないこと、②弁済期と利息について何らの約束もされなかったこと、③本件山林を担保に供するとの約束がされなかったことについてはいずれも争いがなく、動かない事実です。

　これら①ないし③は、いずれも、XからYに対して交付された640万円について貸金の性質を有するものとみるのが不自然であることを示す間接事実です。経験則の観点から説明すると、このような間接事実が認められる場合

29　Xの上告理由には、本件山林の所有者Aの親戚の者とB・X父子との間に本件山林とは別の共有山林の処分方法等に関する紛争があり、本件山林の買受けの件が話題に上った時にはその紛争が未解決であったため、B・X父子が買受人をXとすることに不都合があると考えたところ、Yの提案により、Y名義で買い受けることにし、XとYとの間でそれを秘密にすることを堅く約したうえで、「覚書」まで作成した旨の主張がされています（判時651号77頁）。法律審である上告裁判所がこのような事実を認定したり、このような主張を前提にして判断したりすることが許されないのは当然のことです。当事者またはその訴訟代理人は、事実審においてこのような主張・立証を完了しておかなければならないということです。

には、経験則上、当該金員の性質を貸金とみるのは困難であり、貸金の性質を有するものとみることができるためには、他に特段の事情（例えば、XとYとが親族関係にあるなどの特殊な信頼関係に結ばれた間柄にある、XがYに対して同額程度の債務を負担していて実質的に担保を有する関係にあるなど）が存在する必要があるということになります。

(E) A・Y間の売買契約成立後、YまたはXに甲土地の所有者であることと整合する行動または矛盾する行動があったか

A・Y間の売買契約が成立し、Yが本件山林の所有名義人になった直後に、Xは、所有権移転登記手続を司法書士Kに委任して、Yとの間の山林売買契約書を起案させたばかりか、Yに交付した640万円につき、そのうち630万円はYを売主とする本件山林の売買代金であり、10万円は仲介手数料であることを明らかにした領収書を起案させました。そして、山林売買契約書は甲3の3として、領収書は甲3の1として現存しており、その起案にあたったのが司法書士であるというのですから、これらの事実は、ほぼ確実に認定することのできる事実ということができます。

また、Xは、Y名義に所有権移転登記が経由された平成21年9月27日から12月までの間に、2回にわたって速やかに所有権移転登記手続をすべき旨の催告書を送付したうえ、代理人EをしてYに対して所有権移転登記手続をするよう要求しており、自らが本件山林の所有権者であることを前提とする行動に繰り返し出ています。そして、催告書は甲5、6として現存しており、第三者EがYに対して登記手続をするよう直接要求したというのですから、これらの事実もまた、ほぼ確実に認定することのできる事実ということができます。

これらのXの当時の行動は、Yが本件山林の所有権を取得した場合には、当然にXに所有権が移転することを前提にするものとみることができるとともに、XがYに交付した640万円の金員を貸金の性質を有するものと考えていなかったことを示すものとみることができるものです。

　⑺　主張・立証の構造のチャート化

　以上の主張・立証の構造をチャート化すると、〔図４〕のとおりです。

　〔図４〕のように主張・立証の構造をチャート化したうえで、主要事実に
ついてのいずれの主張が、①から④までの４つの局面における各経験則に照
らし、無理のないまたは実際に起こりやすいものであるかの確率計算をする
というのが、〈Case 1-③〉における事実認定の中核となる作業になります。

　⑸　〈Case 1-③〉からのレッスン

　〈Case 1-③〉は、一般に、「誰と誰との間に売買契約が成立したのか」と
いう認定問題として扱われるものの中に、法律的に正確に表現すると、１つ
の売買契約の外に所有権の移転を目的とする別の契約が成立しているかどう
かが問題になる類型（これを、本書では「第２類型」と呼んでいます）がある
ことを、わかりやすい形で示しています。

　第１類型（すなわち、売買契約の効果の帰属主体である当事者は誰なのかが問
題になる類型）と対照させて、主張・立証のポイントが異なることを理解し
ておくと応用がききます。

　前記４⑵のとおり、弁論主義という原理によって運営されているわが国の
民事訴訟においては、それぞれの紛争を第１類型または第２類型のいずれと
して構成するのかは当事者に任されていますから、当事者またはその訴訟代
理人が法律構成を誤らないことが基本的に重要です。[30]

30　これを誤ったために、争点形成を誤り、事実認定（証拠評価）をも誤ることになった
　事例として、最１小判昭和32・10・31集11民集10号1779頁の原判決（札幌高函館支判昭
　和30・３・７民集11巻10号1792頁）をあげることができます。これについては、田中・
　事実認定206〜222頁で詳細に検討しています。本書と併せて、参照していただければ、
　要件事実論と事実認定論とがいかに密接な関係にあるかをよく理解することができます。

〔図4〕　証明の構造図（〈*Case* 1 - ③〉）

	Xの主張・立証	Yの主張・立証
主 要 事 実	山林買入委託契約の締結	山林買入委託契約ではなく、金銭消費貸借契約の締結
直 接 証 拠	（Xの供述）	（Yの供述）

	⇧	⇧

間 接 事 実 ①	山林買入れの必要性	
認定可能事実	＋山林保有しての林業者	－山林保有歴のない農業・伐採従事者
争 い の 有 無　間 接 証 拠	（争いなし）	（争いなし）

間 接 事 実 ②	Yの名義使用の必要性	
認定可能事実	－「名付け親」を懸念	＋実質的にも買主
争いの有無　間接証拠	（Xの供述）	（Yの供述）

間 接 事 実 ③	売買代金の出捐者	
認定可能事実	＋X	X（ただし、借受金）－借受時に借用証なし、弁済期・利息の約定なし
争いの有無　間接証拠	（争いなし）	（乙2）

間 接 事 実 ④	所有者らしい行動・らしからぬ行動	
認定可能事実	＋所有権移転登記手続を司法書士に委任（山林売買契約書・Yの領収書の起案）、登記催告書の送付（2回）、代理人EのYに対する登記請求	＋登記名義人になった後、Xの登記請求に応じず
争いの有無　間接証拠	（甲3の1、3。甲5、6。Eの供述）	（争いなし）

Ⅲ　売買契約の対象──目的物

1．売買契約の対象（目的物）が争われることの意味

　前記Ⅰ1において説明したとおり、売買契約成立の要件は、①目的となる財産権および②対価となる代金額またはその決定方法の2点についての合意が成立することです。したがって、売買契約の対象（以下、簡略に「売買の目的物」といいます）が争われるというのは、売買契約の2つの要素のうちの1つ（上記①）について後日争いが生じたということを意味しています。

　紛争の類型としては、第1に、売買の目的物が確定していないことを理由に、売買契約の成立自体が争われることがあります。この類型に属するものとしては、不特定物（種類物）を目的物とする場合において、種類と数量とを確定したといえるかどうかが問題とされ、売買契約の成立自体が争われる事例をあげることができます。[31]

　紛争の類型の第2は、売買契約の成立を前提に、売買の目的物が現に引き渡されまたは登記されたものとは異なるとして、本来の目的物の引渡しまたは所有権移転登記手続が請求される事例、現に引き渡されまたは登記されたものにつき本来の目的物でないとして、物の返還または抹消登記手続が請求される事例等をあげることができます。

　紛争の類型としてはこの2つに大別することができますが、実際にみられる紛争としては第2の類型に属するものが大多数です。そこで、本項では、第2の類型に属する紛争を具体的に検討することにします。

31　田中・法律文書334〜337頁を参照。本文の第1の類型に属する紛争につき、契約書の作成の観点から検討したものです。

２．紛争の生ずる原因

　第２の類型に属する紛争の場合は、売買契約の成立自体は争われておらず、契約成立時においては売買の目的物が確定していたことが大前提になっているのですから、契約成立の後になって売買の目的物について見解の相違が生じたということになります。

　このような紛争の事実認定にあたる際の起点として、上記のような見解の相違が生ずる原因を整理しておきましょう。原因のうち最大のものは、①不動産を典型とする経済的価値の高い財産の売買においても、わが国においては、契約書が作成されないことが稀ではなく、契約書が作成される場合であっても、登記記録上の記載内容と現況との間に相違があるかどうかを確認し、相違があるときには、その点を注記するという方法で当事者双方の認識の一致を契約書上明らかにしておくといった習慣が身に付いているとはいえないところにあります。その系として、②後日、契約書の記載上特定されている目的物と契約の履行として引き渡されたまたは登記の移転された物との間に齟齬のあることが判明するといった事態が発生します。これらに加えて、③後日、契約当事者の双方または一方が相続による代替わり・転得者の出現等によって変動したために、契約当時の合意内容が不分明になる、④後日、経済的な環境が変動したために、契約当事者の一方に対価についての不満が生じる、といった点をあげることができます。

　上記①と②は、契約書という処分証書を作成すること自体の重要性を示すものであり、作成から履行に至る過程でその内容を正確かつ緻密に検証すべきことを教えるものです。上記③と④は、そうしておかないと、主観（主体）的または客観的変動から、紛争が生ずることになるのが人間の世の常であるという現実を教えるものです。

３．事実認定の問題と契約の解釈の問題

　「ある１つの売買の目的物が何であったか」という形で問題を設定すると、

それは事実認定の問題であるわけですが、この種の紛争の発生原因として上記2の①と②のような事情が存することから、事実認定の問題の下部構造として「契約の解釈」の問題が存在することに気がつきます。

　当事者の締結した契約の条項（表示された外形）がどのようなものであったかは事実認定の問題なのですが、当該条項がどのような意味を有するかは契約の解釈の問題であり、これは法的評価に係る法律問題なのです。事実認定の問題は、経験則違反に至って初めて法律問題として最高裁判所に対する上告受理申立ての理由とすることができるのであって、それ自体は最高裁判所に対する上告受理申立ての理由とすることができないのですが、契約の解釈の問題は、法律問題ですから、それ自体を最高裁判所に対する上告受理申立ての理由とすることができるという違いがあります。要するに、「わが国において、契約の解釈は事実認定の問題として扱われている」といった説明は、不正確な説明というべきです。[32]

　最1小判昭和51・7・19集民118号291頁は、契約の解釈が問題になったケースにおいて、法律行為の解釈に際して考慮すべきファクター（要素）につき、「当事者の目的、当該法律行為をするに至った事情、慣習及び取引の通念などを斟酌しながら合理的にその意味を明らかにすべきものである」と判示しました。[33]

　実際の事件において、法律問題である契約の解釈の問題と事実認定の問題とを厳密に識別することはそれほど容易ではありませんが、売買の目的物の検討の過程で異なる性質の問題に出くわすことを理解しておく必要があります。

---

[32]　契約の解釈の問題と事実認定の問題との関係につき、詳しくは、田中・事実認定102〜115頁を参照。

[33]　これらの「ファクター（要素）」につき、「解釈の基準」という用語によって説明されることがあります（例えば、四宮和夫＝能見善久『民法総則〔第9版〕』（弘文堂・2018年）212頁）。しかし、最高裁判所のあげる当事者の目的等は、契約等の法律行為の意味を明らかにする作業をする際の考慮要素と性格付けるのが適切であると思われます。

4．売買の目的物に関する経験則

　売買の目的物が争われる場面では、契約の解釈の問題と事実認定の問題という性質を異にする2つの問題があることを理解しておかなければならないのですが、いずれの問題においても重要な役割を果たすのは経験則です[34]。そこで、第2の類型の紛争（売買契約が有効に成立したことを前提にして、売買の目的物が現に引き渡されまたは登記されたものとは異なると主張される紛争）を解明するにあたって有用な経験則を整理しておくことにしましょう。

(1) 第1原則——先立つ目的物の現況確認

　第2の類型の紛争の対象となるのは、ほとんど例外なく特定物（なかんずく不動産）です。特定物は当事者がその個性に着目して取引をするのですから、当事者は売買契約の締結に先立って目的物の現況を確認しているのが通常です。これが、利用される経験則の第1原則です。すなわち、土地の場合には、どこに存するのか、現にどのように利用されていて使用可能な用途は何なのか、どの程度の広さであるのか、収去すべき構築物が存在するのか、隣地との境界はどうなっているのか等を確認しているのが通常ですし、建物の場合には、どの土地上に存するのか、敷地の占有権原は何なのか、建築後どの程度の年数を経ているのか、どのような構造でどの程度の広さであるのか、現にどのように利用されているのか、買主の予定する用途に使用するためにどの程度の費用をかける必要があるのか等を確認しているのが通常です。

(2) 第2原則——履行時の目的物の同一性確認

　当事者は、売買契約の履行として引渡しまたは移転登記手続をするときは、売買の目的物に相違ないことを確認しているのが通常です。これが、利用される経験則の第2原則です。特に、買主側に売買契約の履行後すぐに現実的な利用目的のある場合には、第2原則がより強く妥当します。

---

[34] 最高裁判所が契約の解釈に際しての考慮要素としてあげる「取引の通念」は、取引上の経験則にほかなりません。

(3)　第3原則——代金額の時価相当性

そして、売買契約においては、目的物である財産権の対価である代金額は時価相当額であるのが通常です。これが、利用される経験則の第3原則です。しかし、この第3原則には例外も比較的広く存在しますので、解決すべき紛争における代金額が時価相当額でない場合には、例外事情の存否を検討する必要があります。例外事情としては、契約の当事者間に親族関係または友人関係等の親密な関係がある、売主に急いで処分しなければならない理由がある、買主にどうしても当該目的物を取得しなければならない理由があるといった事情をあげることができます。

(4)　第4原則——建物と敷地占有権原との一体性

第4原則は、第1原則の系と理解することのできるものであり、建物の売買は敷地の占有権原の売買ないし設定とともにされるというものです。みすみす収去しなければならない建物を買う者はいないし、そうなることを承知しながら建物を売る者はいないというのが取引の通常であることを示す経験則です。

(5)　第5原則——買主の自主占有性

自主占有とは、所有の意思に基づく占有をいいます。売買契約の履行が済むと、買主は売買の目的物について所有者であると認識し、所有者としての振舞いをするのが通常です。他方、売主は売買の目的物について所有権が移転したと認識し、所有者としての振舞いをやめるのが通常です。したがって、例えば、買主が売買契約の履行が済んだと考えられる時期に、問題とされる物の処分行為に出た場合には、それは買主が当該物を売買の目的物として認識していたことを示す事実であるということになります。

5．事例演習（《*Case* 1 -④》）

それでは、最1小判平成4・7・16判時1450号10頁を素材にして、売買の目的物が争点になった紛争の実際を検討してみることにしましょう。

(1)　**事案の概要**

　争いのない事実または証拠から確実に認定することのできる事実によって事案の概要を整理すると、以下のとおりです。

〈*Case* 1 -④〉

①　亡Aは1筆の土地（本件土地）を所有し、その子Xは本件土地を等分した東西各部分に同じ形状・床面積の2棟の未登記建物を所有していた。

②　B（国）は、A・Xから、昭和23年3月24日、岡山電話局長の官舎にする目的でそのうち1棟の建物とその敷地を買い受けた（以下、この契約を「本件売買契約」という）。本件売買契約に関して作成された同年1月22日付け覚書（甲5。本件覚書）および同年3月24日付け売買契約書（乙10・11。本件売買契約書）には、売買対象土地の地積として「31坪50」と記載されている。

③　Bは、A・Xから、本件売買契約時に東土地と東建物の引渡しを受け、以後、Bおよびその承継人であるC（日本電信電話公社）・Yが順次占有してきた。Yは、昭和61年、東建物を取り壊した。

④　本件土地の公簿地積は2畝3歩（63坪）であったが、本件売買契約の後に地積が変更されたうえで東西に分筆されたところ、東土地が32坪19に、西土地が31坪50になり、両土地の地積は若干の相違を生ずるに至った。

⑤　東建物には賃借人Dが居住していたが、Dは、昭和23年2月13日付け誓約書（甲7。本件誓約書）を作成し、同月末日限り東建物を明け渡すことを誓約し、現に同日東建物を明け渡した。他方、西建物には賃借人Eが家族とともに居住していたが、Eは昭和22年2月に病気で半身不随になり、昭和27年に死亡したが、Eの家族は昭和36年に至ってXに対して西建物を明け渡した。

⑥　岡山電話局長作成の昭和23年2月18日付けの総務部長宛て「官舎買収についての詮議願い」（乙9。本件詮議願い）の備考欄には、「現在

の居住者は本月（2月）末日限り転出確実」と記載されている。

⑦　本件売買契約後、Bは、西土地につき所有権移転登記を、東建物につき所有権保存登記を、それぞれ経由した。

⑧　Xは、本件売買契約後にAの死亡によりその相続人になったが、昭和62年の本件訴訟の提起に至るまで、B側に対し、東土地建物の明渡しを求めたことがなく、西土地建物の明渡しを申し出たこともない。

⑨　Xは、昭和33年に西建物を売却しようとしたことがあり、昭和61年には、Yの主張する東土地と西土地との境界は西土地に入りすぎているとして、YにXの主張する境界を承諾させたことがある。

　Xは、Yに対し、本件売買契約の目的物は西土地建物であり、Bの東土地建物の占有は使用貸借契約によるものであると主張し、東土地の明渡しを求めて本訴を提起しました。他方、Yは、Xに対し、本件売買契約の目的物は東土地建物であり、本件売買契約または時効により東土地建物の所有権を取得したと主張し、東土地の所有権移転登記手続を求めて反訴を提起しました。

(2)　原審の判断

　第1審は、Y主張の事実を認定し、本訴請求を棄却し反訴請求を認容したのですが、控訴審（広島高岡山支判平成2・4・19公刊物未登載）は、大要以下のとおり判断し、第1審判決を破棄して、本訴請求を認容し反訴請求を棄却しました。

ⅰ　本件覚書（甲5）および本件売買契約書（乙10・11）に記載された売買対象土地の地積が西土地の地積と一致する。

ⅱ　東建物に入居した岡山電話局長の子がその母から、東建物は仮の官舎であり本来の官舎は西建物であると言われたことがあった。

ⅲ　Xは、Aから、西土地建物を売ったが、西建物の賃借人Eが病気で家移りできなかったので電話局長に仮に東建物に入ってもらったと言われたことがあった。

ⅳ　前記(1)⑧⑨のとおり、Xにおいて東土地建物がYの所有であると認識していたことを示すかのような事実があるが、これは、本件売買をすべて取り仕切ったAが死亡したため、XがAから聞かされたⅲの話に十分な確信が持てなかったことと、賃料収入や税金の負担等がXにとって格別不利益でなかったことによるもので、本件売買の対象が西土地建物であることと矛盾しない。

ⅴ　結局、本件売買の対象は西土地建物であるが、西建物の賃借人Eが病気であったため、Bが東建物を無償で借りてその引渡しを受けたものである。

[関係図]

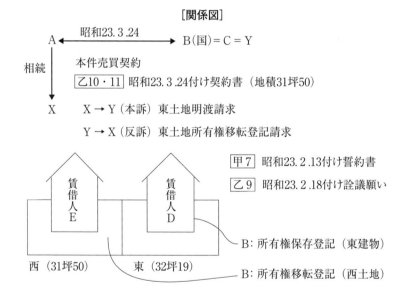

(3)　最高裁判所の判断

まず、最高裁判所は、上記(2)の原判決の認定の問題点を次のように明らかにしています。

ⅰ　原審の説示(2)ⅰにつき

　　前記(1)④の分筆経緯に照らすと、本件覚書および本件売買契約書に記載された売買対象土地の地積31坪50は、分筆前の公簿地積を基準にして単純にその2分の1を記載したものとも解し得るのであって、この記載をもって売買対象が西土地であることを示しているとまではいいがたい。

　　本件売買の交渉過程で作成された本件誓約書（甲7）と本件詮議願い（乙9）中にも、本件売買の対象が西土地建物であることをうかがわせる格別の記載はない。かえって、前記(1)⑥の本件詮議願いの備考欄の記載は、東建物が買収対象でDが東建物から退去することを意味するとすれば、Dが昭和23年2月末日限り東建物を明け渡すことを誓約した旨の甲7の記載およびDが同日限り東建物を明け渡したとの原審の認定とよく符合するが、西建物が買収対象でEが西建物から退去することを意味するとすると、東建物居住者作成の明渡しの誓約書があるのに西建物居住者作成の明渡しの誓約書がないのはなぜか、昭和22年2月以来半身不随のEが、昭和23年2月18日には同月末日までに転出確実とされていながら急に転出不能になったのはなぜか、Eの転出不能が判明した後の同年3月24日付けの本件売買契約書に土地建物の明渡しの期限を同月29日とだけ記載したのはなぜか、などの疑問が生ずる。

ⅱ　原審の説示(2)ⅱⅲⅴにつき

　　いずれも本件売買に直接関与していない者の伝聞の供述にすぎず、記録上、東土地建物の使用貸借を直接に証明する契約書等の客観的証拠は全く存しない。

ⅲ　原審の説示(2)ⅳにつき

　　XがAから上記(2)ⅲの話を聞いていながら、西建物を売却しようとしたり、Yの主張する東土地と西土地との境界が西土地に入りすぎて

> いると主張したのはなぜか、との疑問に対する説示としては、不十分
> で首肯することができない。

　次に、最高裁判所は、上記(1)の原審の確定した事実を前提にして、経験則
に合致する認定につき、次のように説示しています。

> ⅳ　逆に、原審の認定によれば、ⓐ上記(1)③のとおり、Ｂは、本件売買
> 契約時に東土地建物の引渡しを受け、現在もＹがこれを占有しており、
> ⓑ上記(1)⑤⑧のとおり、西建物の賃借人Ｅが死亡し、昭和36年にＥの
> 家族が西建物をＸに明け渡すなど、西土地建物引渡しの障害が消滅し
> た後も、本件訴訟に至るまで、Ｘは、Ｂ側に対し、東土地建物の明渡
> しを求めたことも、西土地建物の明渡しを申し出たこともなく、ⓒ上
> 記(1)③⑨のとおり、Ｘにおいて、東建物を売却しようとし、Ｙの主張
> する東土地と西土地との境界が西土地に入りすぎていると主張し、他
> 方、Ｙにおいて、東建物を取り壊すなど、当事者双方とも、自己が占
> 有する土地建物につき所有権を有すると考えていたのでなければ理解
> できない行動をとっていた。
> ⅴ　以上の事実関係を総合すれば、Ｂが西土地につき所有権移転登記を
> 経由していたとはいえ、他に特段の事情の認められない限り、本件売
> 買の対象が売買契約時に引き渡された東土地建物ではなく、西土地建
> 物であったとする原審の認定には、経験則に反するところがあるとい
> わざるをえない。
> ⅵ　そうだとすると、原判決が、他に特段の事情の存する旨を判示する
> ことなく、本件売買の対象は西土地建物であり、Ｂの東土地建物の占
> 有は使用貸借によるものであると認定したことには、経験則違反ひい
> ては審理不尽、理由不備の違法があるというべきであり、この違法は、
> 原判決の結論に影響を及ぼすことが明らかである。

⑷ 事案の分析

㋐ 当事者の主張と争点の所在

本訴請求の訴訟物（請求権）は、所有権に基づく返還請求権としての東土地明渡請求権です。反訴請求のそれは、売買契約に基づく債権的登記請求権としての東土地所有権移転登記請求権です。

本訴および反訴の主張・立証の構造は、以下のとおりです。

〈本訴請求原因〉	
㋐　Aは、東土地をもと所有していた。	○
㋑-1　Aは、昭和23年3月24日の後に死亡した。	○
㋑-2　Xは、Aの子である。	○
㋒　Yは、東土地を占有している。	○

〈本訴抗弁（所有権喪失）〉	
ⓐ　Aは、Bに対し、昭和23年3月24日、東土地を売った。	×

〈反訴請求原因〉[35]	
ⓐ　Aは、Bに対し、昭和23年3月24日、東土地を売った。	×
ⓑ-1＝㋑-1　Aは、昭和23年3月24日の後に死亡した。	○
ⓑ-2＝㋑-2　Xは、Aの子である。	○
ⓒ　Yは、Bの一般承継人である。	○

以上の整理から明らかなように、本訴と反訴を通じての争点は、ⓐ（東土地売買契約の成否）です。「AがBに対して昭和23年3月24日に売ったのは、

---

[35] 売買の目的物の問題に焦点を絞るため、ここでは取得時効に係る問題については触れないことにします。

西土地（および西建物）である」というXの主張は、Yが本訴抗弁兼反訴請求原因として主張する@に対する積極否認の事実なのです。

したがって、原判決が本件売買契約の目的物が西土地（および西建物）であると認定したのは、要証事実であるYの本訴抗弁兼反訴請求原因事実を認定することができないという判断を超えて、いわゆる「かえって認定」をしたということになります。[36]

　㋑　本件紛争発生の原因

〈*Case* 1 -④〉の特徴は、処分証書である売買契約書が存する（乙10・11）のに、契約書上、登記簿（登記記録）の記載や実測図等によって目的物が二義を許さないように特定されていなかったため、契約から40年という長い年月を経て売買の目的物についての争いが生じたところにあります。

契約書上目的物の特定が不十分になった原因としては、①対象土地の分筆が契約後にされたこと、②対象建物が未登記建物であったこと、③不動産でありながら、東土地建物と西土地建物とがほぼ同一の面積・形状であって、個性に乏しいものであったこと、をあげることができます。そして、本件紛争発生の最大の原因は、東建物の所有権保存登記は買主であるB名義でされたものの、その敷地の所有権移転登記がされず、東建物の敷地ではない西土地の所有権移転登記がされたところにあります。[37]

本件紛争は、契約書上目的物を特定することが重要であることを教えるばかりでなく、契約を締結した場合、慎重の上にも慎重にその履行の完了を確認する必要を教えるものでもあります。

　㋒　間接事実と証拠の構造

前記4にあげた5つの経験則を念頭に置いて、〈*Case* 1 -④〉における売買契約の締結交渉から紛争の発生に至る時系列に沿って間接事実と証拠を一

36　「かえって認定」につき、田中・事実認定249頁を参照。

37　しかし、契約から40年も経過した後に紛争が発生した直接の理由は明らかではありません。本件売買契約時にはほぼ等価値であったのに、何らかの原因で東土地と西土地との間に価値の差が生じたのかもしれません。

〈表1〉　間接事実・証拠一覧表（〈*Case* 1 -④〉）

目的物	東土地建物（Yの主張）	西土地建物（Xの主張）
①交渉時	本件誓約書(甲7)・本件詮議願い(乙9)の建物明渡し予定の記載	なし
②契約時		本件覚書（甲5）・本件売買契約書（乙10・11）の地積の記載
③履行（占有）	A→B引渡し	なし
④履行（登記）	東建物B保存登記	西土地B所有権移転登記
⑤その後	X西土地売却の試み（昭和33年）X西建物の明渡しを受けても、Y側に何らの申し出せず（昭和36年）X→Y境界が西土地に入りすぎの主張（昭和61年）Y東建物の取壊し（昭和61年）	なし

覧表にし、その構造を検討してみましょう。

　前記4の経験則と〈表1〉の①ないし⑤の時系列との関係は、ほぼ明らかですが、念のために整理しておくと、以下のとおりです。第3原則（代金額の時価相当性）は、〈*Case* 1 -④〉では出番がありません。

　第1原則（先立つ目的物の現況確認）は、①交渉時および②契約時と相関しています。第2原則（履行時の目的物の同一性確認）は、③履行（占有）および④履行（登記）と相関しています。第4原則（建物と敷地占有権原との一体性）は、①交渉時、③履行（占有）および④履行（登記）と相関しています。第5原則（買主の自主占有性）は、⑤その後と相関しています。

⑸　〈*Case* 1 -④〉からのレッスン

　〈*Case* 1 -④〉は、売買契約の締結交渉から紛争の発生に至るまでに生起した事実関係を前提にして、時系列に沿って各時点における経験則を適用することによって、いずれの当事者の主張が現実の社会で起きやすいものとして合理性があるのかについての確率計算をするというのが、事実認定の基本であることを教えるものです。〈表1〉の「間接事実・証拠一覧表」を作成し

て確率計算をすれば、Xの主張する「本件売買契約の目的物は、西土地建物である」との結論に到達するのは著しく困難であることが歴然としています。

　原判決は、事実認定がこのような論理的な作業であることを忘れ、ほとんど何の裏付けもない伝聞供述にとらわれて思い込みによって売買の目的物の認定にあたったために、誤った結論を導いてしまったのです。

　前記(3)の最高裁判所の判断は、原判決の認定の不合理さを懇切丁寧に説示しており、正しい事実認定の基本を教えるものとして貴重です。

Ⅳ　成立した契約の性質──売買か賃貸借か

1．成立した契約の性質が争われる場合と紛争の類型

　何らかの契約が成立したことには争いがないのに、どのような性質の契約が成立したのかが争われるという奇妙な現象が起こることがあります。そのような紛争の大部分は、前記ⅠからⅢでみたのと同様、不動産の占有または登記をめぐってのものです。

　紛争の具体的な現れ方をみると、第1に、不動産を直接占有している者が当該不動産の登記名義人に対して所有権移転登記手続を請求するという形の紛争があり、第2に、不動産を直接占有していない者が当該不動産の直接占有者に対して明渡し（占有の移転）を請求するという形の紛争があります。

　第1の類型においては、訴訟物として物権的登記請求権を選択するか、債権的登記請求権を選択するかにかかわらず、原告は所有権移転登記義務の発生原因事実を請求原因事実の一部として主張・立証しなければなりません。したがって、これにあたる具体的事実が被告との間の売買契約の成立である場合には、原告がこれを主張・立証すべき義務を負います。被告が、原告と被告との間に成立した契約は売買契約でなくて賃貸借契約であると主張するのは、請求原因事実についての積極否認ということになります。

　第2の類型においては、原告が訴訟物として物権的返還請求権を選択した

場合に、被告が原告との間で目的物につき売買契約が成立したとして争うのは、所有権喪失の抗弁を主張するということですから、被告がその主張・立証責任を負います。しかし、原告が訴訟物として債権的返還請求権（例えば、賃貸借契約の終了に基づく目的物返還請求権）を選択した場合に、被告が、原告と被告との間に成立した契約は賃貸借契約ではなくて売買契約であると主張するのは、請求原因事実についての積極否認ということになります。[38]

　このように、一口に、売買契約が成立したのか賃貸借契約が成立したのかが争われる事案といっても、いずれの立場の当事者がどのように請求を組み立てるのかによって、何が要証事実であるか、いずれの当事者が当該要証事実の主張・立証責任を負うかが異なってきます。法律実務家としては、常にこの点を念頭に置いて事実の証明と認定にあたる必要があります。

2．紛争の生ずる原因

　本項で検討する紛争は、何らかの契約が成立していることに争いがないのに、当該契約成立の後になってその法的性質について見解の相違が生じたというものであり、前記Ⅲで検討した「売買の目的物」についての紛争とよく似ています。

　紛争の生ずる原因も、共通したものが多く、①不動産を典型とする経済的価値の高い財産に係る契約についてすら、契約書が作成されないことが稀でない、②契約の履行（特に、登記名義の移転）がさまざまな理由からきちんとされないまま推移することも稀でない、③後日、契約当事者の双方または一方に相続による代替わり・転得者の出現等が起こり、契約当時の合意内容が不分明になる、④後日、経済的な環境が変動したために、契約当事者の一

38　最３小判平成10・12・8判時1680号9頁は、建物明渡請求事件において、訴訟物を所有権に基づく返還請求権から使用貸借契約の終了に基づく返還請求権に変更したというものです。この事件では、成立した契約が売買であるか使用貸借であるかが争われました。本文の第2の類型に属する紛争です。この事件につき、詳しくは、田中・事実認定95〜102頁を参照。

方に対価についての不満が生ずる、といった点をあげることができます（紛争の生ずる原因につき、詳しくは、前記Ⅲ2参照）。

3．契約の性質──売買か賃貸借か──に関する経験則

ここで、契約の性質が争われる紛争──特に、成立した契約が売買であるのか賃貸借であるのかという形で争われる紛争[39]──において、この争点を解明するのに有用な経験則を整理しておきましょう。

⑴　第1原則──対価の時価相当性

売買契約においては、契約成立時に（1回で支払うかどうかはともかく）目的物である財産権の時価相当額を代金として授受するのが通常です。したがって、契約成立時に授受された金員が目的物の時価相当額である場合には、成立した契約は特段の事情のない限り売買であると認定するのが経験則に沿った認定ということになります。逆に、授受された金員が目的物の時価と隔絶して低い場合には、特段の事情を解明しないまま、売買であると認定するのは経験則に違反する認定ということになります。[40]

これに対し、賃貸借契約においては、契約成立時の時代背景、目的物が何であるか（土地であるか建物であるか）、目的物の存する地域等の事情にもよりますが、契約成立時に授受されるのは敷金、権利金、当初期の賃料といったものであり、目的物の時価相当額よりも相当程度低額であるのが通常です。したがって、契約成立時に授受された金員が目的物の時価相当額よりも相当

39　中には、成立した契約が売買であるのか使用貸借であるのかという形で争われる紛争もあります。前掲（注38）の事件は、まさにそのようなものです。

40　時価相当額と異なる代金額が合意される特段の事情の一般的な例につき、前記Ⅲ4⑶を参照。最3小判昭和36・8・8民集15巻7号2005頁は、時価の15分の1程度の対価による取引につき、「このように時価と代金が著しく懸絶している売買は、一般取引通念上首肯できる特段の事情のない限りは経験則上是認できない事柄である」と判示しています。そして、一般取引通念上首肯できる特段の事情の例として当該事案において検討すべき事項として、「買戻の特約があるために特に代金を低廉に定めたものであるか否か」をあげています。

に低額である場合には、成立した契約の有力な候補として賃貸借を検討することになります。さらに、授受された金員が固定資産税と都市計画税の合算額程度である場合には、使用貸借の可能性をも検討することになります。

対価の時価相当性は、契約の性質決定に利用される経験則の第1原則です。

(2)　第2原則——買主の自主占有性と賃借人の他主占有性

前記Ⅲ4(5)において説明したとおり、売買契約の履行が済むと、買主は売買の目的物について所有者であると認識し、所有者としての振舞いをするのが通常です。他方、売主は売買の目的物について所有権が移転したと認識し、所有者としての振舞いをやめるのが通常です。

これに対し、当該目的物について賃貸借契約が成立した場合には、契約成立の時点を境にして所有者としての振舞いをする者が一方当事者から他方当事者に変わるということは起きません。賃借人は、他主占有者（所有の意思のない占有者）の典型です。そして、目的物の引渡し後は、定期的な賃料の請求と支払、目的物の利用方法についての交渉、賃料の増減額をめぐる交渉、一定期間経過後の更新または明渡しについての交渉といった、賃貸借契約の本質的事項または付随的事項についてのやり取りが生起するのが通常です。

そこで、目的物の引渡し後に、賃料らしき金員の授受が全くない、期間の合意がはっきりせず、長期間経過しているのに更新または明渡しをめぐる交渉の形跡がないといった事実関係が存する場合に、成立した契約が賃貸借であると認定するのは経験則にそぐわないということになります。

このように、買主の自主占有性と賃借人の他主占有性は、契約の性質決定に利用される経験則の第2原則です。

(3)　小　括

契約の性質決定に利用される経験則の第1原則と第2原則は、以上のとおりですが、これらは、前記Ⅲの「売買の目的物」の認定に利用された経験則のうちの第3原則と第5原則を変容させたものです（前記Ⅲ4(3)(5)参照）。要するに、最高裁判所のいう「一般取引通念」を解決すべき問題の性質に応じて変化させて利用するのであり、このような応用がきくようになると事実認

定力もワンランク・アップします。

4. 事例演習（〈*Case* 1 -⑤〉）

　それでは、最1小判昭和54・9・6判時944号44頁を素材にして、契約の性質——売買であるか賃貸借であるか——が争点になった紛争の実際を検討してみることにしましょう。

(1) 事案の概要

—〈*Case* 1 -⑤〉—

　　Ｘは、「昭和25年11月、妻Ｂの父Ａを代理人として、Ｙから、富山市内に存する土地約13坪（本件土地）を、坪当たり5000円で買い受け、そのころ10坪分の代金５万円を支払い、残額は所有権移転登記手続と引換えに支払う約束であった」と主張して、昭和51年、Ｙを被告として、本件土地につき所有権移転登記手続を求めて訴えを提起した。

　　これに対し、Ｙは、「Ｘに対して本件土地を売ったことはない。昭和25年12月にＡから合計５万円を受領したが、これは、本件土地のうち８坪を賃貸したので、その敷金および当座の賃料として受領したのである」と主張して争った。

　〈*Case* 1 -⑤〉における争いのない事実および証拠の状況を整理すると、以下のとおりです。

① 　Ｘの主張する本件土地の売買契約の成立を証明する契約書は存在しない。同様に、Ｙの主張する賃貸借契約の成立を証明する契約書も存在しない。
② 　Ｘの提出した主要な書証は、以下のとおりである。
　　甲8　Ｙ作成の以下の記載のある文書
　　「記一金一万円也　正ニ御預リ仕候也　昭和二十五年十二月三十日　Ｙ㊞　Ａ様」

甲9　Y作成の以下の記載のある文書

「記一金四万円也　右正ニ御預リ仕候也　昭和二十五年十二月十九日 Y㊞　A様」

甲10　Aが甲8・甲9を収納していた封筒（Aによる以下の記載あり）

「昭和二十五年十二月　Y様ノ土地領収書」

③　証人Bの証言およびX本人尋問の結果は、以下のとおりである。

　ⓐ　Aは昭和33年に死亡したが、BとXは、Aの生前にAから、Xの代理人AとYとの間で昭和25年11月に本件土地13坪を代金坪当たり5000円で買い受ける話がまとまり、同年12月に10坪分5万円を代金の内金として支払った、と報告を受けた。

　ⓑ　Xは、昭和25年6月に本件土地とは別の場所に土地（別件土地）と建物を購入して居住してきたが、本件土地を購入後、別件土地を売却したうえで地上建物を本件土地上に移築した。

　ⓒ　昭和25年12月以降、Xは、Yから、本件土地の明渡しを請求されたことはない。

④　Yの提出書証はない。Y本人尋問の結果は、以下のとおりである。

　ⓐ　Yは、Aから、昭和25年11月ころ、本件土地賃貸借の申込みを受けた。Yは、賃貸土地の範囲、坪数を限定することなく、また、賃料額および賃貸期間につき具体的な取決めをすることもなく、Aに対し、1、2年程度の期間と考えて本件土地の賃貸借を承諾した。

　ⓑ　昭和25年12月にAが持参した最初の4万円は敷金と思い、次の1万円は1、2年程度の期間の賃料の前払いと思って、受け取った。

　ⓒ　昭和25年12月以降、Yは、本件土地の占有者であるXに対して1回も賃料額を決めて通知したり、その支払を請求したことはない。

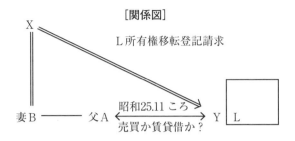

[関係図]

L所有権移転登記請求

X

妻B ——— 父A

昭和25.11 ころ
売買か賃貸借か？

Y　L

(2)　原審の判断

　第1審は、甲8ないし甲10、証人Bの証言およびX本人尋問の結果によって、X主張の売買契約の成立を認定し、Xの請求を認容しました。しかし、控訴審（名古屋高金沢支判昭和53・10・25公刊物未登載（昭和52年㈹第71号））は、大要以下のとおり判断し、第1審判決を破棄して、Xの請求を棄却しました。

---

　①　AがXを代理してYと交渉した結果、Yから本件土地を買い受ける話がまとまった旨の証人BとX本人の供述部分は、いずれもAからの伝聞である。

　②　証人BとX本人の①の供述は、Yが5万円の支払を受けるのと引換えにAに交付したことが認められる甲8および甲9に、Yが同金員を預かる旨が記載されているのみで売買の趣旨は記載されていないことと矛盾する。

　③　したがって、証人BとX本人の同供述部分は採用することはできず、他に、X主張の売買の合意が成立したことを認めるに足りる証拠はない。

　④　かえって、甲8、甲9、Y本人尋問の結果および弁論の全趣旨によれば、YはAに対し土地を貸すことを承諾しただけであり、②の5万円はYにおいて敷金および当座の賃料として受け取ったものであると認めることができる。

---

(3)　最高裁判所の判断

　最高裁判所は、上記(2)の原判決の認定の問題点を次のように明らかにして、原判決を破棄したうえ、審理を尽くさせるため事件を原審に差し戻しました。

ⓘ　まず、証人BとX本人の供述を排斥した原審の説示前記(2)ⅰないしⅲにつき、次のように3点をあげて、各供述の信憑力[41]をむげに排斥しえない点が存する旨指摘しています。

　　ⓐ　甲8、甲9に金員を預かる旨が記載されていることは、必ずしも証人BとX本人の上記各供述と矛盾するとはいえない。

　　ⓑ　第1審判決がX主張の売買の成立を認める証拠として掲げている甲10の封筒には、その表に「昭和二十五年十二月　Y様ノ土地領収書」という記載があり、第1審におけるX本人尋問の結果および記録から窺われる弁論の全趣旨によると、右はAの記載に係るものであって、右封筒はAが甲8、甲9をこれに収納していたことが推認されるところ、右記載文言は直ちにもって土地売買代金領収書の意味を表したものとすることはできないとはいえ、どちらかといえばそのような趣旨に理解するのが素直であると考えられないでもない。

　　ⓒ　第1審における証人BおよびX本人尋問の結果によれば、XはそれまでXが所有していた土地を売却して地上建物を本件土地上に移築したというのであり、そうであるとすれば、本件土地を購入するためではなく単に賃借するために自己の所有地を売却するというようなことは、特段の事情のないかぎり考えられないことであるから、このこともまた本件土地に関する取引が売買であることを示唆するものと考えられる。

41　最高裁判所は、本文ⓘにおいて信憑力という用語を、本文ⅱにおいて信憑性という用語を使用しています。いずれも、証拠が要証事実を証明する力（証拠力）を有するかどうかをいうものであり、最近の判決文では信用性という用語を使用するのが一般的です。証拠力、信用性につき、田中・事実認定57頁、153頁、246〜248頁を参照。

ⅱ　次に、Ｙ本人の供述を採用した原審の説示前記(2)ⅳにつき、次の２
点に照らせば、その供述の信憑性には多分に疑問の余地があるといわ
ざるをえない旨指摘しています。

ⓐ　前記(1)④のⓐおよびⓑのＹ本人の供述内容自体、通常の不動産賃
貸借において賃貸人のとる措置・態度としては極めて異常といわざ
るをえない。

ⓑ　Ｙ自身前記(1)④のⓒのとおり自陳し、また、証人ＢおよびＸ本人
尋問の結果によれば前記(1)③のⓒの事実が窺われる。

ⅲ　そのうえで、原審が全く検討を怠っている問題につき、次のように
指摘しています。

さらに重要な点は、授受された５万円の金額と本件土地の昭和25年
当時の時価との関係であって、右時価に照らして５万円の金額がＸの
言うように10坪分の土地の売買代金額とみられるようなものか、それ
ともこれよりはるかに低額で、Ｙの言うように一般に授受される賃貸
借の敷金と１、２年分の賃料の合計額とみるのが相当と思われる金額
か、そのいずれであるかが右５万円の授受の趣旨を判断するについて
決定的ともいうべき重要性を持つ要素であると考えられるのに、原判
決は何らこの点に触れるところがなく、また、これに考慮を払った形
跡も窺われないのである。

ⅳ　最後に、次のように結論を導いています。

以上の諸点に照らして考えると、原判決には、経験則ないしは採証
法則の適用を誤ったかまたは審理不尽の違法があるものといわざるを
えず、その違法が結論に影響を及ぼすことが明らかである。

(4)　事案の分析

(ア)　当事者の主張と争点の所在

本件請求の訴訟物（請求権）は、所有権に基づく妨害排除請求権としての
本件土地所有権移転登記請求権と考えられます。[42]

そうすると、本件訴訟の主張・立証の構造は、以下のとおりです。

〈請求原因〉	
⑦　Yは、本件土地をもと所有していた。	○
⑦-1　YとAは、昭和25年11月、約13坪の本件土地を坪当たり5000円で売買する旨の契約を締結した。	×
⑦-2　Aは、Yに対し、⑦-1の契約締結に際し、Xのためにすることを示した。	×
⑦-3　Xは、Aに対し、⑦-1の契約締結に先立って、その代理権を授与した。	△
⑦　Yは、本件土地の所有権移転登記を経由している。	○

　本件訴訟の主張・立証の構造は極めて単純であり、主要な争点は、⑦-1（Y・A間の本件土地売買契約の成否）です。Yの「Aに対して本件土地のうち8坪を賃貸した」という主張は、請求原因事実⑦-1の積極否認であり、Yが主張・立証責任を負う抗弁ではありません。[43]

　したがって、原判決がYの主張を認めて本件土地につき賃貸借契約が成立したと認定したのは、要証事実であるXの請求原因事実を認定することができないという判断を超えて、いわゆる「かえって認定」をしたのです。

42　上告理由によると、Xは、本件土地を時効取得したとの主張もしたようです。そうすると、Xとしては、所有権に基づく物権的登記請求権を訴訟物とし、所有権取得原因（請求原因事実）として売買契約の成立と取得時効とを選択的に主張したと考えるのが訴訟行為の合理的解釈としては適切でしょう。なお、売買か賃貸借かの問題に焦点を絞るため、ここでは取得時効に係る問題については触れないことにします。

43　ただし、取得時効の請求原因に対し、Yが「Yは、Aに対し、本件土地のうち8坪を賃貸した。Xの本件土地の占有は、Aの占有補助者としてのものである」と主張して争う場合には、この主張はいわゆる「他主占有の抗弁」であり、Yが主張・立証責任を負うことになります。

(イ)　本件紛争発生の原因

〈*Case* 1-⑤〉には、前記2に紛争の発生原因としてあげた①ないし④の事情がすべてそろっています。ただし、本件がやや特殊であるのは、上告理由書におけるXの主張によると、昭和25年11月当時、本件土地が区画整理事業の実施された工区内に位置していて仮換地指定処分はされていたものの本換地処分はされておらず、Y自身が所有権移転登記を経由しておらず、Xに対して所有権移転登記手続をすることができない状況にあったことが背景になっているようです。

それにしても、昭和25年から昭和51年までの25年余もの長年月の間、契約の後始末がされなかったために紛争に至ったわけです。[44]

(ウ)　証拠の構造と経験則

本件訴訟における主要な争点は、請求原因事実である「Y・A間の本件土地売買契約の成否」です。

典型的直接証拠である売買契約書は存在しませんから、あり得る直接証拠としては当該契約の締結にかかわったY本人またはAということになります。Aは昭和33年に死亡したため、直接証拠はY本人のみということになりました。その結果、証人BとX本人の供述がいずれもAからの伝聞であるのは当然であり、直接証拠である供述をすることができる人が存在するのに、明確な理由もなくそれをしないで伝聞証拠で済ませようとするといった事案とは異なります。このような場合には、X側の供述（証人BとX本人の供述）とY側の供述（Y本人の供述）の信用性を緻密に検討する必要があり、そのために最も重要なのが経験則の活用です。経験則のこのような機能を「供述の信用性の判断資料としての機能」といいます。[45]

最高裁判所は、前記(3)の判断において複数の経験則を用いて、X側の供述

44　上告理由書によると、換地処分がされたのが昭和41年というのですから、換地処分から起算しても10年が経過して起きた紛争ということになります。

45　経験則のこのような機能につき、田中・事実認定123～130頁を参照。

とY側の供述の信用性を検討しています。ここに、最高裁判所の用いた経験則を整理しておくことにしましょう。

① 　土地を目的とする契約の成立に際して金員が授受された場合、当該契約の性質が売買であれば、その対価は原則として時価相当額である。したがって、契約の性質を検討するのに決定的に重要であるのは、授受された金員と時価との関係である。

② 　売主が売買代金を受け取った場合に発行する受領証には原則として預かる旨の記載をしないとしても、例外的事情（特段の事情）の存するときは預かる旨の記載をすることがあり得る。したがって、預かる旨の記載が常に売買代金の受領と矛盾すると決め付けることはできないから、本件にそのような特段の事情があるかどうかを確認すべきである。[46]

③ 　受領証を収納した封筒上の「土地領収書」という記載は、土地売買代金領収書を意味するものと理解するのが素直である。

④ 　現在居住している地上建物を別土地上に移築して居住し続けるために所有土地を売却するという行為に出る場合、原則として当該別土地を購入することを予定してするものである。したがって、当該別土地を賃借したと認定するには、例外的事情（特段の事情）の存することを確定しなければならない。

⑤ 　土地賃貸借契約を締結する賃貸人は、原則として、賃貸土地の範囲（面積）、賃料額および賃貸期間につき具体的に取り決めるものである。したがって、これらの事項についての具体的取決めを明確にしないまま、土地賃貸借契約の成立を認定するには、例外的事情（特段の事情）の存することを確定しなければならない。

46　上告理由書は、〈*Case* 1 - ⑤〉における特段の事情として、換地手続が終了した時点で所有権移転登記手続と引換えに残金の支払をすることになっていたから、Yはそれまでの間内金を預かることにしたと説明しています。この説明が正しいかどうかはともかく、最高裁判所も、受領証における表現の仕方につき、原判決のような決め付けはできないと考えたことが明らかです。

⑥　土地賃貸借契約を締結する際、賃貸人が賃借人から金員を受領する場合、原則として、当該金員の性質（敷金、賃料の前払い等）につき具体的に取り決めるものである。したがって、性質を明確にしないまま土地賃貸借契約に係る金員の受領を認定するには、例外的事情（特段の事情）の存することを確定しなければならない。

⑦　土地賃貸借契約が成立したものの賃料額および賃貸期間についての具体的取決めが不明確であり、定期的な賃料の支払がない場合、原則として、賃貸人は賃借人に対し、賃料額および賃貸期間につき具体的取決めをすべく交渉を申し入れ、定期的な賃料の支払を請求するものである。したがって、これらの交渉申入れや賃料の支払請求の事実がないのに土地賃貸借契約の成立を認定するには、例外的事情（特段の事情）の存することを確定しなければならない。

(5)　〈*Case* 1 -⑤〉からのレッスン

上記(4)のように経験則を整理してみると、成立した契約の性質決定をするのに使用される経験則は、前記3の2つに大別することができることがわかります。そして、**実際の紛争に適用すべき複数の経験則の中にも、決定的に重要なものから重要性の劣るものまで一定の序列が存することを理解することができます。**

〈*Case* 1 -⑤〉において決定的に重要な経験則は、第1原則である売買の対価の時価相当性（上記(4)(ウ)の①）です。次に重要な経験則は、第2原則である買主の自主占有性と賃借人の他主占有性（上記(4)(ウ)の④ないし⑦）です。比較的に重要性の低い経験則は、受領証の記載方法の実際に関するものなど（上記(4)(ウ)の②および③）です。

〈*Case* 1 -⑤〉は、当該紛争で利用すべき複数の経験則を明確に意識したうえで、それら経験則間の重要性の程度をわきまえて、いずれの供述が現実の社会で起きやすいものであるかについて確率計算をすれば、間違いのない合理的な結論を導くことができることを教えています。

このような作業を積み重ねれば、Y本人の供述をそのまま信用することが

著しく困難であることは誰の目にも明らかです。原判決は、重要性の高い第
1原則と第2原則についての検討をせず、重要性の低い受領証の「預かる」
という記載内容にとらわれて契約の性質に係る事実認定にあたったために、
誤った結論を導いてしまったのです。

　前記(3)の〈*Case* 1 -⑤〉の最高裁判所の判断も、〈*Case* 1 -④〉と同様、
このような事実認定の基本を再認識させるものです。

第 **2** 章

消費貸借

I　消費貸借契約の成立

1. 消費貸借契約成立の要件事実

　平成29年改正民法は、典型契約としての消費貸借契約として、587条におい
て要物契約（意思表示の合致によっては成立せず、目的物の交付を契約成立の要
件とする契約）である消費貸借契約を規定し、587条の2において諾成契約で
ある消費貸借契約を規定しています。すなわち、改正民法は、要物契約であ
る消費貸借契約と諾成契約である消費貸借契約の2類型を、いずれも典型契
約として公認することにしたのです。しかし、これまでも、判例（最2小判
昭和48・3・16金法683号25頁）は、諾成契約である消費貸借契約を有効な契約
としていたため、この改正が融資の実務に大きな影響を及ぼすとは考えられ
ません。しかし、典型契約として公認され、その要件と効果が明らかになっ
たため、諾成契約である消費貸借契約の利用が増えることが予想されます。

　ここでは、民法587条の規定する要物契約である消費貸借契約につき、そ
の特徴を検討しておきましょう。

　民法587条は、消費貸借契約が、①当事者の一方が種類、品質および数量
の同じ物をもって返還することを約すること、②相手方から金銭その他の物
を受け取ること、の2点を要件として成立する契約であると規定しています。
第1章で検討してきた売買契約と対比してみると、消費貸借契約の特徴を把
握しやすいと思われます。

　第1に、民法587条の規定する消費貸借契約は、上記②の要件から明らか
であるように、諾成契約である売買契約とは異なり、要物契約（意思表示の
合致によっては成立せず、目的物の交付を契約成立の要件とする契約）です。

1　改正民法587条の2は、書面でする消費貸借の場合には、諾成契約として消費貸借契
　約が成立することとし、借主は貸主から金銭等の目的物を受け取るまで契約を解除する
　ことができるとしています。

　第2に、民法の条文上明確ではないのですが、一般に、弁済期の合意をしたことが要件であると考えられており、現在の裁判実務はこの考え方によって運営されています。[2]この考え方によると、弁済期の合意の成立が要件になる点も、売買契約とは異なるということになります。

　第3に、民法587条の規定する消費貸借契約は、上記①、②のとおり、契約成立のために一定の方式の履践を要求していませんから、売買契約と同様、要式契約ではありません。これに対し、改正民法587条の2の規定する消費貸借契約は、書面によることが要求される要式契約です。ただし、銀行等の金融機関が貸主である消費貸借契約の場合には、要物契約である消費貸借契約であれ、諾成契約である消費貸借契約であれ、例外なく書面によって契約を締結するのが実務です。

2．消費貸借契約の成立が争われる場合の2類型

　上記1の説明に従って民法587条の規定する消費貸借契約の成立要件を簡略に整理すると、①返還約束と②目的物の授受とに大別することができます。消費貸借契約の特徴の第1が②の「目的物の授受」要件に、第2が①の「返還約束」要件に相応しています。

　民法587条の規定する消費貸借契約の成立が争われる場合の争われ方も、以上のとおりの成立要件を反映して、①返還約束の成立が争われる場合と②目的物の授受が争われる場合とに大別することができます。

　まず目的物の授受が争われる類型を、次に返還約束の成立が争われる類型

2　契約を目的物の返還時期に着目して類型化し、売買型と貸借型の2つに分類する考え方があります。そして、貸借型の契約は、目的物を一定期間利用することが本質的に予定されており、目的物の交付と同時に返還時期が到来するというのは無意味であるから、貸借型の契約の場合には、売買型の契約とは異なり、返還時期の合意が契約成立のための不可欠の要素であるという考え方（いわゆる貸借型理論）によると、消費貸借契約においては「弁済期の合意」が契約成立の要件であるということになります。以上につき、司研・紛争類型別27頁を参照。なお、返還時期の合意を契約成立の要件としない見解も存することにつき、司研・新問題研究38頁を参照。

を検討することにしましょう。

３．消費貸借契約の成立が争われる場合の第１類型──目的物の授受が争われる場合

(1) **事例演習①**（〈*Case* 2 -①〉）

　　㈠　事案の概要

　東京高判昭和54・３・８判時929号80頁を素材にして、民法587条の規定する消費貸借契約の成立要件の１つである目的物の授受に関する事実認定を検討してみることにしましょう。

┌─〈*Case* 2 -①〉─────────────

　画材商を営むＸと貸金業者Ｙとの間に、「ＹがＸに対し、昭和45年３月28日に300万円を、弁済期同年６月30日、利息年１割５分、遅延損害金年３割の約定で貸し渡したにつき、Ｘが右債務を履行することを諾約した」との記載、および「Ｘが右債務を履行しないときは、直ちに強制執行を受けても異議がないことを認諾した」との記載のある公正証書（本件公正証書、乙１の１）が存在している。

　Ｘは、本件公正証書に記載されている300万円の交付を受けたことはないと主張して、Ｙを被告として、本件公正証書の執行力の排除を求めて請求異議訴訟を提起した。

└──────────────────────

争いのない間接事実および証拠の状況を整理すると、以下のとおりです。

┌──────────────────────
【争いのない間接事実】

① 　Ｙは、Ｘに対し、昭和45年３月16日、弁済期同年４月16日の約束で80万円を貸し付けた。

② 　Ｘの母ＡとＹは、昭和45年３月28日、Ａ所有の土地と建物に、債権者をＹ、債務者をＸ、連帯保証人兼担保提供者をＡとし、継続的金銭消費貸借契約・手形割引・手形貸付契約上の債権担保のため、元本極

度額300万円の根抵当権を設定する旨の契約を締結し、同日受付によるその旨の根抵当権設定登記（順位4番）が経由されている。

③　Yは、Xに対し、昭和45年5月26日に30万円を、同年6月28日に32万5000円を、同年10月15日に30万円をそれぞれ貸し付けた。

【証拠の状況】

①　Yの提出した書証は、以下のとおりである。

　　ⓐ　乙1の1　本件公正証書

　　ⓑ　乙1の2　作成名義人をXとAとし、Yの事務員Bを受任者とする本件公正証書作成に関する委任状（本件委任状）

　　　　印刷された不動文字により「公正証書作成嘱託に関する一切の権限を委任する」との記載がある。XとAの各署名押印がXによってされたことに争いがなく、貸借金欄の「300万円」の記載および貸付年月日欄と作成年月日欄の「昭和45年3月28日」の記載の各成立には争いがない。

　　ⓒ　乙3　Yの貸付元帳（本件貸付元帳）

　　　　「昭和45年3月28日Xに300万円が公正証書をもって貸し付けられた」との記載がある。

　　ⓓ　乙9　作成名義人をXとする領収書（本件領収書）

　　　　Xの署名と名下の印影がXの印章によるものであることに争いがない。「昭和45年3月28日に300万円を領収した」との記載がある。

②　Yの提出した人証は、以下のとおりである。

　　ⓐ　Yの事務員である証人B（第1審第1回、第2回、控訴審）

　　ⓑ　Yの妻である証人C（第1審第1回、第2回）

　　ⓒ　Y本人（第1審第1ないし第3回、控訴審）

③　Xの提出した書証は判例時報掲載の判決文上不明であり、Xの提出した人証で同判決文上判明するのは以下のとおりである。

　　ⓐ　X本人

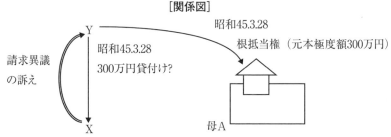

[関係図]

乙1の1 公正証書、乙1の2 公正証書作成用委任状（委任者X・A、受任者Yの事務員B）

乙3　貸付元帳（「300万円貸付」の記載）

乙9　領収書（「300万円領収」の記載）

(イ)　東京高等裁判所の判断

前掲東京高判昭和54・3・8の判断は、大要以下のとおりです。

---

① 　上記(ア)【証拠の状況】①の各書証の記載並びに同②のうちの証人B（第1審第1回）、証人C（第1審第1回、第2回）の各証言およびY本人（第1審第1ないし第3回、控訴審）の供述中にYの主張に沿う部分があり、これらによればYからXへの300万円の交付を認めるに十分であるかのごとくである。

② 　しかし、次の諸点を見逃すことができない。

ⓐ 　Xは、昭和41年に父が死亡したため画材商の経営を引き継ぎ、かねて複数の金融機関から合計約1050万円の融資を受けており、そのうちの1つの金融機関から昭和45年3月16日までに80万円を弁済するよう迫られていたところ、金融業者Yを知り、同月16日にYから80万円を弁済期同年4月16日の約で借り受けて弁済に充てたのであるが、Yから、根抵当権を設定すればその限度内でいつでも融資をするので根抵当権を設定してはどうかとの申出を受けて、この申出に応じ、同年3月28日、上記(ア)【争いのない間接事実】②のとおり母Aの不動産に根抵当権を設定し同登記を経由したことが認められ、

この認定を左右する証拠はない。

　ところで、昭和45年3月28日に300万円を交付したとのYの主張が真実であるとすれば、以下の疑問が生ずる。

⑤　根抵当権の設定と同時に元本極度額に相当する金員の全額が貸与されたことになるが、これは根抵当権取引の常態からみていささか異様の感をぬぐいえないし、将来の継続的貸借を予想・期待して根抵当権設定契約をするに至った当事者の意図に反している。

⑥　YとXとは、昭和45年3月16日の80万円の貸借までは取引はもとより面識すらなかったのであり、またXの営業状態や資産関係についてYが信を置くほどのものがあったことを窺わせる情況もみられないうえ、右80万円の弁済期が遠からず到来する事情にあったことからすると、新たに300万円を貸与するからには、これと同時に設定された根抵当権の元本極度額を右300万円と80万円の合算額である380万円もしくはそれを超える額にするとか、これを300万円にとどめるのであれば、新たに貸与する額をひとまず右300万円から80万円を控除した220万円の範囲にとどめるのが取引上自然のなりゆきであり、仮にそうでなくとも前記のような事実関係からすれば、根抵当権設定契約に際し、右80万円を根抵当権との関係でいかように取り扱うかについて具体的な交渉が行われてしかるべきところ、これがなされたことを窺わせる証拠はない。

⑥　Y方では、時折妻Cが事務に関与するほかはBのほかに職員がなかったことが認められ、この認定に反する証拠はないところ、Bは、第1審の第1回証人尋問において「Yは、昭和45年3月28日に同人の事務所においてXに300万円を現金で貸し渡したが、自分はその場に同席しこれを現認している。」旨証言したが、第1審の第2回証人尋問において「これはYに使嗾されてした虚偽の供述であり、真実は300万円の交付を現認しておらず、またYからこれまで

そのような貸付けがなされた旨の報告はなかったこと、さらに公正証書作成の委任状（乙1の2）や領収書（乙9）に300万円と記載されているのは、Yの指示により根抵当権の元本極度額である300万円と一致させるためにしたものであり、当時300万円が貸し付けられた事実はない。」旨前供述を翻す内容の証言をし、当審においてもこれとほぼ同趣旨の証言をしているのであるが、同人の後者の証言内容がすべて真実であるか否かはともかくとして、Yの主張に沿う同証人の前記証言部分はたやすく信用することはできない。

ⓒ　本件公正証書記載の貸借が成立したとされる昭和45年3月28日より後のYとXとの貸借関係をみるに、Xがその本人尋問において自認するものだけで、上記㋐【争いのない間接事実】③記載のものがある（Yは、その本人尋問において、そのほか同年11月28日に50万円の貸付けがあった旨供述する）のであるが、仮に300万円の貸付けがなされていたものとすれば、右300万円の貸付金がその後返済されていない（この点は弁論の全趣旨からして明らかである）ことからみて、前記の各貸付分は本件公正証書による貸付金の範囲外であることはもとより、根抵当権の極度額を超過した後の貸付けということになるのであって、甚だ奇異な感を免れないのであるが、これを首肯するに足りる特別な事情を窺わせる証拠はない。

ⓓ　300万円という金額は、当時のXの営業状態からみて相当多額であり、Xが当時80万円のほかにこのような多額の金員を必要とするに至った具体的事情は、本件の全証拠を検討しても明らかではなく、仮にこのような事情をYにおいて明らかにすることが困難であるとしても、Xの営業状態やそれまでほとんど接触のなかった両者の関係からすれば、Yにおいて300万円に上る金員を貸し付けるからには、その金員の使途をはじめ営業や資産状況について詳細な事情を聴取したと考えられるところ、この点についてのY本人尋問中の供述は甚だ具体性に乏しいばかりでなく、第1審における供述内容と

　　　　控訴審におけるそれとの間には明らかな差異がみられる。

　ⓔ　ＸがＢに対して公正証書作成の嘱託を委任したことは否定できな
　　いにしても、本件委任状（乙１の２）および領収書（乙９）の「300
　　万円」の記載は、根抵当権設定契約によって定められた元本極度額
　　と同一の金額として書類上の記載を統一するためにしたにすぎずこ
　　れが直ちに公正証書作成に用いられうることにまで思い至らなかっ
　　たものと考えられ、したがって300万円の貸与そのものに対する右
　　各書面の証明力は薄弱であるといわざるをえない。

　ⓕ　証人Ｃの証言によると、本件貸付元帳（乙３）は、同人が記載し
　　たものであることが認められるが、「昭和45年３月28日の300万円貸
　　付」の記載は、本件公正証書または本件委任状に300万円との記載
　　があったことから、これに基づいてされたと認められ、しかも本件
　　訴訟提起後に記載されたのではなかろうかとの疑いをぬぐい去るこ
　　とができないから、それ自体としてＹの主張の裏付けと評価するこ
　　とは困難である。

ⅲ　以上ⅱⓐないしⓕの諸点を考えると、ⅰに摘示の各証拠および事実
　　をもってしても、Ｙが昭和45年３月28日にＸに対し300万円の貸付け
　　をしたとの事実を認定するにはなお合理的な疑いを払拭することがで
　　きないのであり、他にこれを認めるに足りる証拠はないから、Ｙの前
　　記主張は採用できない。

⑺　事案の分析

　(A)　**当事者の主張と争点の所在**

本件訴訟の訴訟物は執行法上の異議権であり、その請求原因事実は以下の[3]

3　請求異議訴訟の法的性質につき、民事執行法上の異議権に基づいて債務名義の執行力
　の排除を求める形成訴訟であるとする形成訴訟説が判例・通説の立場であることにつき、
　原田和徳＝富越和厚『執行関係等訴訟に関する実務上の諸問題』（法曹会・1988年）22
　頁を参照。

とおりです。[4]

┌─〈請求原因〉─────────────────────────────┐
│ ⑦　ＸとＹの間に、Ｙを債権者、Ｘを債務者とする○○法務局所 │
│ 　属公証人甲作成昭和45年第△△号債務弁済契約公正証書（本件公 │
│ 　正証書）が存在し、本件公正証書には次の記載がある。 │
│ 　ⓐ　Ｙは、Ｘに対し、昭和45年３月28日、300万円を弁済期同年　○ │
│ 　　６月30日の約定で貸し付けた。 │
│ 　ⓑ　Ｘは、ⓐの債務を履行しないときは直ちに強制執行を受け │
│ 　　ることを認諾する │
│ ⑦　よって、Ｘは、本件公正証書の執行力の排除を求める。[5] │
└──────────────────────────────────┘

これに対する抗弁事実[6]は、以下のとおりです。

┌─〈抗弁〉──────────────────────────────┐
│ ㊁－1　Ｘは、Ｙとの間で、昭和45年３月28日、Ｙに対して300万　│
│ 　円を同年６月30日に弁済する旨の合意をした。　　　　　　×　│
├──────────────────────────────────┤
│ ㊁－2　Ｙは、Ｘに対し、昭和45年３月28日、300万円を交付した。　×　│
├──────────────────────────────────┤
│ ㋑－1　ＹとＢは、昭和45年○月○日、公証人甲に対し、本件公 │
│ 　正証書の作成を嘱託する旨の意思表示をし、Ｂは、その際、⑦　△　│
│ 　ⓑの意思表示をした。 │
├──────────────────────────────────┤
│ ㋑－2　Ｂは、㋑－1の際、Ｘのためにすることを示した。　　　△　│
└──────────────────────────────────┘

───────────────────────────────────

4　請求異議訴訟の請求原因事実と抗弁事実につき、原田＝富越・前掲書（注3）115頁、
　司研・判決起案の手引「事実摘示記載例集」19頁を参照。

5　本文の⑦は、原告の提示する訴訟物を明示して、請求原因事実と請求の趣旨とを結び
　つけることを目的とするいわゆるよって書きであり、厳密には、請求原因事実ではあり
　ません。

6　本文の㊁は債務名義に表示された請求権の発生原因事実であり、同㋑は債務名義が手
　続上適法に成立したことを示す事実です。

⒤-3　Xは、⒤-1に先立って、Bに対し、⒤-1の各意思表示をする代理権を授与した。	×

　上記の認否欄から明らかなように、請求原因事実に争いはなく、抗弁事実のすべてに争いがあります。このように、執行証書についての請求異議訴訟の場合は、被告の負う主張・立証責任が原告のそれに比べて圧倒的に重いのが通常です。[7]

　本項で検討するのは、抗弁事実㋐-2（300万円の授受）の認定の可否についてということになります。

⒝　証拠の構造

　Yは、抗弁事実全体を立証するために本件公正証書（乙1の1）を提出しました。公正証書は、公証人が当事者本人またはその代理人であることを確認した者からの嘱託を受けて作成した証書ですから、一般に、そこに記載されている内容を証明する力は高いと考えられています。しかし、〈Case 2-①〉においては、主債務者Xと連帯保証人兼物上保証人Aが公証人甲の面前に現れたのではなく、貸金業者Yの事務員Bが他方当事者であるXとAの代理人として現れ、その結果作成された公正証書であるため、本件公正証書の記載内容をそのまま信用することができるかどうかを慎重に検討する必要があるのです。

　そこで、Yは、直接的には抗弁事実⒤-3を立証するために本件委任状（乙1の2）を提出しました。本件委任状の貸借金欄には「300万円」の記載があるので、間接的に抗弁事実㋐-2を立証するためのものでもあります。

　抗弁事実㋐-2を立証するための切り札ともいうべき文書が本件領収書

7　請求異議訴訟の中には、抗弁事実までには争いがなく、債務名義に表示された請求権が弁済・相殺等により消滅したかどうかについてのみ争いがあるといった事案もあります。請求権の消滅原因事実は再抗弁ですから、そのような場合には、原告の負う主張・立証責任の方が重いということになります。

（乙9）であり、これを裏から支える文書が本件貸付元帳（乙3）です。

　このように、抗弁事実を立証するための文書群を構造化してみると、Yの立証は盤石のように見えます。しかし、東京高等裁判所は、それでも「なお合理的な疑いを払拭することができない」としました。前記(イ)の判決文は、「事実認定は、経験則の適用に始まり経験則の適用に終る」という消息を余すところなく示しており、熟読玩味する価値のあるものです。

(C)　本件文書群の信用性を突き崩した最大の要因と経験則

　本件文書群の信用性を突き崩した最大の要因は、Yが300万円を交付した日であると主張するその日に、交付金額と同額を元本極度額とする根抵当権の設定を受けた（前記(ア)【争いのない間接事実】②）ところにあります。[8]

　東京高等裁判所がここで用いた経験則は、大別して次の2つです。

　第1の経験則は、貸金業者が債務者に対して根抵当権の設定を要求するのは継続的な貸金債権の発生消滅を予定するからであり、原則として根抵当権の設定と同時に極度額と同額を貸し付けることはないというものです。[9]

　第2の経験則は、貸金業者は原則として最初の貸付金の回収前に追貸しをすることはないというものです。[10]

　第1の経験則との関係から、Yとしては、その例外となる合理的事情——貸付金の一部は短期間内の回収が確実であり、枠がすぐ空くことになっていたことなど——が存在することを説得的に主張・立証する必要に迫られました。

　また、第2の経験則との関係から、Yとしては、その例外となる合理的事情——最初の貸付金の回収が確実であったこと、最初の貸付金と追貸し分を合算しても十分な担保を入れさせたことなど——が存在することを説得的に主張・立証する必要に迫られたわけです。

　東京高等裁判所は、原則となる経験則の例外となり得る合理的事情につき、

8　Yは、貸金業者として、念には念を入れて債権保全を図ったのですが、それが自らの主張する貸金の交付に疑念を生じさせる原因になるという皮肉な結果を招来しています。

9　本文(イ)(ⅱ)ⓐあを参照。

10　本文(イ)(ⅱ)ⓐいおよび同(ⅱ)ⓒを参照。

「それについて首肯するに足りる特段の事情」と表現しています。事実認定力をアップさせるには、１つの経験則には必ず例外（特段の事情）があるということをわきまえて、原則となる経験則と例外とをセットにして理解する癖をつける必要があります。

(D)　本件文書群の信用性を突き崩した第２の要因と証言の変遷

第２の要因は、Ｙの事務員であり公正証書の作成嘱託についてＸとＡの代理人として行動した証人Ｂの第１審の第１回証人尋問における証言と第１審の第２回および控訴審の証人尋問における証言とが食い違うものであったばかりか、後者が抗弁事実あ－２の反対事実（ＹがＸに対して昭和45年３月28日に300万円を交付しなかったこと）を供述するものであったところ[11]にあります。

判決文のみから確かなことを述べることはできませんが、Ｘの訴訟代理人による反対尋問がこのように鮮やかな成功をみたのは、上記(C)で整理した２つの経験則を明確に意識したうえでの反対尋問事項の事前準備があったからであると推測して間違いがないと思われます。

反対尋問が成功裡に終わるかどうかは、当該事件における具体的事実を綿密に調査したうえで、当該事件で利用すべき経験則を特定し、周到に反対尋問事項を準備しておくという舞台に上がる前の仕込みの出来にかかっているのです。〈*Case* 2 -①〉は、訴訟代理人の人証に対する尋問準備という観点からのレッスンになるものでもあります。

(E)　本件委任状（乙１の２）、本件貸付元帳（乙３）および本件領収書（乙９）の信用性

最後に、本件委任状の貸借金欄、本件貸付元帳の貸付金、本件領収書の領収金の各「300万円」の記載の信用性を検討する必要があります。

これら３通の文書の性質の異同を整理するところから、検討を始めましょう。本件委任状は、「ＸとＡがＢに対して公正証書作成の嘱託を委任する」とのＸとＡの各意思表示を記載した文書ですから、処分証書です。これに対

11　本文(イ)(ii)(b)を参照。

し、本件貸付元帳と本件領収書は、YまたはXの見聞した事実（300万円を交付したまたは受領した事実）を記載した文書ですから、抗弁事実あ－2を立証するための直接証拠である報告文書です[12]。

　処分証書の場合は、その形式的証拠力（成立の真正）が確定したときは、そこに記載された意思表示がされたことは動かないことになります[13]。本件委任状につき、東京高等裁判所が「XがBに対して公正証書作成の嘱託を委任したことは否定できない」と判示している（前記イⅱⓔ参照）のは、この点をいうものです。

　報告文書の場合は、その形式的証拠力が確定したときであっても、記載内容の信用性（真実性）を個別に慎重に検討する必要があります。

　〈*Case* 2-①〉で問題になっている文書についてみますと、貸付元帳は通常のビジネスの過程で作成され統一的に整理・保存されることが予定されている商業帳簿に属するものであり、領収書は金銭授受等の現場でその事実を確認して作成・交付されるものですから、いずれについてもその記載内容には高い信用性が認められるのが通常です。したがって、その記載内容に信用性が認められないと主張する当事者は例外となる事情（特段の事情）を立証する必要に迫られ、そのような判断をする裁判所は例外となる事情を認定する必要に迫られます。

　そこで、東京高等裁判所は、本件貸付元帳につき、Yの妻が記載したものであること、本件公正証書等に300万円の記載があったことに基づいて記載したものであること、さらに本件訴訟提起後に記載された疑い（すなわち、上記のような商業帳簿本来の作成経過をたどったものでない疑い）があることを説示しています。また、本件領収書につき、根抵当権設定契約の元本極度額と同一の金額として書類上の記載を統一するためにしたにすぎないことを説示しています。

12　処分証書と報告文書の区別と実際例等につき田中・事実認定55～56頁を、直接証拠につき同152頁をそれぞれ参照。

13　田中・事実認定88頁を参照。

このような特段の事情を認定し説示することができたのは、前述のとおりの証人Bの証言が大きく寄与しています。

　㈤　〈*Case* 2 -①〉からのレッスン

〈*Case* 2 -①〉は、消費貸借契約の目的物である金銭の授受という極めて簡明な事実についての認定ですら、奥の深い知的作業であることをよく示しています。

東京高判昭和54・3・8は、抗弁事実である金銭の授受を証明するに足りる多くの書証が提出され、それらに存する記載内容が真実であるかどうかが激しく争われた事件です。本判決は、**文書の記載内容の信用性の有無ないし程度を判別するのに、①原則である経験則とその例外を検討する、②複数の経験則を適用することによって例外事象の確率計算をする、という手順によるのが正しい事実認定に至る王道である**ことを教えるお手本であるといってよいと思われます。

また、本判決の前記㈡ⅲの説示部分は、事実認定に最低限必要な証明の程度（証明度）[14]が「合理的な疑いを入れない程度」であることを明言しており、この点においても参考になります。

⑵　**事例演習②（〈*Case* 2 -②〉）**

金銭の授受という基本的な主題についての証明と認定のコツを体得するために、〈*Case* 2 -①〉とは別の経験則が問題になるケースによって、もう1つ事例演習を試みてみましょう。

　㈤　事案の概要

〈*Case* 2 -②〉は、仙台高秋田支判昭和59・10・31判タ541号159頁の事案[15]を素材にして、簡略化したものです。

┌─〈*Case* 2 -②〉────────────────────

農業のかたわら知人相手に貸金業を営むXが、知人Aを連帯保証人、

────────────────────────────

14　証明度の意義と現在の最高裁判所の立場等につき、田中・事実認定11〜22頁を参照。
15　判例タイムズ誌に掲載された判決文から書証番号、文書の標目等の明らかでないものがあるため、一部に実際のものとは異なるものがあります。

その実弟Ｙを主債務者として、昭和53年２月20日に２口に分けて合計700万円を貸し付けたと主張し、Ｙに対し、そのうちの１口500万円の貸金返還を求めた（第１事件）。

　また、Ｘは、同月21日、もう１口の200万円を被担保債権として、Ｙ所有の本件土地に抵当権設定登記（本件登記）を経由した。Ｙは、ＸがＹに対して貸し付けたと主張する700万円は実際には借り受けていないから、そのうちの200万円を被担保債権とする抵当権設定契約は無効であると主張し、Ｘに対し、200万円の債務の不存在確認および本件土地の所有権に基づき本件登記の抹消登記手続を求めた（第２事件）。

　第１事件につき、Ａは、訴えの提起前に死亡していたため、ＸはＡの相続人を被告として保証債務履行請求の訴えも提起しましたが、ここではＸ・Ｙ間の訴訟を検討することにします。

　第１事件・第２事件につき、容易に認定することのできる間接事実および証拠の状況を整理すると、以下のとおりです。

【容易に認定することのできる間接事実】

①　Ｘは、Ａから、実弟のＹが借主兼担保提供者になるから融資をしてほしいと依頼され、昭和53年２月17日ころ、Ａに対し、金銭借用証書（借受金額、返済期日、利息、損害金、借主、連帯保証人の各欄白地。甲１）、抵当権設定金員借用証書（借受金額、返済期日、利息、損害金、抵当物件、借主、担保提供者の各欄白地。甲４）、登記手続用委任状（登記の目的、原因、権利者、義務者の各欄白地。甲５の２）を交付した。

②　Ｙは、①のころ、Ａから懇望され、自分が借主兼担保提供者になることを承諾した。そして、Ｙは、Ａに対し、担保に供する予定の本件土地の権利証と実印を交付し、またＡの持参した甲１の借主欄と甲５の２の登記義務者欄に署名・押印（その余の欄は白地のまま）して交付した。その際、Ｙは、Ａに対し、借入先、借入金額等につき確認する

ことも何らかの制限をすることもなかった。Aは、Yの目の前で、甲
1の連帯保証人欄に署名・押印した。

③　Xは、昭和53年2月20日ころ、Aから、甲1（金額欄に500万円、返
済期日欄に同年11月20日等と記載されたもの）、甲4（借用金額欄に200万
円と記載され、担保提供者欄にYの印影が顕出されたもの）、甲5の2（Y
の署名・押印のあるもの）、甲5の3（Yの印鑑証明書）および本件土地
の権利証を受領した。

④　Xは、Aとの約定に従って、甲4と甲5の2の白地部分を補充した
が、甲4の作成年月日を昭和53年2月20日と記載するつもりで、昭和
53年1月20日と誤記した。

⑤　Xは、甲4、甲5の2・3および本件土地の権利証を使用して、昭
和53年2月21日、本件登記を経由した。

【証拠の状況】

①　Xの提出した書証は、以下のとおりである。

ⓐ　甲1　　金銭借用証書（500万円）

ⓑ　甲4　　抵当権設定金員借用証書（昭和53年1月20日付け、200万円）

ⓒ　甲5の2　登記手続用委任状

ⓓ　甲5の3　Yの印鑑証明書

②　Yの提出した書証は、以下のとおりである。

ⓐ　乙5　　秋田銀行のXとの取引回答書（Xが同銀行から昭和52年10月
31日に350万円を借り受け、利息を控除した317万0475円がXの普通預金
口座に入金されたこと、その直前の残高が35万4007円であり、同日中に
180万円の払戻しを受け、同年11月1日から昭和53年2月20日までに12回
にわたって払戻しを受けたこと、同年1月25日に25万円を、2月17日に
100万円を預け入れたが、同月20日に10万円の払戻しを受ける直前の残高
が118万7111円であることが記載されているもの）

ⓑ　乙6の1・2　大曲市農協のXに対する貸付金調査回答書・Xの
普通預金通帳写し（Xが昭和53年1月24日に350万円を、2月16日に

　　180万円を借り受けたが、同農協の口座には入金されなかったことが記載

　　されているもの）

　ⓒ　乙7　羽後銀行のXとの取引回答書（Xの同銀行大曲支店の普通預

　　金口座には、昭和52年10月から53年2月20日までに20万円を超える金員

　　の出入れはなく、同期間中の預金残高は最高30万円余であることが記載

　　されているもの）

③　X申請の人証

　ⓐ　X本人（第1審第1回・第2回、控訴審）

④　Y申請の人証

　ⓐ　Y本人（第1審）

[関係図]

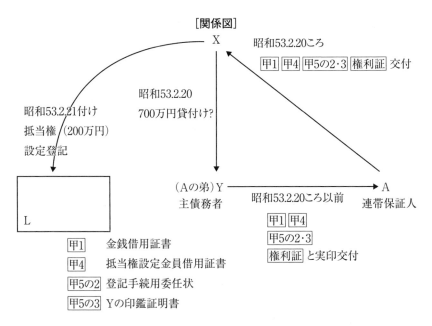

（イ）　仙台高等裁判所秋田支部の判断

前掲仙台高秋田支判昭和59・10・31の判断は、大要以下のとおりです。

⒤　上記㈎【容易に認定することのできる間接事実】によると、Ａは昭和53年２月20日当時Ｙから、Ａに金融を得させる目的の下に包括的な金銭消費貸借契約および同契約に基づく債務担保のため本件土地につき抵当権を設定する契約を締結する代理権を授与されており、甲１には「Ｙが同年２月20日Ｘから500万円を、弁済期同年11月20日の約で借り受け、受領した」旨が、甲４には「Ｙが同年１月20日Ｘから200万円を借用した」旨がそれぞれ記載されている。

　　そして、Ｘは、原審（第１、２回）および当審における本人尋問において、Ｘは昭和53年２月20日大曲市内の駐車場でＹの代理人であるＡに対し現金700万円を一括交付した、当初700万円全部につき抵当権を設定する約定であったがＡの懇願により700万円を500万円と200万円の２口に分け、200万円の方にのみ抵当権を設定することにした旨供述する。

⒤　そこで、Ｘ本人のこの供述を検討する。

　ⓐ　Ｘは、原審第１回本人尋問において、「Ｘは秋田銀行から昭和52年10月31日に借り受けた350万円、大曲市農協から昭和53年１月24日に借り受けた350万円および同年２月16日に借り受けた180万円から、金利および自己が利用した約100万円を除いた残700万円をＡに交付した」旨供述していた。

　　しかし、Ｘは、乙５、乙６の１・２が提出された後に行われた原審第２回本人尋問において、「Ｘは秋田銀行から借り受けた金員を昭和52年冬ころから昭和53年正月にかけてＢ・Ｃ・Ｄら３名に短期返済の約束で貸し付け、それを回収した金員と手元に保管していた大曲市農協からの借入金とをＡに交付した」旨述べて秋田銀行からの借入金に関する供述を変更し、さらに当審における本人尋問において、「秋田銀行からの借入金はＡに貸与する前にＥ１人に貸した」と述べ、追及されるや「Ｂら３名に貸した」と述べるなど、その供述はあいまいかつ一貫性がなく、しかもＢら３名への貸付額や回収

額についての具体的供述は何もしていない。

ⓑ　しかし、Ｘの原審第 2 回本人尋問の結果によると、Ｘは貸金業務
上の金員の出入れは秋田銀行の口座を利用していたもので、その一
部は羽後銀行の口座を利用していたものであることが認められると
ころ、ⓐ乙 5 によると、Ｘの秋田銀行の口座における昭和53年 2 月
20日の（10万円の払戻しを受ける直前の）残高が118万7111円にすぎ
ないこと、ⓘ乙 5 および乙 6 の 1 ・ 2 によると、Ｘは、大曲市農協
から同年 1 月24日に350万円、 2 月16日に180万円を借り受けたが、
同農協の口座には預け入れず、秋田銀行の口座に1月25日に350万円
のうち25万円を、 2 月17日に180万円のうち100万円を預け入れたこ
と、ⓤ乙 7 によると、羽後銀行のＸの口座における昭和52年10月か
ら昭和53年 2 月20日までの間の預金残高は最高30万円余りにすぎな
いことが認められる。

ⓒ　上記ⓑの事実に照らすと、ⓐＸが秋田銀行からの借受金をそのま
まＡに交付したとの供述部分が措信できないだけでなく、同借受金
を他に貸与しそれを回収してＡに交付したとの供述部分も疑わしく、
結局、Ｘが秋田銀行からの借受金を直接あるいは他への貸付けに利
用した後にＡに交付したとの供述は採用できない。

　　また、ⓘ大曲市農協からの借受金は合計530万円であって700万円
には不足するのみならず、同農協からの借受金350万円のうち25万
円、180万円のうち100万円は秋田銀行に預け入れたものと推認され、
そうとすれば同農協からの借受金中昭和53年 2 月20日当時Ｘの手元
にあったのは405万円ということになり、700万円とは金額にかなり
差があり、したがって、同農協からの前記借受けがなされたことを
もって、ＸがＡに700万円を交付したとのＸの供述を採用すべき根
拠ともなし得ない。

　　さらに、ⓤ前記認定したＸの秋田銀行と羽後銀行の各口座の預金
残高の状況からも、昭和53年 2 月20日当時Ｘが700万円の原資を有

していたとの裏付けはないというほかなく、これと、Xの右原資についての供述が採用できないことと対比すると、XがAに700万円を交付したとの供述は措信できない。

ⅲ　次に、甲1および甲4について検討する。

ⓐ　甲1および甲4中の金員を受領した旨の記載部分についてみると、ⓐこれらが金額の点を除き不動文字やタイプで記載されたものであって、かつその記載のある用紙はXからAに交付されたものであること、ⓘ700万円の原資に関するX本人の供述が信用性に欠けるものであること、ⓤ本件全証拠によるも、Aが700万円もの大金を入手ないし費消した形跡もないこと等に徴すると、甲1・甲4中にAないしYが金員を受領した旨の記載部分があるからといって、同記載金員の授受があったとは推認しがたく、他にXからAに対し700万円の金員を交付したことを肯認するに足りる証拠はない。

ⓑ　また、Y所有の本件土地に200万円の貸金債権を被担保債権として本件登記がされていることは当事者間に争いがないところ、200万円の授受があったとは認められないから、昭和53年1月20日付け抵当権設定金員借用証書（甲4）に基づく消費貸借契約の成立を認めることはできない。

㋑　事案の分析

(A)　当事者の主張と争点の所在

第1事件の訴訟物（請求権）は消費貸借契約に基づく貸金返還請求権であり、Xは、AがYの代理人として同契約を締結した旨主張しました。[16]その請求原因事実は、以下のとおりです。

16　代理の要件事実につき、司研・要件事実第1巻17頁、67頁以下を参照。

〈請求原因〉

㋐	Xは、Aに対し、昭和53年2月20日、500万円を弁済期同年11月20日の約定で貸し付けた。[17]	×（ただし、返還約束は○）
㋑	Aは、Xに対し、㋐の契約に際してYのためにすることを示した。	○
㋒	Yは、Aに対し、㋐の契約に先立って㋐の契約を締結することの代理権を授与した。	○
㋓	昭和53年11月20日が到来した。	顕

　第1事件に抗弁はなく、争点は請求原因事実㋐のうちの「XからAへの500万円の交付」の有無のみです。

　第2事件の訴訟物（請求権）は所有権に基づく妨害排除請求権としての抵当権設定登記抹消登記請求権であり、その請求原因事実は以下のとおりです。[18]

〈請求原因〉

ⓐ	Yは、本件土地を現在所有している。	○
ⓑ	Xは、本件土地につき、昭和53年2月21日付け抵当権設定登記（本件登記）を経由している。	○

　Xは、以下のとおり登記保持権原[19]の抗弁を主張しました。

17　弁済期の合意が消費貸借契約の成立要件であるかどうかについて見解の対立があることは、前掲（注2）のとおりです。しかし、第1事件は貸金の返還を求めるものですから、いずれにしても弁済期の到来を主張する必要があり、請求原因事実に差異はありません。

18　所有権に基づく妨害排除請求の請求原因事実につき、司研・紛争類型別65頁を参照。

19　登記保持権原の抗弁事実につき、司研・紛争類型別74頁を参照。

┌─〈抗弁〉────────────────────────

㋐'　Xは、Aに対し、昭和53年2月20日、200万円を弁済期同年11月20日の約定で貸し付けた。	×（ただし、返還約束は○）
㋘　Aは、Xとの間で、昭和53年2月20日、㋐'のXの債権を担保するためY所有の本件土地につき抵当権設定契約を締結した。	○
㋑'　Aは、Xに対し、㋐'および㋘の各契約の締結に際してYのためにすることを示した。	○
㋒'　Yは、Aに対し、㋐'および㋘の各契約の締結に先立ってそのための代理権を授与した。	○
㋕　本件登記は、㋘の抵当権設定契約に基づくものである。	○

　第2事件の請求原因事実に争いはなく、争点は抗弁事実㋐'のうちの「XからAへの200万円の交付」の有無のみです。

　結局、第1事件・第2事件全体を通じての唯一の争点は、「XからAへの700万円（第1事件の500万円と第2事件の200万円の合計額）の交付」の有無ということになります。

(B)　主張・立証の構造

　まず、〔図4〕（38頁）で示した「証明の構造図」に倣って、〈*Case 2 -②*〉の主張・立証の構造をチャート化してみましょう。

〔図 5〕　主張・立証の構造図（〈Case 2 -②〉）

		X	Y
主要事実		X→Y　昭和53・2・20に700万円交付	否認
直接証拠	（人証）	Xの供述	A（死亡）
	（書証）	甲 1 （500万円授受）、甲 4 （200万円授受）	なし

⇧　　　　　　　　　　　⇧

	X	Y
間接事実①	Xの昭和53・2・20ころの700万円の原資の有無	
間接証拠	Xの供述 （秋田銀行からの借受金350万円＋大曲農協からの借受金530万円）	乙 5 、乙 6 の 1 ・ 2 、乙 7 （秋田銀行の口座残高118万円余＋大曲農協からの借受金の手元残高405万円＜700万円）

	X	Y
間接事実②	Aの昭和53・2・20ころの700万円の費消の有無	
間接証拠	証拠なし？	Yの供述（費消なし）

間接事実③	Xの昭和53・2・21付け抵当権設定登記（200万円）の経由
	当事者間に争いなし

⒞　〈Case 2 -②〉において使用される経験則

　〈Case 2 -②〉の主張・立証を考えるうえで念頭に置いておかなければならない点は、Yの代理人として行動したA（Yの兄）が本件訴訟の提起時に死亡してしまっていることです。これは、Y側の人証である直接証拠が失われていることを意味しています。「死人に口なし」というわけですから、通常は、X側に有利であり、Y側に不利なのですが、Aが真実を語るとYにとって不利になるという場合もないではありませんから、一概にこうと決め付けることはできません。

　次に、Xの提出した500万円の金銭借用証書（甲 1 ）と200万円の抵当権設定金員借用証書（甲 4 ）はいわゆる処分証書であり、その成立の真正が認め

られるときはそこに記載されている意思表示がされたことは動きません。し[20]かし、〈*Case* 2 -②〉で問題になっている上記の**合計700万円の授受は意思表示ではありませんから、合計700万円の授受を確認した旨が処分証書中に記載されていてもその記載部分は報告文書の性質を有するのであり、その信用性は別に検討する必要があります。ただし、授受の当事者がそれを確認した旨の記載がある以上、それにもかかわらず記載されている金員の授受がされなくてもおかしくないと考えられるような例外的な事情をＹ側で主張・立証しなければならないことになります。結局、これらの証書は、金員授受については報告文書の性質を有するものということになりますが、重要な直接証拠であることに変わりはありません。**

〈*Case* 2 -②〉では、Ｘの提出したこれらの直接証拠の信用性を検討することになりますが、その判断資料としての役割を果たすのが経験則です。[21]〈*Case* 2 -①〉に引き続いての事例演習ですが、貸付金の授受についての経験則としては、〈*Case* 2 -②〉の方がより基本的なものといってよいと思われます。〈*Case* 2 -②〉において意味のある経験則は、大別すると次の3つです。

第1は、貸主にそれだけの原資があったのかどうか（間接事実①）という点です。Ｘは、本人尋問において、秋田銀行と大曲市農協からの借受金880万円が合計700万円貸付けの原資であると供述しましたが、Ｙの提出した秋田銀行のＸとの取引回答書（乙5）、大曲市農協のＸに対する貸付金調査回答書・Ｘの普通預金通帳写し（乙6の1・2）、羽後銀行のＸとの取引回答書（乙7）等の客観的証拠によって上記のＸの供述の信用性が突き崩されてし[22]まったのです。また、Ｘの供述の変遷がその信用性に疑念を投げかけたこと

20　処分証書と意思表示の成立の認定との関係につき、田中・事実認定87〜95頁を参照。

21　直接証拠の信用性の判断資料としての経験則につき、田中・事実認定123〜130頁を参照。

22　判例タイムズ誌に掲載されている限りでは明らかではありませんが、これらの客観的証拠の多くは、文書送付嘱託（民事訴訟法226条）の方法でＹが入手して提出したものと思われます。

は明らかです。[23]

　第2は、借主が借り受けたとされる時期以降にそれを使用（費消）したかどうか（間接事実②）という点です。この点については、X側に入手し得た証拠がなかったようです。実際に借主が借り受けた金員をどのように使用したかについての証拠を入手するのは困難なことがあるでしょうから、貸主としては、貸付けに先立って借主の資金使途（金員を借り受ける必要性）を確認しておく必要があります。

　第3は、貸主が借主側から物的担保または人的担保をとったかどうか（間接事実③）という点です。〈*Case* 2-②〉では、この点について争いがありません。〈*Case* 2-②〉では、被担保債権を200万円とする抵当権設定登記がされています。**200万円の授受がないのにそのような抵当権設定登記手続に必要な書類を借主側が交付することはないというのが原則となる経験則ですから、200万円の授受がないのに登記手続書類を交付したというのであれば、Y側で納得させる例外事情を主張・立証する必要があります。**

　　㈔　仙台高秋田支判昭59・10・31の判断についての疑問とそこから汲み取るべきレッスン

　判決文のみから確かなことを述べることはできませんが、筆者は、概要前記㈄の判決文による限りでは、事案が解明されたという感覚を得ることができません。その理由は、以下のとおり3つに整理することができます。

　第1は、Aの資金ニーズがどうなったのかが判然としない点です。すなわち、前記㈎の【容易に認定することのできる間接事実】①によると、もともとA（Yの兄）からXに対して金員借入れの申込みがされ、それに応じてXからAに白地部分補充前の甲1・甲4等が交付され、Yの署名・押印を受けた甲1・甲4等がXの手に渡るという手順を経たのですから、実質的借主であるAには昭和53年2月当時一定の資金ニーズがあったはずです。しかし、判決文上、そもそもAにどのような資金ニーズがあったのかが明らかでなく、

23　証言の変遷が証拠の信用性を突き崩す役割を果たした例として、前記(1)㈅(D)を参照。

　また、Aが700万円を費消した形跡がないとの認定をしているのですが、どのような理由でAの資金ニーズがXから貸付けを受けないのに充足されたのかも明らかではありません。

　第2は、AがXに対して抵当権設定登記手続用書類一式を交付した理由が判然としない点です。すなわち、前記(ウ)の(C)に指摘したように、200万円の授受がないのに登記手続書類を交付したというのであれば、Y側で納得させる例外事情を主張・立証する必要があるのですが、本判決は、前記(イ)(iii)の(b)のとおり、単純に「200万円の授受があったとは認められない」との結論を繰り返すだけで、上記例外事情の有無およびその内容に全く触れるところがなく、循環論法に陥っています。

　第3は、「700万円一括交付」とのXの供述の信用性いかんという形で問題を設定したために、裁判所が500万円と200万円の2口のうちの1口の授受の有無という視点を持ち合わせていない点です。前記(イ)(ii)の(b)(c)のとおりのXの有していた原資についての本判決の認定からすると、「700万円一括交付」を認定するのは困難であるとしても、「200万円の交付」を認定するのに無理はないように考えられます。200万円の交付を認定するのであれば、上記第2の点の疑問は解消することになります。

　以上は、あくまで本判決の判決文のみを検討資料として論じたものであり、証拠の全体を把握しているわけではないので、700万円の交付ありの心証を形成するに至らなかったとの事実認定の結論自体を不合理であると断ずるものではありません。

　しかし、本判決は、**主張・立証命題の立て方（争点の設定の仕方）が事実認定にあたる裁判所の心証形成に影響を及ぼす**ことを示す実例であると考えることができます。主張・立証をする当事者の訴訟代理人としては、この点を決して忘れてはいけません。[24]

24　田中・事実認定のはしがき2頁は、この点につき、「正しい事実認定も誤った事実認定も基本的には当事者による主張・立証活動の質と量とを反映させたものである」と説明しています。

４．消費貸借契約の成立が争われる場合の第２類型──返還約束の成立が争われる場合（事実認定争点型）

　上記３において、目的物（金銭）の授受が争われる第１類型を詳しく検討しました。

　そこで、返還約束の成立が争われる第２類型についての検討に進むことにしましょう。

　返還約束の成立が争われる場合とは、借受人とされた者が「確かに金銭は受け取ったが、それは贈与を受けたのである、出資金である、他の債務の弁済としての給付である」などと主張して争う場面を想定するとわかりやすいと思います。

　本項では、金銭の授受に争いはないが、授受の趣旨が貸付けであるのか贈与であるのかが争われるという世上よく目にする紛争を取り上げて、その主張・立証と事実認定のポイントを検討することにしましょう。

⑴　貸付けか贈与かが争われるときの主張・立証の構造と認定プロセス

㋐　返還約束文書がありその成立の真正を認めることができる場合

　借受人とされた者が「金銭消費貸借契約証書」などと題する文書に署名していて、同文書に一定の金額の金員を借り受けた旨が記載されている場合には、当該文書はいわゆる処分証書ですから、当該文書の成立の真正に争いがないか成立の真正が証明されたときは、返還を約する意思表示をしたことは動きません。したがって、被告（借受人とされた者）としては、「当該文書において返還約束をしたけれども、原告から税金対策のためであると言われてしたのである。真実は贈与を受けたのであるから、当該文書における返還約束は虚偽表示である」などと抗弁を主張・立証する必要に迫られます。

25　実際には、署名している場合に限られるわけではなく、記名・押印している場合、署名・押印している場合、記名のみの場合、押印のみの場合等があります。

26　処分証書の存する場合における本文のような主張・立証の構造につき、詳しくは、田中・事実認定87〜95頁を参照。

　民事裁判の実務では、返還約束の記載された処分証書が証拠として提出されていて、かつその成立に争いがないのに、請求原因事実である返還約束の成立が認められるか、それとも贈与契約の成立が認められるかという二者択一の争点であると位置づけて、事実認定にあたる判決例も散見されます。しかし、**内心の効果意思の存否は意思表示の成立に影響を及ぼすことはないとする伝統的な表示主義の考え方に立って、当事者の主張の趣旨を全体として合理的に理解すると、このような主張整理と事実認定の仕方は正確なものとはいえない**と思われます。

　　(イ)　返還約束文書がないか、あってもその成立の真正を認めることができ
　　　　ない場合

　返還約束文書がないか、あってもその成立の真正を認めることができない場合には、結局のところ、経験則に照らして、提出された全証拠を検討し、請求原因事実である返還約束の成立を認めるに十分であるかどうかを検討することになります。

　ただし、厳密にいうと、返還約束の成立についての直接証拠がある場合とない場合とで、以下のように認定プロセスが異なります。

　すなわち、原告が貸主（正確には貸主であると主張する者）であり、被告が借主（正確には原告によって借主であると主張されている者）である場合には、それぞれの供述が直接証拠ですから、事実認定の中核部分は、直接証拠であ

27　例えば、東京地判平成4・11・18判タ843号232頁は、金銭消費貸借契約証書が存在し、しかもその成立に争いのない事案において、「同証書は税金対策のためのものと考えて署名したが、真実は贈与金である」との被告の主張につき、虚偽表示の抗弁とは位置づけず、請求原因事実の否認の理由として位置づけ、事実認定上の争点を「貸付けか贈与か」という二者択一のものとして設定しています。これに対し、債務保証契約についての同様の主張につき、虚偽表示の抗弁として位置づけたうえで事実認定にあたっているものとして、東京地判昭和63・4・22判時1309号88頁があります。

28　我妻榮『新訂民法総則（民法講義Ⅰ）』（岩波書店・1965年）240〜241頁、四宮和夫＝能見善久『民法総則〔第9版〕』（弘文堂・2018年）224頁を参照。

29　直接証拠の信用性の検討プロセスおよび間接証拠による間接証明のプロセスにつき、田中・事実認定153〜154頁を参照。

る供述のうちのいずれが信用するに値するかを検討して、返還約束が成立したとの供述につき、「通常人が疑いを差し挟まない程度に真実性の確信を持ち得るものである」かどうか（「高度の蓋然性」が存するかどうか[30]）を決することになります。ここでは、経験則とそれを支える間接事実とが直接証拠の信用性を判断するための補助事実として機能することになります。

　直接証拠である供述が得られない場合には、間接証拠から認定される間接事実に経験則を適用して、返還約束が成立したとの主要事実を認定することができるかどうかを決することになります。実務上、このような認定のプロセスを「推認」と呼びます。

(2)　返還約束と経験則

　前記(1)のとおり、事件ごとの主張・立証の構造の相違を反映して経験則の出番に違いはあるのですが、いずれの場合であっても、金銭授受の趣旨が貸付けであるのか贈与であるのかが争われる場合に使用される経験則はほぼ共通しています。

　これまでも、さまざまな局面における経験則を特定し、複数の経験則を使用することによって確率計算をし、蓋然性の高い事実認定に到達するのが事実認定の王道であると繰り返し説明しましたが、返還約束の認定においても異なるものではありません。

　一般にあげられるものとしては、①当事者の属性（金銭を交付した者と受領した者との間の身分関係、職業上の地位等）、②交付した金額の多寡、③金銭交付に至る経緯（金銭交付の動機・目的）、④金銭交付以後の当事者の言動（金銭を交付した者の返還請求の有無・頻度、受領した者の弁済義務の承認行動の有無等）があります[31]。

　それでは、以上の整理を前提にして、事例演習を試みてみましょう。

30　最2小判昭和50・10・24民集29巻9号1417頁〔ルンバール事件判決〕、最3小判平成12・7・18判時1724号29頁〔長崎原爆症事件判決〕を参照。

31　瀧澤泉ほか『民事訴訟における事実認定』285頁（法曹会・2007年）、三宅正男『契約法（各論）上巻』11〜16頁（青林書院新社・1983年）を参照。

⑶　**事例演習③**（《*Case* 2 -③》）

㋐　事案の概要

　東京高判平成11・6・16判時1692号68頁の事案を素材にして、内容を簡略にしたものです。これによって、返還約束の成立が争われる第2類型の紛争の事実認定を検討してみることにしましょう。

――《*Case* 2 -③》――――――――――――――――――――――――――

　Ｘは、Ｙに対し、300万円の返還を求め、主位的に消費貸借契約に基づく貸金返還請求権を、予備的に準消費貸借契約に基づく貸金返還請求権を訴訟物とした。主位的請求の請求原因事実は、「ＸとＹは、平成8年1月、平成7年11月7日にＸがＹに交付していた300万円（本件金員）につき、弁済期の定めなく、ＸがＹに対して貸し付ける旨の消費貸借契約を締結した。Ｘは、Ｙに対し、平成9年3月11日、本件金員の返還を催告した」というものである。次に、予備的請求の請求原因事実は、「Ｘは、Ｙに対し、平成7年11月7日、本件金員をいわゆる愛人契約の対価として交付した。ＸとＹは、平成8年1月、ＸのＹに対する本件金員に係る不当利得返還債権を旧債権として、弁済期の定めなく、ＸがＹに対して貸し付ける旨の準消費貸借契約（本件準消費貸借契約）を締結した。Ｘは、Ｙに対し、平成9年3月11日、本件金員の返還を催告した」というものである。

　Ｘの主張に対し、Ｙは、平成7年11月7日に本件金員の交付を受けたことおよび平成8年1月にＸから求められて平成7年11月7日付け借用書（甲1）を差し入れたことは認めた。しかし、主位的請求につき、「本件金員は愛人契約の対価であって、返還約束はしていない」と主張して争い、予備的請求につき、「本件金員交付の原因関係が愛人契約という公序良俗に反する無効なものであるから、本件準消費貸借契約は有効に

――――――――――――――――――――――――――――――――――――

32　Ｘは約定遅延損害金の請求もしていますが、本項では同請求については取り上げないことにします。また、判例時報に掲載された判決文からは、書証番号、証拠の標目等が明らかでないため、これらは実際のものとは異なっています。

> 成立することはない」と主張して争った。

〈*Case* 2 -③〉につき、争いのない事実および証拠から容易に認定することのできる事実を整理すると、以下のとおりです。

【争いのない事実および証拠から容易に認定することのできる事実】

① 　Ｙは、平成７年10月、金銭的に窮迫し、伝言ダイヤルに「月単位でお付き合いしてくださる方いませんか。３カ月くらい給料が入らず、借金もあり、引越しもしなければならないので、助けてくれる方はいませんか」と登録し、いわゆる援助交際の相手方を求めた。

② 　Ｘがこの伝言を聴いて自らの連絡方法を入力したところ、ＹはＸに連絡し、その会話の中で、Ｙの当面必要とする金員がアパートの引越費用、消費者金融への返済費用および月々の手当て30万円であることが話題に上った。そして、平成７年11月７日に喫茶店で落ち合うことが約束された。

③ 　Ｘは、平成７年11月７日、喫茶店でＹと会ったが、その際、Ａと仮名を名乗り、持参した現金500万円の茶封筒をＹに預け、Ｙのアパートに赴いた。そこで、Ｙの当面必要とする金員がアパートの引越費用、消費者金融への返済費用および１カ月の手当て30万円の６カ月分を含んで合計300万円であることが確認され、Ｘは、Ｙに対し、あらためて300万円（本件金員）を交付した。その際、本件金員につき、Ｘは、無利息の貸金にすることも提案したが、Ｙは、返済の見込みがないとしてこれを断り、愛人契約にしてほしいとの希望を述べ、Ｘもこれを受け入れた。

④ 　Ｘは、Ｙに対して自分の住所を明らかにすることなく、携帯電話の番号を教え、他方、Ｙは、Ｘに対して自分のポケットベルの番号を教え、両者の連絡方法とした。Ｙは、間もなく引越しを終えたが、体調がすぐれない等の理由でＸに連絡をとらず、Ｘからの連絡にも十分応

答しなかった。

⑤　Xは、平成8年1月、Yのアパートを訪れ、Yの態度を非難し、本件金員を貸金とし、借用書を作成するよう強く迫った。Yは、やむを得ずこれに応じ、平成7年11月7日付け300万円の借用書（本件借用書。A宛て、返済方法は別途定めるというもの）を作成して署名押印し、Xに交付した。その際、Yは、メモ2通（1通は住所・電話番号・生年月日・実家の住所・両親名を記載したもの、もう1通は無断で住所・電話番号を変更しないことを約束するもの）を作成し、Xに交付した。

⑥　その後、Xは、Yに対し、たびたび本件金員の返済を求め、平成8年3月には、Yからの申入れにより、分割返済の協議をしたが、合意に至らず、本件訴訟が提起された。

[関係図]

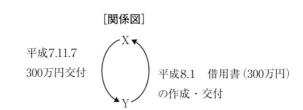

平成7.11.7
300万円交付

平成8.1　借用書（300万円）
の作成・交付

㈡　東京高等裁判所の判断

前掲東京高判平成11・6・16の判断は、大要以下のとおりです。

①　上記㈠【争いのない事実および証拠から容易に認定することのできる事実】によると、本件金員は、貸金として交付されたということはできず、かえって、YがXと継続的に男女関係を結ぶことを内容とする契約（愛人契約）の対価ないし継続的に男女関係を結ぶことを前提とする経済上の援助として交付されたものと認められるから、これを返還する約束がされたと認めることはできない。

ⅱ　X本人は、貸金として本件金員を交付したと供述するが、伝言ダイ

ヤルにより初めて出会った女性に対し、偽名を用い、自己の住所等も教えず、借用書を作成しないで300万円という大金を貸し渡したというのは、動機および態様において極めて不自然であるから、この供述を採用することはできない。

⑩　次に、予備的請求について判断する。

たしかに、平成8年1月に借用書が作成された時点で、本件金員の返還を目的とする準消費貸借契約が成立したと認める余地がないわけではない。しかし、その前提となった契約は、Xも主張するように愛人契約であり、公序良俗に反し無効であって、本件金員の交付は不法原因給付にあたるから、Xは、Yに対し、本件金員を不当利得として返還するよう求めることはできないものと解するのが相当である。

そうすると、本件準消費貸借契約は、法的に存在しないYのXに対する不当利得返還義務を消費貸借の目的としたものというべきであるから、本件準消費貸借契約が有効に成立したということはできない。

(ウ)　事案の分析

(A)　**当事者の主張と争点の所在**

主位的請求の訴訟物は消費貸借契約に基づく貸金返還請求権であり、その請求原因事実は以下のとおりです。

〈主位的請求原因〉	
⑦　Xは、Yに対し、平成8年1月、平成7年11月7日に交付していた300万円（本件金員）を弁済期の定めなく貸し付けた。	×（ただし、300万円交付は○）
④　Xは、Yに対し、平成9年3月11日、本件金員を返還するよう催告した。	○

前掲東京高判平成11・6・16は、主位的請求原因に対する抗弁はなく、愛

人契約の対価である旨のＹの主張を返還約束に対する積極否認の事実と考え
ているようですが、Ｙが本件借用書の成立の真正を認めている以上、積極否
認にとどまるものではなく、虚偽表示の抗弁を主張するものと把握するのが
正確であろうと思われます。

┌─〈抗弁〉────────────────────────────┐
| ⓐ　㋐の返還約束の際、ＸとＹは、本件金員の交付が真実は愛人　　　 |
| 　　契約の対価であることを認識していて、いずれも返還約束をす　 ×|
| 　　る意思がないのに、その意思があるかのように仮装することを　　 |
| 　　合意した。　　　　　　　　　　　　　　　　　　　　　　　　　 |
└──────────────────────────────────┘

　予備的請求の訴訟物は準消費貸借契約に基づく貸金返還請求権であり、そ
の請求原因事実は以下のとおりです。

┌─〈予備的請求原因〉───────────────────────┐
| ㋒　Ｘは、Ｙに対し、平成７年11月７日、300万円（本件金員）を　　 ◯|
| 　　愛人契約の対価として交付した。　　　　　　　　　　　　　　　 |
| ──────────────────────────────── |
| ㋓　ＸとＹは、平成８年１月、ＸのＹに対する本件金員に係る不　　　 |
| 　　当利得返還債権を旧債権として、弁済期の定めなく、ＸがＹに　 ×|
| 　　対して貸し付ける旨の準消費貸借契約（本件準消費貸借契約）を　 |
| 　　締結した。　　　　　　　　　　　　　　　　　　　　　　　　　 |
| ──────────────────────────────── |
| ㋑　Ｘは、Ｙに対し、平成９年３月11日、本件金員を返還するよ　　 ◯|
| 　　う催告した。　　　　　　　　　　　　　　　　　　　　　　　　 |
└──────────────────────────────────┘

　前記㋐のとおり、Ｙは、本件準消費貸借契約が公序良俗違反ゆえに無効で
あるとの抗弁を主張しているようにみえますが、規範的要件である公序良俗
違反の評価根拠事実[33]は、予備的請求原因事実である㋒に尽きていますから、

33　規範的要件の意義および評価根拠事実をもって規範的要件の主要事実と解すべきこと
　につき、司研・要件事実第１巻30〜33頁を参照。

結局、Yの主張は、Xの予備的請求が主張自体失当のものであるとの法的主張をするものと理解するのが正しいということになります。

そして、前記(イ)の東京高等裁判所の判断(iii)は、この趣旨を述べるものです。すなわち、**「本件準消費貸借契約が有効に成立したということはできない」との東京高等裁判所の判断部分は、Xの予備的請求が主張自体失当であるとの法律判断をしているのであって、本件準消費貸借契約締結の有無という事実認定をしているのではない**ことを理解することが肝要です。

このように分析してくると、予備的請求の成否という争点は見せかけのものにすぎないことがわかります。そして、主位的請求の成否のうちでも、借用書（甲1）の成立の真正に争いがないことを考慮すると、〈*Case 2* -③〉における主要な争点は、虚偽表示の抗弁の成否（すなわち、借用書上の返還約束の裏に、愛人契約の対価として本件金員を交付するとの合意があったのかどうか）であるということになります。

(B)　東京高判平成11・6・26の争点の把握についての問題点

前記(イ)①の判決文によると、東京高等裁判所は、主位的請求における争点を「本件金員が貸金として（すなわち、返還約束の下に）交付されたのか、愛人契約の対価として（すなわち、返還の必要のないものとして）交付されたのか」の二者択一のものと理解し、Xにおいて貸金として交付されたことの立証に成功しない限り、主位的請求は認容されないと考えているものと思われます。前記(1)で説明したように、このような争点の把握の仕方は、実務では一般的な手法といってもよいかもしれません。

しかし、前記(イ)①の判決文を注意して読むと、東京高等裁判所は、いわゆる「かえって認定」[34]をしていて、「本件金員が愛人契約の対価として交付されたこと」を積極的に認定していることに気づきます。

これは、実質的には、筆者の立場によると、主位的請求における虚偽表示

34　要証事実の不存在または反対事実の存在を認定する事実認定の手法を、実務上「かえって認定」と呼びます。田中・事実認定249頁を参照。

の抗弁として位置づけられる主要事実について、東京高等裁判所が本証のレベルに至る心証を形成したことを意味しています。したがって、虚偽表示の抗弁事実を認定しているのであり、正しい結論を導いたものになっています。[35]

(C) 認定に供すべき経験則

前記(2)に返還約束の認定に供される経験則をあげておきましたが、〈Case 2-③〉において、そのすべてに係る経験則——すなわち、①当事者の関係、②交付した金額の多寡、③金銭交付の動機・目的、④金銭交付時およびその後の当事者の言動——が、虚偽表示の抗弁事実の認定に供されています。

前記(イ)①、⑩の判決文にあたって確認してみてください。

(4) 事例演習④（〈Case 2-④〉）

(ア) 事実認定と「筋」または「落着き」——返還約束が争われる紛争の場合

〈Case 2-③〉と同様、返還約束の成立が争われる第2類型の紛争につき、〈Case 2-④〉では、事実認定の基礎をなす経験則と法律実務家がしばしば口にする事件の「筋」または「落着き」というものとの関係を念頭に置いて検討することにしましょう。事実認定という知的作業についての理解を深めることができると思います。

(イ) 事案の概要

〈Case 2-④〉は、東京高判昭和51・12・20金商523号27頁の事案を素材にして、内容を簡略にしたものです。

┌─〈Case 2-④〉─────────────

　Xは、Yに対し、消費貸借契約に基づく貸金返還請求権を訴訟物として、300万円の返還を求めた。Xは、Yに対し、昭和45年12月22日、弁済期の定めなく300万円を貸し付けたと主張し、Y自筆の借用証と題す

35　なお、東京高等裁判所は、Xの主張を「平成8年1月に返還約束が成立した」というものとして整理していますが、判決理由においては、「本件金員の交付をした平成7年11月7日に返還約束が成立したかどうか」というものとして事実認定に臨んでいるように見受けられます。これが主位的請求の判断において本件借用書（甲1）の存在を無視する結果になった原因であるとみることもできます。

る書面（本件借用証、甲1）を提出した。

　Yは、300万円の交付を受けたことおよび本件借用証の作成交付を認めたうえで、300万円はYを売主、Xを買主としてした土地売買契約に基づく残代金として支払を受けたものであると主張して争った。

　〈Case 2-④〉につき、争いのない事実および証拠から容易に認定することのできる事実を整理すると、以下のとおりです。

【争いのない事実および証拠から容易に認定することのできる事実】

①　Yは、Aから、昭和45年、A所有の土地（本件土地）を代金498万円、内金200万円を契約時に、残り298万円を所有権移転登記手続と引換えに支払う旨の約束で買い受けた。

②　YがBに対して本件土地転売の代理権を授与したところ、Bは、Yの代理人として、Xに対し、昭和45年9月19日、本件土地を代金550万円、内金250万円を契約時に、残り300万円を所有権移転登記手続と引換えに支払う旨の約束で売る旨の契約（本件売買契約）を締結し、同日Xから受領した250万円をYに交付した。

③　本件土地は、昭和45年9月24日、Xの意向に従って、2筆に分筆された。

④　商人であるXは、昭和45年12月22日、C信用組合から、300万円を、弁済期昭和46年2月28日、利息日歩7銭7厘5毛の約束で借り受け、同利息を前払いした。Xは、同日、Yに対し、C信用組合から借り受けた300万円を交付し、その際、Yから、本件借用証（甲1）の交付を受けた。

⑤　本件借用証には、ただし書として「本件土地の登記（所有権移転）を行う金として」と記載されている。

⑥　上記③のとおり分筆されたうちの1筆の土地については、昭和45年12月25日にX名義に所有権移転登記がされ、もう1筆の土地には、X

の意向に従って、同日Ｂ名義に所有権移転登記を経由したうえ、昭和47年11月14日にＸを権利者として所有権移転登記請求権仮登記がされている。

【主要な人証の状況】

①　Ｘ申請の人証

　ⓐ　Ｘ本人（第1審、控訴審）

②　Ｙ申請の人証

　ⓐ　証人Ｂ（第1審、控訴審）

　ⓑ　Ｙ本人（第1審、控訴審）

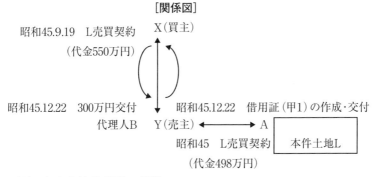

［関係図］

昭和45.9.19　Ｌ売買契約　　Ｘ（買主）

　　　（代金550万円）

昭和45.12.22　300万円交付　　昭和45.12.22　借用証（甲1）の作成・交付

　　　代理人Ｂ　　Ｙ（売主）　　　　　　Ａ　　本件土地Ｌ

　　　　　　　昭和45　Ｌ売買契約

　　　　　　　（代金498万円）

㈦　東京高等裁判所の判断

前掲東京高判昭和51・12・20の判断は、大要以下のとおりです。

① 　Ｘ本人尋問の結果中には、Ｘ方へ金策にきたＹに対し、直接300万円を手渡し、Ｙからその証として甲1の交付を受けた旨の供述部分が存するのであるが、Ｘ本人の供述中には、Ｙへの貸付けは無利息無担保で、返済期の定めも明確にしていなかった旨、あるいはＹの金策の理由も詳しく聞かなかった旨の部分も存する。

ⅱ 　しかし、以下のとおり、上記300万円が貸付金であるとの証拠はない。

  ⓐ 上記(イ)【争いのない事実および証拠から容易に認定することのできる事実】④のとおり、商人であるXが利息を前払いしてまで調達した金員を特段の事情もなく無利息で他人に貸し付けることは不自然といわざるを得ない。

  ⓑ 昭和45年10月にYが刑事事件の被疑者として逮捕される事態が発生したため、AからA・Y間の売買契約を解除すると言われることを懸念したXは、Bを介してYに対し、本件売買契約の残代金の支払は貸金名下にしてほしいと伝えたところ、Yは、同年12月22日、Bに言われるまま借用証（甲1）を作成し、同日、Bを介してXにこれを差し入れて300万円を受領した（なお、このうちから同月23日にAに対して残代金を支払った）という経緯に照らすと、300万円が貸付金であるとのXの供述はたやすく措信しがたい。

  ⓒ 上記(イ)【争いのない事実および証拠から容易に認定することのできる事実】⑤のとおりのただし書のある甲1も、300万円が貸付金であるとの証拠としがたい。

 ⅲ 上記(イ)【争いのない事実および証拠から容易に認定することのできる事実】①ないし⑥および上記ⅱⓑの各事実によれば、X主張の300万円の交付は、YからXに売却した本件土地の残代金の支払と認めるのが相当であり、これを貸付金なりとするXの本訴請求は失当というべきである。

 (エ) **事案の分析**

  (A) **当事者の主張と争点の所在**

 本件請求の訴訟物は消費貸借契約に基づく貸金返還請求権であり、その請求原因事実は以下のとおりです。

┌─〈請求原因〉━━━━━━━━━━━━━━━━━━━━━━━━━┓

⑦　Xは、Yに対し、昭和45年12月22日、300万円（本件金員）を弁済期の定めなく貸し付けた。	×（ただし、300万円交付は○）
⑦　Xは、Yに対し、本件訴状をもって、本件金員を返還するよう催告した。	顕

前掲東京高判昭和51・12・20は、前記(3)で検討した前掲東京高判平成11・6・16（〈*Case* 2 -③〉）と同様、売買残代金の弁済として交付した旨のYの主張を返還約束に対する積極否認の事実と考えているようですが、Yが返還約束の記載された本件借用証（甲1）の成立の真正を認めている以上、積極否認にとどまるものではなく、虚偽表示の抗弁を主張するものと把握するのが正確であろうと思われます。

┌─〈抗弁（虚偽表示）〉━━━━━━━━━━━━━━━━━━━━┓

⑧　⑦の返還約束の際、XとYは、本件金員の交付が真実は本件売買契約の代金の一部としてのものであることを認識していて、いずれも返還約束をする意思がないのに、その意思があるかのように仮装することを合意した。	×

このように分析し、本件借用証（甲1）の成立の真正に争いがないことを考慮すると、〈*Case* 2 -④〉における主要な争点は、虚偽表示の抗弁の成否（すなわち、本件借用証上の返還約束の裏に、本件売買契約の代金の一部として本件金員を交付するとの合意があったのかどうか）であることを理解することができます。

(B)　東京高判昭和51・12・20の事実認定

前記(ウ)のように判決文を整理してみると、前掲東京高判昭和51・12・20は、事実認定上の争点を「本件金員が貸金として（すなわち、返還約束の下に）交

107

付されたのか、本件売買契約の代金として交付されたのか」の二者択一のものと理解していることがわかります。前記(3)で検討した東京高判平成11・6・16（〈$Case\,2-③$〉）と合わせて読むと、このような争点の把握の仕方が実務で定着していることを再認識することができます。

　しかし、**前掲東京高判昭和51・12・20は、前記(ウ)ⅲのとおり、「本件金員が本件売買契約の代金として交付されたこと」を積極的に認定しています。これは、実質的には、虚偽表示の抗弁として位置づけられる主要事実について、東京高等裁判所が本証のレベルに至る心証を形成したこと（虚偽表示の抗弁事実を認定していること）を意味している**のです。

　すなわち、筆者のような争点把握をしない裁判実務においても、成立の真正に争いがない処分証書である借用証の存する場合（または証拠によって成立の真正を認定することができる場合）には、積極的に二者択一の他方の認定をしなければならない（〈$Case\,2-④$〉に即して説明すると、返還約束を認めるのに十分でないという認定では足りず、売買契約に基づく代金の弁済としての支払であるという認定をしなければならない）との立場に立っていることを、しっかり押さえておく必要があります。

(C)　いわゆる「筋」または「落着き」と経験則

　前記(2)に返還約束の認定に供される経験則の項目として、①当事者の属性、②交付した金額の多寡、③金銭交付に至る経緯、④金銭交付以後の当事者の言動をあげておきました。

　本項では、〈$Case\,2-④$〉の事案に即して、これらの経験則の項目をいわゆる「筋」または「落着き」という観点から、検討してみましょう。

　ここでは、「筋」とは、当事者の主張・立証を対象としてその「良し悪し」が裁判の過程において展望的に語られるものであり、「落着き」とは、裁判官が1つの事件の結論を出そうとする段階において、当該事件で確定しうる事実に法令を適用して出てくる結論と当該事件の背景事情を含めて当該裁判官の認識している事実に当該裁判官のリーガル・マインドを総動員することによって出てくる結論との間に相違があるかどうかを検証するときに、回顧

的に語られるもの、と整理しておくことにしましょう。[36]

　このような観点からして〈*Case* 2 -④〉において最も重要な事実は、Ｘと
Ｙとの間に、昭和45年９月19日に本件売買契約（Ｙを売主、Ｘを買主とし、本
件土地を目的物とする代金550万円の売買契約）が成立していることです。

　ＸがＹに対して本件売買契約の代金内金250万円を契約時に支払った結果、
ＹはＸに対して残代金債権300万円を有していたのですから、よほど特別な
ことがない限り、ＹはＸから300万円を借り受ける必要はなく、残代金債権
を回収すれば足ります（原則となる経験則）。したがって、〈*Case* 2 -④〉に
おける真の争点は、この原則となる経験則の例外事情（最高裁判例は、上記
の「よほど特別なこと」を「特段の事情」という言葉を用いて表現します）があっ
たかどうかというところに集約されます。

　例外事情として考えられるものとしては、売主であるＹが自らの債務（本
件土地の所有権移転義務、より具体的には所有権移転登記義務）の履行ができな
い事態に陥っていたというものです。〈*Case* 2 -④〉では、Ｘにおいてその
点を懸念したようですが、実際には、ＸがＹに対して300万円を交付した昭
和45年12月22日にそのような事態に陥っていたことはなく、それどころか、
Ｘは300万円を交付した日の３日後である同月25日に実質的には本件土地の
所有権移転登記を経由しています。結局、〈*Case* 2 -④〉では、原則となる
経験則の例外事情を認定することができないということになります。すなわ
ち、前記(イ)【争いのない事実および証拠から容易に認定することのできる事
実】の③と⑥は、例外事情がないことを示す事実であるということです。

　これを、Ｙの作成した本件借用証が虚偽表示としてのものかどうかという
点から観察すると、〈*Case* 2 -④〉における真の争点は、Ｙが残代金債権300
万円を有していたにもかかわらず、代金の領収証ではなく借受金の借用証を
作成しなければならないような例外事情があったかどうかというところに集
約されます。

36　田中豊「判例形成と『筋』又は『落着き』」小島武司先生古稀祝賀『民事司法の法理
　と政策（上巻）』（商事法務・2008年）629頁を参照。

　例外事情として考えられるものとしては、昭和45年12月22日当時、Ｙが自らの売主Ａに対する売買残代金298万円を支払わないと、Ａ・Ｙ間の売買契約を解除されるおそれがあり、ＸがＹに交付する300万円をＹがＡに交付することを担保しようとするＸの要求（300万円をＹに交付するが、貸付金の形式をとることにするという要求）を拒絶するのが難しい立場にあったことです。東京高等裁判所は、前記(ウ)の(ⅱ)(b)と(c)のとおり、この例外事情を認定したのです。

　このようにみてくると、Ｘのする本件請求は、Ｙとの間の本件売買契約によって、550万円相当の本件土地の所有権を確保しながら、本件借用証（甲1）を徴求してそれが自らの手中にあることを奇貨として550万円中の300万円の回収を図るものということになります。結局、Ｘの請求は「筋が良い」とはいえず、東京高等裁判所は、この点を頭の片隅に置いて、結論の「落着きの良さ」を、上記の300万円が貸金であるのか売買代金であるのかという事実上の争点の認定を通じて、追求したということになります。[37]

　このように分析してみれば、法律実務家がしばしば口にする事件の「筋」または「落着き」というものが単なる直感に依拠した感覚的なものでなく、経験則の積み重ねの結果を表現するものであることを理解することができ、事実認定のおもしろさをも実感することができるのではないでしょうか。

5．消費貸借契約の成立が争われる場合の第2類型——返還約束の成立が争われる場合（契約解釈争点型）

　本書は、法律実務家が常に向き合っている事実認定に関する諸問題を具体的に解明するところに主要な目的がありますが、本項では、事実認定の問題と連続性はあるものの性質を異にする「契約の解釈」という問題があることを、消費貸借契約の成立が争われた紛争事例によって理解しておきたいと思

37　〈*Case* 2-④〉の第1審判決は、本件借用証の存在を重視してＸの請求を認容したものです。事件の落着きについての見方の違いが結論にも反映されていると考えることもできます。

います。

　前記4は、当事者間において返還約束がされたかどうか、返還約束がされたとしてその約束は虚偽表示ではないかという事実認定が争われたものです。これに対し、当事者間において成立した合意が返還約束の性質を有するものであるかどうかが争われるという紛争類型があります。前者を「事実認定争点型」の紛争、後者を「契約解釈争点型」の紛争、と名付けて分類しておくことにします。

(1)　契約の解釈という問題の性質

　契約は法律行為の1つですから、契約の解釈は法律行為の解釈といわれる問題の一部をなすものです。そして、事実認定と法律行為の解釈との関係は、「証拠によって当事者の用いた言葉や客観的事情を確定するのは、事実問題であり、これらの事実に解釈基準を適用して法的価値を有する法律行為の内容を明らかにするのは、法律問題である」と説明されます。[38]これを契約についてみると、契約当事者によって表示された外形（外形的事実）がどのようなものであったか、その時の契約当事者の意図（内心の事実）がどのようなものであったかといった点を確定する作業は事実認定の問題であり、そのようにして確定された事実を前提にして、契約を構成する条項等がどのような意味を有するかを明らかにする作業を「契約の解釈」と呼ぶのですが、これは法律問題であるということになります。[39]

　学説は、契約の解釈に、両当事者が条項に付与した意味を探求する「本来的解釈」と両当事者が条項に付与した意味に必ずしもとらわれることなく、裁判官が契約上の権利義務を定立する「規範的解釈」とが存すると分析し、前者を「意味の発見」と、後者を「意味の持込み」と呼んでいます。[40]

38　四宮＝能見・前掲書（注28）209頁を参照。

39　以上につき、田中・事実認定102〜115頁を参照。

40　平井宜雄『債権各論I（上）契約総論』87〜91頁（弘文堂・2008年）、四宮＝能見・前掲書（注28）209〜219頁を参照。後者の規範的解釈を、さらに「補充的解釈」と「修正的解釈」の2つに分類する学説もあります。

　これに対し、判例は、学説のように契約の解釈に異なる性質のものが存するとして区別して論ずることはなく、契約の意味が争われるときは、これを「当事者の合理的意思解釈」の問題として取り扱っています。

(2)　改正民法と契約の解釈

　民法の改正作業の過程では、契約の解釈の準則を規定する諸外国の立法例が多数あることを考慮し、上記の「本来的解釈」と「規範的解釈」に分けて立法化することが議論されましたが、結局、この点の立法化は見送られました。したがって、契約の解釈をめぐる紛争は、後記(3)で説明するように、これまでの判例で示された考慮要素を分析し総合することによって決せられるということになります。

(3)　契約の解釈における考慮要素

　書面による契約の解釈をするのに最も重要であるのは、契約条項を相互に矛盾することなく全体として統一的に解釈することです。これは、確立した最高裁判例の立場であるといってまちがいがありません。[41]最近の最2小判平成19・6・11判タ1250号76頁も、「契約書の特定の条項の意味内容を解釈する場合、その条項中の文言の文理、他の条項との整合性、当該契約の締結に至る経緯等の事情を総合的に考慮して判断すべき」であると判示しました。前掲最2小判平成19・6・11のあげる考慮要素の順序から明らかなように、書面による契約の解釈をするにあたっての第1原則は、「条項中の文言の文理に忠実に」というものです。

　そして、一般に契約の本来的解釈をしたものと理解されている最1小判昭和51・7・19集民118号291頁は、法律行為の解釈にあたって、①当事者の目的、②当該法律行為をするに至った事情、③慣習および取引の通念等を斟酌すべき旨を判示したうえで、契約書の明文の定めに反する解釈をした控訴審判決を当事者の意思に反する結果になるとして破棄しました。したがって、前掲最1小判昭和51・7・19は、「条項中の文言の文理」を考慮要素として

41　最2小判平成7・11・10民集49巻9号2918頁、最1小判昭和44・7・10民集23巻8号1450頁等。

あげていませんが、破棄理由によれば、これを重要な考慮要素としていることは明らかです。

　また、一般に契約の規範的解釈をしたものと理解されている最1小判昭和42・11・16民集21巻9号2430頁は、契約の解釈にあたって考慮すべき要素を列挙するという形をとっていませんが、判決理由によると、④当該契約の実質ないし当事者の実現しようとした目的、および⑤契約当事者の経済的利益の均衡ないし相互給付の対価性の要素が重視されています。[42]

(4)　**事例演習⑤（〈*Case* 2 -⑤〉）**

　㋐　**事案の概要**

〈*Case* 2 -⑤〉は、東京地判平成10・4・22判タ995号190頁の事案を素材にしたものです。

　事実認定の問題として目的物（金銭）の授受が争われるとともに、契約の解釈の問題として返還約束が争われたものです。返還約束の成立が争われる紛争を第2類型の紛争と名づけましたが、第2類型の紛争の中には、事実認定が争点になるものと契約の解釈が争点になるものとの2種類があることを理解することができます。

┌─〈*Case* 2 -⑤〉─────────────────

①　争点1

　X社とY社は、いずれも不動産の売買・仲介等を業とする会社である。X社とY社との間で、平成2年夏に合意書（本件合意書）を取り交わしたことに争いはなかったが、本件合意書によって成立した契約の性質が争われた。

　この点につき、X社は、土地売買契約、地上げに関する業務提携契約、または金銭消費貸借契約のいずれかであると主張し、Y社に対し、売買

────────────────────────────

[42]　これは、貸金債権担保のために不動産に抵当権を設定し、あわせて当該不動産について停止条件付代物弁済契約または代物弁済の予約を締結した形式がとられている場合において、当該不動産の価額と弁済期までの元利金額とが合理的均衡を失するときに、債権者に清算義務という契約上の義務を負わせた判決です。

契約の解除に基づく原状回復請求権、業務提携契約の解除に基づく原状
回復請求権、または消費貸借契約に基づく貸金返還請求権を訴訟物とし
て、Ｙ社に対して交付した12億5000万円の返還を求めた。

　Ｙ社は、契約の性質を地上げに関する業務提携契約であると主張し、
業務提携契約は継続的契約であるから解除に遡及効はなく、解除までの
経費等として受領した金員につき、当事者の一方が他方に対して返還義
務を負うことはないと主張して争った。

② 　争点２

　Ｘ社は、Ｙ社に対し、上記①の契約に基づき、平成２年４月27日に10
億円を、同年９月３日から11月９日までの間に２億5000万円を、それぞ
れ交付したと主張した。Ｙ社は、10億円の授受を否認し、２億5000万円
の授受は認めた。

　そこで、Ｘ社は、10億円の授受を証明するため、Ｙ社が作成名義人で
ある金額12億5000万円の領収証（本件領収証、甲９）を提出した。

　争点は以上の２点ですが、〈*Case* 2 -⑤〉において争いのない事実および証
拠から容易に認定することのできる事実を整理すると、以下のとおりです。

【争いのない事実および証拠から容易に認定することのできる事実】

①　　Ｘ社は、Ａから持ち込まれた地上げの話を機縁として、本件土地
　　（面積合計5760平方メートル）の地上げに着手し、昭和63年10月５日、
　　本件土地の占有者の代表およびその保証人と称する者らとの間で、
　　「土地占有権譲渡契約書」を交わし、同日手付金４億円を、同年中に
　　さらに合計６億円を支払った。

②　　Ｙ社は、平成元年春ころから本件土地の地上げに着手し、同年９月
　　ころ、本件土地の北側部分（北側土地）の所有名義人および本件土地
　　上の建物の所有者と占有者に多額の金員を支払って、北側土地および
　　本件土地上の建物13棟の所有権移転登記を経由した。

③　Y社は、本件土地の南側部分（南側土地）の地上げも順調にいくものと考えていたが、平成２年春ころ、南側土地の所有権移転登記を経由したＢ社から、南側土地上の建物を収去して同土地を明け渡すよう求める訴えを提起されるに至った。

④　X社とY社は、本件土地の地上げに占有者側の立場で関与していたＣの仲介で、平成２年春ころから折衝し、同年夏ころ、以下の記載のある合意書（本件合意書）を取り交わした。

　ⓐ　Y社は、X社がＢ社から南側土地を買い受けることを条件として、X社に対し北側土地を譲渡する。

　ⓑ　Y社とX社は、北側土地および南側土地を将来商品として販売するに際し、Y社がそれまでに要した総原価と、X社がすでに支払っている経費金30億円（本件合意書の内金として支払った金10億を含む）をその総販売価格から差し引いた後の総営業利益金を50％ずつ分配する。

　ⓒ　X社はY社に対し、本件土地売買の手付金として、本日売買代金内金として、金10億円を支払い、Y社はこれを受領した。

　ⓓ　X社は、条件が成就するまでの間、北側土地に付されている担保の債務と、X社が支払っている金額を合計し、その合計金員の利息を合計年10％とし、右利息の各負担を50％ずつとする。負担金の比率で少ない方は多い方に各月末日までに指定口座に振り込む。

　ⓔ　X社はY社に対し、金15億円を平成２年10月10日までに支払う。ただし、内金に充当するものとする。

⑤　X社はY社に対し、④ⓐに基づき、平成２年９月３日から同年11月９日までの間に合計２億5000万円を支払った。

[関係図]

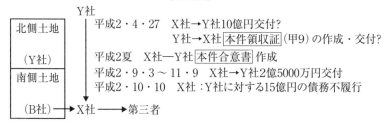

(イ)　争点1（本件合意書の解釈）についての判断

東京地方裁判所の本件合意書の解釈についての判断は、大要以下のとおりです。

---

① 本件合意書の骨子は、X社がB社から南側土地を取得できたときは、Y社から北側土地の譲渡を受け、両土地を合わせて売却し、その売却代金から双方の経費を差し引いた利益を平等に分配するが、それまではお互いの経費負担（具体的には借入金の金利負担）を、少ない方が多い方に一定の金員を支払うという方法で調整するというものである。

ⅱ 本件合意書には、さらに、X社はY社に対し、本件合意書を取り交わす際に10億、平成2年10月10日限り15億、合計25億を支払う（支払った）旨の定めがあるが、これは、本件合意書作成時点で、Y社がすでに北側土地の取得のために多額の資金を投下しているのに比べ、X社の投下資金が少ないことを考慮し、Y社がX社にその不均衡の是正を求めたものと考えることができる。

ⅲ 以上によれば、本件合意書は、単純な売買契約や消費貸借契約ではなく、X社とY社が共同で本件土地の地上げをして、転売利益を折半するための業務提携契約であることが明らかである。

(ウ)　争点2（10億円の授受）についての事実認定

東京地方裁判所は、X社の代表者がY社社員に対して額面5億円の銀行振

出小切手2通を交付し、Y社社員からY社作成の本件領収証を受領した旨の
A、CおよびX社代表者の供述部分につき、供述相互の矛盾点または供述と
それ以前に提出されていた陳述書の記載との矛盾点を指摘して、排斥しまし
た。

　そのうえで、東京地方裁判所は、本件領収証の証拠力につき、以下のとお
り判断しました。

> ⅳ　ⓐ宛名の記載が鉛筆書であること、ⓑ金額が10億円ではなく、12億
> 5000万円とされているうえ、ⓒチェックライターを使わずに算用数字
> が手書きされていること、ⓓ収入印紙が貼られていないこと、の諸点
> が明らかであり、このような体裁からすれば、本件領収証がX社から
> Y社への10億円もの金銭の交付を裏づけるものということはできない。

　　㈢　2億5000万円の返還義務の有無
　前記㈡で判断した業務提携契約の帰趨につき、東京地方裁判所は、前記㈠
【争いのない事実および証拠から容易に認定することのできる事実】④ⓔの
X社の債務不履行を理由として本訴提起後の平成4年10月27日に解除された
ことを認定しました。

　そのうえで、東京地方裁判所は、Y社がX社に対して前記㈠【争いのない
事実および証拠から容易に認定することのできる事実】⑤の2億5000万円を
返還する義務を負うかどうかにつき、以下のとおり判断しました。

> ⅴ　右2億5000万円は、本件土地の地上げ転売という共同事業を遂行す
> るうえでの必要経費として、当事者双方がすでに投下した資金の調達
> に係る金利負担の金額を概算し、その負担が当事者間で均等になるよ
> う調整した結果、X社から拠出されたものである。
> ⅵ　ここで拠出された金員は、結局はいわば業務提携関係を維持管理し
> ていくためのコストとして費消されていったものであって、その性質

　　　上、本件土地の転売が成功して契約の目的を達したかどうかにかかわ
　　　りなく（したがって契約関係が最終的には解消された場合にも）、業務提
　　　携関係が維持された期間に相当する分については当事者がその返還を
　　　求めることはできないということができる。

⑦　そうでなければ、X社は地上げの計画が成功した場合にその利益の
　　　分配にあずかり、失敗した場合のリスクを負わないということになっ
　　　て、公平を失する。そして、金利負担調整金として最後に5000万円が
　　　支払われた平成2年11月9日の時点においては、業務提携関係はなお
　　　維持されていたものということができるから、X社の金利負担調整金
　　　の返還請求は理由がない。

　㋳　事案の分析
　　㈠　契約の解釈とその判断プロセス（争点1）

　〈Case 2 -⑤〉では、X社とY社との間で本件合意書をもって契約が成立
したこと、および本件合意書に何が記載されているかについては当事者間に
争いがありません。すなわち、〈Case 2 -⑤〉においては外形的事実または
内心の事実の認定が問題になっているのではなく、本件合意書中の条項の意
味を探求することによって、成立した契約が不動産売買契約、地上げに係る
業務提携契約、金銭消費貸借契約のいずれの性質を有するものであるかを確
定するというのが問題になっているのです。

　結局、問題は「契約の本来的解釈」に関するものですから、本件合意書中
の条項につき、最高裁判所が前記(2)のように判示した考慮要素を順に検討し
てみましょう。

　第1に、本件合意書の条項の文言を検討してみると、北側土地の売買代金[43]
の定めがないのですから、これを売買契約と性質づけするのは困難であり、
また、X社がY社に対して交付する12億5000万円につき、「支払った」と表

43　前記㋐【争いのない事実および証拠から容易に認定することのできる事実】④を参照。

現されていて、貸付けを示唆する文言が全く使用されていないのですから、これを金銭消費貸借契約と性質づけするのも困難であるということになります。他方で、本件合意書の条項中には、本件土地を地上げして第三者に転売するまでに要する経費の分担方法に関する詳細な定めがありますから、本件土地の地上げ転売の共同事業に係る業務提携契約と性質づけするのに矛盾するような条項はありません。

第2に、本件合意書の調印に至った事情および当事者の目的を検討してみると、X社・Y社とも本件土地の地上げに着手したものの、それぞれに問題を抱えていたため、協議をするようになり、協力して本件土地を地上げし、第三者に転売して利益を折半することになったというのです。[44]このような交渉経緯に照らすと、本件土地の地上げ転売の共同事業に係る業務提携契約とみるのが自然であるということになります。

第3に、当事者間の経済的バランスの観点から検討してみると、本件土地の地上げ転売が成功した場合には、販売価格総額からX社とY社が支出した経費総額を差し引いた利益総額を折半することにしており、[45]また、それまでにX社とY社が支出する経費を平準化することにしているのですから、[46]本件土地の地上げ転売に成功しなかった場合に、X社の支出した経費をY社において負担するという結果を認めるということになると、Y社に比してX社のリスク負担が過少になり、当事者間の経済的バランスを失することになります。したがって、X社がY社に対して交付する12億5000万円を北側土地の売買代金の内金であるとか、X社のY社に対する貸金であると性質づけするのは、このような観点からも困難であるということになります。

法律実務家が契約の解釈に取り組むときには、このように要素ごとに分解して検討したうえで、最後に各要素を総合するというプロセスによるのが、

---

44 前記(ア)【争いのない事実および証拠から容易に認定することのできる事実】①~④を参照。

45 前記(ア)【争いのない事実および証拠から容易に認定することのできる事実】④ⓑを参照。

46 前記(ア)【争いのない事実および証拠から容易に認定することのできる事実】④ⓓを参照。

誤りのない結論に到達するのに必要な心得です。

　前記(イ)の東京地方裁判所の判断①〜⑪は、必ずしもこのようなプロセスを明示していませんが、同旨をいうものと理解することができます。

　なお、前記(エ)の 2 億5000万円の返還義務の有無の点は、契約の解釈の一環としての問題です。上記のとおり、本件合意書による契約は地上げ転売の共同事業に係る業務提携契約の性質を有するものであるとするのであれば、Y 社にその返還義務なしとした東京地方裁判所の前記(エ)の判断を理解するのに困難はないと思われます。

(B)　金員交付の事実認定と経験則（争点 2）

　X 社は、12億5000万円の返還請求の原因をなす契約につき 3 つの法律構成をしましたが、ここでは、訴訟物を消費貸借契約に基づく貸金返還請求権とする請求原因事実を摘示しておきます。

〈請求原因〉

⑦　X 社は、Y 社に対し、平成 2 年 4 月27日に10億円を、同年 9 月 3 日から11月 9 日までの間に 2 億5000万円を、それぞれ弁済期の定めなく貸し付けた。	×（ただし、2 億5000万円交付は○）
⑦　X 社は、Y 社に対し、本件訴状をもって⑦の金員を返還するよう催告した。	顕

　争点 2 は、請求原因事実⑦中の「平成 2 年 4 月27日の10億円交付」であり、消費貸借契約の成立が争われる 2 類型のうちの「目的物の授受」が争われる場合であり[47]、これが事実認定の問題であることは明らかです。

　〈Case 2 -⑤〉の特徴は、金額12億5000万円の本件領収証（甲 9）の証拠力が激しく争われたところにあります。

　前記(ウ)に掲げた判決文からは、東京地方裁判所が本件領収証の形式的証拠

---

[47]　消費貸借契約の成立が争われる 2 類型につき、前記 2 を参照。

力を否定したのか、形式的証拠力を肯定したうえで、本件領収証の記載につ
き実質的証拠力を否定したのかが、必ずしも明らかではありません。前記(ウ)
(iv)の@〜ⓓの指摘事項の内容からすると、Ｙ社の記名押印部分以外の本件領
収証の本文部分の形式的証拠力を否定したものと読むのが正確であろうと思
われます。すなわち、**民事訴訟法228条４項の規定する文書全体の真正な
成立の推定（いわゆる第２段目の推定）を覆すに足りる反証ありとしたもの**で
あると思われます。

　ここでは、東京地方裁判所が反証ありと判断するのに用いたと考えられる
経験則を整理しておきましょう。

　経験則の第１は、金銭授受の現場でその事実を確認して作成・交付される
領収証につき、ビジネス上の通例では、その宛名（当該金銭を交付した主体）
を記載するに際し、後に消去したり書き直したりすることの容易な筆記具で
ある鉛筆を用いることはない、というものです。〈*Case* 2 -⑤〉では授受し
た金額が10億円であるというのですから、この経験則の例外は極少であり、
よほど特殊な事情を主張・立証する必要があります。東京地方裁判所は、こ
の経験則を適用して、「交付当時、宛名の欄は白地であったと推認される」
と判断しています。この判断は、Ｙ社の意思に基づいて本件領収証の宛名欄
が記載されたという推定を覆すに十分な反証が存するとの趣旨をいうものと
理解することができます。

　経験則の第２は、領収証は上記のとおりの性質を有するから、ビジネス上
の通例では、現に受領したのと異なる金額を記載することはない、というも
のです。〈*Case* 2 -⑤〉では現に授受された金額が10億円であるというのに、
金額欄には12億5000万円と記載されています。この点についても、Ｘ社とし
ては、よほど特殊な事情を主張・立証する必要があったのです。判決文によ

48　文書の形式的証拠力と実質的証拠力につき、田中・事実認定57〜58頁を参照。
49　民事訴訟法228条４項の規定する推定が一種の法定証拠法則であること、したがって
　この推定を覆すには反証で足りること等につき、田中・事実認定67頁以下を参照。

ると、X社の代表者は、金額が離齬する理由につき、「融資する金額が当日
まで詰め切れず、Y社は12億5000万円を希望し、X社は10億円しか用意でき
なかったため、Y社が12億5000万円の領収証を持参したことによる」と供述
したようです。東京地方裁判所は、X社のために用意した領収証の宛名が鉛
筆書きであったまたは白地であった理由が説明できないとして、この供述を
排斥しました。この点も理由の1つにはなるでしょうが、この供述を排斥す
る最も重要なポイントとして筆者が考えるのは、12億5000万円を受領するこ
とを予定または希望していたためにその金額を記載した領収証を用意してき
たとしても、現に受領した金額を2億5000万円も上回る金額を記載した領収
証をそのまま交付することは考えられないという点です。本件領収証の金額
欄の記載は算用数字が手書きされたものであって、その加除修正は一挙手一
投足で可能なのですから。

　経験則の第3は、金銭の授受を営業の過程で頻繁にする業種に属する会社
において、領収証の金額欄を記載するのにチェックライターを用いずに手書
きする、領収証に収入印紙を貼付しないといった行為は通例ではない、とい
うものです。東京地方裁判所は、念のため、Y社のX社宛ての正規のもので
あることに争いのない領収証と対照させています。

　〈Case 2-⑤〉は、会社間で授受されるものとしても12億5000万円という
極めて高額の領収証につき、民事訴訟法228条4項の規定する文書全体の真
正な成立の推定を覆すに足りる反証ありとしたものであり、法律実務家（訴
訟代理人であれ、事実審裁判官であれ）にとって参考になります。

　　㋕　小　括

　〈Case 2-⑤〉は、事実認定との境界が必ずしも明らかでない契約の解釈
の問題が、典型的な事実認定の問題とともに、1つの事件において争われた
ものです。事実問題と契約の解釈という法律問題とを理念型として理解する
には、好個の素材であると思われます。

50　判タ995号193頁を参照。

　また、消費貸借契約の成立要件としての「目的物の授受」の認定に関する点は、前記3〈*Case* 2 -①〉、〈*Case* 2 -②〉の復習問題です。

Ⅱ　消費貸借契約の当事者

1. はじめに

　誰と誰との間に契約が成立したのかは、契約に基づく義務の履行を求める訴訟においてしばしば争われます。第1章Ⅱでは、売買契約の当事者をめぐる紛争を取り上げました。「誰と誰との間に売買契約が成立したのか」と問題設定される紛争に、売買契約の効果の帰属主体が争われる第1類型と、そこは問題ではなく、当該売買契約のほかに別の契約が成立しているかどうかが争われる第2類型とがあることを検討しました。消費貸借契約の当事者をめぐる紛争も、売買契約におけるそれとほぼ同様に考えることができます。

　ただし、消費貸借契約の当事者をめぐる紛争事例は、当然のことながら、契約目的物の所有権者が誰かという点が問題になることがないので、実際に起きる紛争の圧倒的多数は、契約の効果の帰属主体が争われるもの（第1類型）です。そして、その中に、①そもそも契約の当事者（貸主または借主）として意思表示をしたかどうかが争われる場合と、②当該意思表示をしたことを前提として、それでも契約の効果が帰属しない理由（虚偽表示、悪意の心裡留保等）があるかどうかが争われる場合とがあります。

　以下、2および3において①の場合を、4および5において②の場合を、順に検討してみることにしましょう。

2. 消費貸借契約の当事者と経験則

⑴　当事者として意思表示をしたかどうかが争われる紛争の具体的イメージ

　貸主または借主として意思表示をしたかどうかが争われる場合には、売買契約についてみたように、登場人物が3人以上います。

123

　例えば、AがCに対して1000万円を貸し付けたとしてその返還を求めたところ、Cが1000万円はBから借りたのであって、Aから借りたことはないと主張して、争うといったことが起こります。Cのそのような主張の根拠は、事業用資金が必要になったため、Cは知人のBに金策に行った、Cは貸主欄空白の借用証に署名押印してBに渡した、CはBから1000万円の交付を受けた等の点にあり、結局、Bの立場が貸主であったのか、そうではなくてAの代理人または使者であったのかが争点になるといった紛争類型があります。

[関係図]

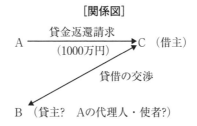

(2)　**複数の経験則の整理**

　契約の当事者が争点になっているのですから、**「交渉の開始→各当事者による提案と対案の提示→契約の成立→契約の履行」という各過程における経験則に照らして、実際に生起した事実を確定して確率計算をする**というのが、当事者のする主張・立証または事実審裁判所のする事実認定の王道です。[52]

　消費貸借契約の当事者という観点における主要なポイントを、上記の過程に即して整理すると、大要、以下のようになります。

①　契約締結交渉は誰と誰との間で行われたか。

②　資金提供の資力があり実際に原資を出捐した者は誰か。資金使途があり実際に資金を利用した者は誰か。

③　契約締結に先立って、貸金の弁済見込みを立てることができた者は誰か。

51　第1章Ⅱ2(1)を参照。

52　第1章Ⅰ3(4)を参照。

④　貸金の実際の授受は誰と誰との間で行われたか。

⑤　契約書上の当事者名義を真実の当事者（貸主または借主）でなく第三者にする必要性があったか。

⑥　契約締結後、当事者（貸主または借主）として振る舞ったのは誰か。中でも、貸金の実際の弁済は誰が誰に対してしたか。

(3)　直接証拠・間接証拠の整理

消費貸借契約の当事者の確定という観点においても、最も重要なのは、金銭消費貸借契約書、抵当権設定契約書、委任状等の処分証書であり、次に重要なのが、上記(2)の各過程でその時々に作成された領収証等の報告文書です。

そして、これらの文書の作成者、作成年月日、記載内容をしっかり確認して、確実に認定することのできる事実（動かない事実）を明確化することが、当事者にとっても事実審裁判所にとっても重要な基本作業です。このあたりは、売買契約の当事者をめぐる紛争について説明したところであり、何も異なるところがありませんから、第1章Ⅱを復習してみてください。

3．事例演習①──単独借入れか共同借入れか（〈*Case* 2 -⑥〉）

(1)　事案の概要

金員の借主がＹのみであったのか、ＹとＹの妻Ａの２名であったのかが争われたものです。最3小判昭和38・6・4集民66号355頁の事案を素材にして、金額等を補充したものです。

事案の概要は、以下のとおりです。

┌─〈*Case* 2 -⑥〉─────────

【訴訟の経過】

①　Ｘ₁〜Ｘ₅は、Ｙに対し、昭和28年8月ころ、それぞれ金員を貸し付けたと主張して、その返還を求め、証拠として「金員借用証」（甲1）を提出した。

②　Ｙは、各金員の貸付けを受けたことは認めたが、金員借用証の「借主」欄はＹとＹの妻Ａ2名の連名であるから、共同借受けであり、Ｙ

125

　の負うべき債務金額は各請求金額の 2 分の 1 であると主張して争った。

③　原審は、金員借用証と供述とを総合して、X_1〜X_5の本件各貸金は Y とその妻 A の共同借受けに係るものと認められ、Y のみに貸与した 旨の X_1〜X_5の主張に沿う供述は、甲号証の記載に照らし、措信しが たい旨判示した。X_1〜X_5が上告した。

【争いのない事実】

ⓐ　本件貸借の申込み、金員の授受などの一切に直接あたったのは、Y の妻 A である。

【X_1〜X_5の供述内容】

ⓑ　Y は、耕地 1 町歩を所有するほか貸金業を営んでおり、「Y 銀行」 と呼ばれてその資産状態は世間の信用するところであった。

ⓒ　A 自身にはみるべき資産はない。

ⓓ　X_1〜X_5は、本件各貸金が Y の貸金業の資金として運用され、高利 を確実に回収できるという見込みを有していたからこそ、本件金員を 貸与したのであり、現に、X_1〜X_5は、当初その利息の支払を受けて いた。

ⓔ　X_2は、昭和28年 8 月 3 日の貸与分につき、A から借受けの申込み を受けたので、Y に確認したところ、Y からその申込みを承知してい るとの回答を得たので貸与した。

ⓕ　X_1およびX_2は、本件訴訟の提起前に、Y から、本件金員は自分が 借り受けたとの確認を受けた。

[関係図]

甲第1号証

(2) 単独借入れか共同借入れかの判断

Yとその妻Aとの共同借受けと認定した原判決を破棄した最高裁判所の判断は、大要以下のとおりです。

---

① 前記(1)のⓑないしⓕの事実関係の真否いかんによっては、同ⓐの事実を斟酌しても、金員借用証にYおよびAの氏名を連記したということは、むしろ、当該証書記載の貸借につきAがYを代理するという関係を不完全ながら表示したものと解釈すべき余地があるといえないことはない。

② 少なくとも、上記(1)のⓑないしⓕの事実関係を考慮に入れるときは、借用証に両名の氏名が連記されているからといって、直ちに両名の共同借受けを認定できる筋合いではないといわなければならない。

③ そのいずれであるにせよ、原審が、前示甲号各証を共同借受けの認定資料となし、本件貸金は（Aを介して）Y1人に貸与したものである旨の前示供述を、甲号各証と対比して措信しがたいという理由のみで排斥し、前記(1)のⓑないしⓕの事実関係の真否いかんによって甲号各証が有するに至るべき意義について十分な考慮をめぐらした形跡がないのは、審理不尽理由不備の違法を犯したものといわなければならない。

---

(3)　事案の分析

　(ア)　当事者のした主張・立証の構造

〈*Case* 2 -⑥〉における訴訟物（請求権）は、X₁〜 X₅の Y に対する各消費貸借契約に基づく貸金返還請求権です。

　X₁が本件訴訟において実際に主張した請求原因事実をモデルとして示すと、以下のようになります。

┌─〈請求原因事実１〉─────────────────────────┐
│ ⑦　X₁は、Y に対し、昭和28年８月ころ、100万円を、同年12月 │ ○ │
│ 　　20日を弁済期として貸し付けた。　　　　　　　　　　　　　│　　│
│···│
│ ⑦　昭和28年12月20日は、到来した。　　　　　　　　　　　　　│ 顕 │
└────────────────────────────────────┘

　Y は、妻 A と共同して借り受けたと主張して争いました。民法427条は、「数人の債務者がある場合において、別段の意思表示がないときは、各債務者は、それぞれ等しい割合で義務を負う」と規定しています。Y は、民法427条の規定に依拠して、自分の負担する債務は借受金の２分の１にあたる50万円分であると主張したのです。この主張は、請求原因事実⑦の否認ではなく、以下のような一部抗弁になります。

┌─〈一部抗弁事実〉──────────────────────────┐
│ ⑧　Y のみならず、A も借主であった。　　　　　　　　　　　　│ × │
└────────────────────────────────────┘

　この一部抗弁に対し、X₁は、民法427条にいう「別段の意思表示」の成立（例えば、「請求原因事実⑦の貸付けに際し、X₁と Y・A との間で、Y・A が連帯して借り受ける旨の合意をした」という特約の成立）を、再抗弁事実として主張することができます。しかし、X₁は、「Y のみに貸し付けた」と主張することによって、共同借受けを前提とする再抗弁を主張する意思のないことを明らかにしたのです。

　(イ)　最高裁判所の示唆する請求原因の構成

　本件訴訟の当事者が実際にした主張はこのようなものであったのですが、

最高裁判所は、上記(2)の判断において、金員借用証（甲１）の借主欄にYとAの各氏名が連記されている記載につき、「AがYを代理するという関係を不完全ながら表示したものと解釈すべき余地がある」と判示しました。

　これは、AがYの代理人として消費貸借契約を締結した可能性があることを示唆するものです。当時の最高裁判所は、法律効果の帰属の点で差異がないことを理由にして、当事者が本人による意思表示と主張している場合にこれを代理人によるものと認定すること、その逆に、当事者が代理人による意思表示と主張している場合にこれを本人によるものと認定することにつき、いずれも弁論主義に違反しないと考えていました。最高裁判所の上記(2)の判断は、このような背景を前提にしてみると、比較的容易に理解することができるでしょう。

　しかし、現在の民事裁判実務は、代理について弁論主義の例外を認めるのは相当ではないとする考え方によって運営されています。このような考え方に従って、構成した請求原因事実は、以下のようになります。

〈請求原因事実２〉	
⑦' X₁は、Aに対し、昭和28年８月ころ、100万円を、同年12月20日を弁済期として貸し付けた。	○
⑦ 昭和28年12月20日は、到来した。	顕
⑦ Aは、X₁に対し、⑦'の際、Yのためにすることを示した。	×
㋑ Yは、Aに対し、⑦'に先立って、その代理権を授与した。	×

　⑦'は、当事者が主張すべきであるのはあくまでも法律行為の当事者であり、法律効果の帰属主体ではないとの考え方によっています。それを前提にして、㋒と㋑は、民法99条に規定する有権代理の要件である顕名と当該法律

53　最２小判昭和39・11・13判時396号40頁、最２小判昭和42・６・16判時489号50頁。
54　司研・要件事実第１巻17〜18頁を参照。

行為についての代理権授与を示す事実主張です。[55]

　㋙　事実審における主張・立証の問題点

　最高裁判所は、上記(2)③において、原審が金員借用証（甲1）という証拠の意義について十分な考慮をめぐらした形跡がないことを非難していますが、筆者には、それだけでなく、X₁〜X₅による金員借用証（甲1）の提出の仕方、事実審裁判所による金員借用証の証拠調べ（書証）の仕方、これらを前提とした請求原因事実の整理といった民事裁判の極めて基本的な作業に欠陥があるように感じられます。これらを順に検討してみましょう。

　(A)　金員借用証（甲1）の作成者は何名なのか、作成者は誰なのか

　当事者が文書を提出して書証の申出をするときは、文書の標目、作成者および立証趣旨を明らかにしてしなければならず（民事訴訟規則137条1項）、裁判所は文書の証拠調べ（書証）をするに先立って、文書を提出する当事者がこれらの点を明らかにしているかどうかを確認し、不明瞭なときはこれを正す釈明権の行使をして明らかにしたうえで、相手方当事者から当該文書についての意見（関連性についての意見、文書の成立についての認否）を聴取しなければなりません。

　〈*Case* 2-⑥〉における最重要の証拠が金員借用証（甲1）であることは明らかですが、上記(2)の最高裁判所の判示するところをいくら読んでみても、X₁〜X₅が金員借用証の作成者を（何名で）誰として提出したのかがはっきりしません。また、事実審裁判所である原審がこれらの点をどのように認定判断したのかも、はっきりしません。借主欄が「Y・Aの連名」の記載になっていることはわかるのですが、はたして、金員借用証が、①YとAの2名によって作成されたものであるのか、②YまたはAのいずれか1名によって作成されたものであるのかが、不明瞭なままなのです。〈*Case* 2-⑥〉における借主の認定が混迷を来した最大の原因は、この点にあります。

55　代理の要件事実につき、司研・要件事実第1巻67頁以下を参照。

(B)　作成者が確定した場合の記載内容の意味（実質的証拠力）

　第1に、金員借用証がYとAの2名の意思によって作成されたものである場合について検討してみましょう。Y名義部分をYが、A名義部分をAが作成した場合には、Yが借主（の1人）であることについては争いがないのですから、検討すべきはAの署名の趣旨（意味）です。すなわち、借主本人として署名したのか、借主であるYの代理人または使者（手足）として署名したのかを確定することが、ここでの実質的証拠力の検討のポイントになります。

　①Aが借主本人として署名した（そして、X₁〜X₅がそういうものとして金員借用証を受領した）という心証に至った場合には、前記㋐の一部抗弁が認められることになります。そして、②Aが借主であるYの代理人として署名したという心証に至った場合には、前記㋑の請求原因事実2が認められることになり、③Aが借主であるYの使者（手足）として署名したという心証に至った場合には、前記㋐の請求原因事実1が認められ、一部抗弁は認められないということになります。

　第2に、金員借用証がAのみの意思によって作成されたものである場合は、①AがY名義部分を代理人として作成したことになりますから、そのようなときのAの署名はYの代理人であることを表示するのが通常であり、前記㋑の請求原因事実2が認められることになります。ただし、②例外的に、Aが借主本人兼Yの代理人として署名する（そして、X₁〜X₅がそういうものとして金員借用証を受領する）こともないではありません。〈Case 2-⑥〉がそのような例外的な場合にあたるかどうかを検討する必要があります。その場合には、前記(1)【X₁〜X₅の供述内容】の⑥〜⑥を認定することができるかどうかが重要なポイントになります。

　第3に、金員借用証がYのみの意思によって作成されたものである場合（〈Case 2-⑥〉ではこのような心証に至る可能性は低いと思われますが）は、YがAの氏名を記載した趣旨（意味）を検討する必要があります。①Aをも借主本人とする趣旨で記載した（そして、X₁〜X₅がそういうものとして金員借用証を受領した）というのであれば、前記㋐の一部抗弁が認められることにな

ります。そして、②Aが借主であるYの代理人または使者（手足）として借入交渉に携わったことを示す趣旨で記載したというのであれば、前記(ア)の請求原因事実1が認められ、一部抗弁は認められないということになります。

(4)　小　括

〈Case 2 -⑥〉は、単独借入れか共同借入れかが争われたものであり、一見すると、事実認定としては困難な問題ではないように思われます。しかし、**要件事実論という道具を用いて分析してみると、文書の意義について十分な考慮をめぐらすのを怠ったと最高裁判所が指摘する以上に、文書の証拠調べ（書証）についての極めて基本的作業に手抜かりがあり、その結果、弁論主義の観点からすると、請求原因事実として主張すべき主要事実が明確に主張されないまま訴訟手続が進行してしまったという問題が存する**ものと考えることができます。

　1つの民事紛争を正しい解決に導くためには、まず、当事者によって証拠に相応した主張が的確になされ、事実審裁判所によって主張と証拠とを対照させることによって争点整理が的確になされる必要があり、さらに、当事者によって証拠の全体像を提示する立証活動が的確になされ、事実審裁判所によってそれを把握する事実認定が的確になされる必要があります。

　〈Case 2 -⑥〉は、主張と立証とが民事紛争を正しい解決に導く車の両輪であることを再認識させるものということができます。

4．事例演習②──心裡留保の成否（〈Case 2 -⑦〉）

　本項では、前記1に整理した消費貸借契約の当事者が争われる2つの紛争類型のうち②の場合──すなわち、返還約束の意思表示をしたことを前提にして、その効果が意思表示をした者に帰属しない理由（虚偽表示、悪意の心裡留保等）があるかどうかが争われる場合──に焦点をあてて取り上げることにします。

　わが国の民事訴訟では、虚偽表示または悪意の心裡留保の抗弁がしばしば主張されますが、それがどのような意味を有するものであるか、どのような

場合であれば肯定されるのかにつき、十分に理解されているとはいえません。そこで、事例演習によって具体的なイメージをつかむことにしましょう。

(1)　事案の概要

この事案は、金銭消費貸借契約書に借主として署名押印したＹが、その署名押印の趣旨は「ＹことＡ」という趣旨のものであるとして返還約束の意思表示をしたことを否認し、仮に、Ｙが返還約束の意思表示をした（Ｙが借主である）と認定されるとしても、真実自分が借主になる意思はなく、貸主ＸはそのようなＹの真意を知っていたなどと主張して、争ったケースです。東京高判昭和59・3・22金商708号37頁の事案を素材にしたものです。

したがって、この事案には、①の場合における争点（Ｙが返還約束の意思表示をしたかどうか）と②の場合における争点（悪意の心裡留保かどうか）の双方の争点が含まれており、2つの争点を識別する勉強をするには恰好のケースといってよいものです。

事案の概要は、以下のとおりです。

〈*Case* 2 -⑦〉

【訴訟の経過】

①　Ｘは、昭和55年4月25日、Ｙとの間で1500万円を弁済期日同年8月31日、利息年1割5分、遅延損害金年3割の約定で貸し付ける旨合意し、Ｙに対して弁済期日までの利息261万円を天引きして残余の1239万円を交付した（以下、この契約を「本件消費貸借契約」という）と主張し、利息制限法2条の規定に従って天引利息261万円中の199万500円を元本に充当し、Ｙに対し、残元本1300万9500円およびこれに対する弁済期日の翌日である同年9月1日から支払済みに至るまで年3割の割合による遅延損害金の支払を求めた。

②　Ｙは、昭和55年4月25日付け金銭消費貸借契約書（甲1）の借主欄に署名押印したことを認めたうえで、Ｘから金銭を借り受けたのはＡであり、「ＹことＡ」の趣旨で署名押印したと主張して、金銭借受けの事実を否認した。

③ また、Ｙは、「本件消費貸借契約は心裡留保によるものであって、無効である」と主張した。すなわち、Ｙは、Ａから約2000万円の融資を申し込まれたが、すでにＡに対して1000万円程度の貸付けをしていたため、Ｘを貸主として紹介したところ、Ａは、離婚した妻と未成年の子（以下、これら全員を「Ｚら」という）が共有する不動産（以下「本件不動産」という）を担保に供することによって、Ｘから1500万円を借り受けることになったのであるが、契約書等の作成依頼を受けた司法書士から、本件不動産の担保提供行為が利益相反行為にあたるおそれがあるとの懸念が示されたため、Ａの依頼を受けて、真実の借主はＡであって、自分が借主になる意思はなかったにもかかわらず、名義上の借主になることを承諾し、本件消費貸借契約を締結したのであり、ＸはＹのこのような真意を知っていたか知り得たと主張して争った。

④ また、Ｙは、「昭和55年4月26日、ＸとＺらとの間で本件不動産について停止条件付代物弁済契約が成立し、同年5月6日付け共有持分全部移転登記が経由されているところ、弁済期日に債務の弁済がされなかったので、Ｘは本件不動産の共有持分全部を取得し、Ｙの貸金債務は消滅した」と主張して争った。

【提出書証】

ⓐ 昭和55年4月25日付け金銭消費貸借契約書（甲1）

ⓑ 昭和55年4月26日付け譲渡担保契約証書（乙1）

【本件消費貸借契約の締結前後の経緯についての認定事実】

ⓘ Ｙは、昭和53年ころＡと知り合い、金銭を貸し付けるような間柄であった。

ⓘ Ｙは、Ａから、昭和55年春ころ、事業資金約2000万円の融資の申入れを受けたが、当時1000万円以上を貸し付けていたため、他の貸主を紹介することとし、金融業を営むＸを貸主として紹介した。

ⓘ 昭和55年4月、ＹがＸの意を受けて交渉にあたっていた者とＡとの間の協議を取り持つなどしたところ、結局、ＡにおいてＺらの共有す

る本件不動産を担保に供することを前提に、ＸがＡに対して1500万円を貸し付けることとするおおむねの合意に至った。

ⅳ　契約書類等の作成の依頼を受けたＢ司法書士は、昭和55年４月25日または26日ころ、Ｘからの融資先をＡとすると、本件不動産の担保提供が共有者ＺらのうちのＡの未成年の子との関係で利益相反行為にあたるとされるおそれがあるとの懸念を示した。

ⅴ　関係者の再協議の結果、Ｙは、本件不動産が担保提供されるのであるから、自分が債務を弁済しなければならない事態に至ることはないものと考え、借用証書等における借主名義をＹとすることを承諾し、他方、Ｘも、本件不動産を担保とする以上、借主いかんはそれほど重要な問題ではないと考え、借用証書等における借主をＹとして融資することとした。

ⅵ　このようにして、Ｙは、昭和55年４月25日付け金銭消費貸借契約書（甲１）に借主として署名押印し、同月26日付け譲渡担保契約証書（乙１）にも借主として署名押印した。

ⅶ　Ｘ、ＹおよびＡは、昭和55年５月７日に集まり、Ｘは、Ｙに対し、貸付金1500万円からこれに対する同日から弁済期日である同年８月31日までの利息として261万円を天引きした1239万円を現金239万円および小切手２通（額面700万円および300万円）をもって交付した。Ｙは、小切手２通に自らを受取人として署名押印して現金化し、うち500万円をＹの預金口座に振替送金し、残500万円をＡに交付したが、後日、振替送金した500万円のうち200万円をＡに対する自らの貸付金債権の弁済に充てることとし、残300万円をＡに交付した。

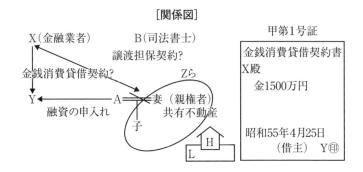

[関係図]

(2)　借主は誰か、心裡留保にあたるかどうかについての判断

　本件消費貸借契約における借主は誰か、心裡留保をいうＹの主張に理由があるかどうかについての東京高等裁判所の判断は、大要以下のとおりです。

ⅰ　形式上または名目上の契約当事者と実質上の契約当事者とが別人であるといわれる場合において、必ずしも前者は単なる符牒にすぎず、常に後者が法律上の契約当事者にあたるということもできず、結局、当該事案の具体的事情の下において、形式上または名目上の契約当事者と実質上の契約当事者とを分化させた当事者の意図ないし意思が当該契約の法律効果をいずれに帰属させることとするにあるのかを判断して、法律上の契約当事者がいずれであると解すべきかを決するほかはない。

ⅱ　これを本件についてみるに、Ｙ・Ｘ・Ａが協議したうえ、本件消費貸借契約における借用証書上または借用名義上の借主をＹとすることとしたのは、名と実とを一致させ本件消費貸借契約における経済的効果の帰属主体であるＡをそのまま本件消費貸借契約の借主としたのでは、本件不動産の担保提供行為が利益相反行為となるおそれがあるとのＢ司法書士の懸念または助言に基づいてであり、本件消費貸借契約の法律効果をＡにではなくＹに帰属させることによって右のような事

態の生じるのを避けようとの配慮によるものなのであるから、そこで
の右関係者の意思は、Yを借用証書上または借用名義上の借主とする
ことによって本件消費貸借契約の法律効果をYに帰属させようとする
にあったものといわなければならない。

ⅲ　けだし、Yの氏名は単なる符牒として使用されたにすぎず、法律効果
の帰属主体としての借主はあくまでAであるというのが右関係者の意
図ないし意思であるとすれば、あえてYを借用証書上または借用名義
上の借主としなければならない理由はないのであり、そのように解す
ることが関係者の意思に適うところであるとは解されないからである。

ⅳ　したがって、本件消費貸借契約における法律上の借主は、Yという
べきであり、また、XおよびYの意思は、本件消費貸借契約の法律効
果をYに帰属させることにあったものというべきであるから、Yに自
己が借主となる意思はなかったとして心裡留保をいうYの抗弁は、失
当である。

(3)　事案の分析

(ア)　当事者のした主張・立証の構造

〈*Case* 2 -⑦〉における訴訟物（請求権）は、XのYに対する消費貸借契
約に基づく貸金返還請求権および約定遅延損害金請求権です。その請求原因
事実は、以下のとおりです。

┌〈請求原因事実〉

⑦　Xは、Yとの間で、昭和55年４月25日、1500万円を、Yにおいて、弁済期日同年８月31日、利息年１割５分、遅延損害金年３割、弁済期日までの利息を天引きするとの約束の下に借り受ける旨の合意をした。	×
⑦　Xは、Yに対し、⑦の際、1239万円を交付した。	×

137

㋒　昭和55年8月31日は経過した。	顕

　よって、Xは、Yに対し、本件消費貸借契約に基づき、残元本1300万9500円およびこれに対する年3割の割合による約定遅延損害金の支払を求める。

　〈*Case* 2-⑦〉は、利息が天引きされたために借主に対して現実に交付された金額が貸付金額に満たない場合であるため、Xとしては、天引額をも含めた金額についての消費貸借契約が成立したとするためには、利息天引合意の成立を主張・立証する必要があります。[56] 請求原因事実㋐は、利息天引合意を含む返還約束を摘示するものです。

　Yは、本件消費貸借契約書（甲1）に署名押印したことを認めつつ、自らの署名押印は「YことA」の趣旨のものであると主張しました。表面的には、請求原因事実㋐のうちのYが返還約束の意思表示をしたことについての積極否認の主張のようにみえます。しかし、この主張は、冷静に考えてみると、それ自体無理のあるものといわざるを得ません。

　なぜなら、本件消費貸借契約書はYの意思表示の記載された処分証書なのですから、Yが自らの意思でY名義の本件消費貸借契約書を作成したことを自白する以上、[57] 自らのした署名押印が「YことA」の趣旨に出るものであると主張したところで、Yが返還約束の意思表示をしたことを否定することはできないからです。結局、Yのこの主張は、署名押印の主張を含めてYの主張全体を合理的に解釈するときは、請求原因事実㋐の積極否認と位置づけるには無理があり、心裡留保の抗弁に帰着すると理解するのが正しいということになります。

　Yは、現に悪意・有過失の心裡留保の抗弁を主張しました。その抗弁事実は、以下のとおりです。

56　利息が天引きされた場合の請求原因事実につき、司研・紛争類型別28〜29頁を参照。
57　この自白は、補助事実についての自白です。

〈抗弁1（悪意・有過失の心裡留保）〉

㊐．Yは、請求原因事実㋐の際、自らが借主となる意思がないことを知りながら、返還を約する旨の意思表示をした。	×
㋑－1　Xは、請求原因事実㋐の際、㊐のとおりのYの真意を知っていた。	×
㋑－2　Xは、請求原因事実㋐の際、㊐のとおりのYの真意を知ることができた（評価根拠事実）。	×

　民法93条本文は、意思表示をした者が真意でないことを知っていたとしても当該意思表示の効力に影響を及ぼさない旨を規定し、同条ただし書の要件を満たして初めて当該意思表示が無効になる旨を規定しているので、心裡留保を抗弁にするには、相手方の悪意または有過失（評価根拠事実）をも主張・立証する必要があります。

〈抗弁2（代物弁済）〉

㋒　ZとXは、昭和55年4月26日、同年8月31日が経過したときは、ZがXに対して本件消費貸借契約に基づく債務の弁済に代えて本件不動産の所有権を移転する旨の合意をした。	×
㋓　Zは、㋒の当時、本件不動産を所有していた。	○
㋔　Xは、昭和55年5月6日受付をもって本件不動産の所有権移転登記を経由している。	○

　また、Yは、前記(1)の【訴訟の経過】④のとおり、本件不動産についての譲渡担保契約を停止条件付代物弁済契約と構成し、かつ譲渡担保契約に基づく所有権移転登記の経由をもって代物弁済の給付の完了と構成し、債務消滅の抗弁を主張しました。[58]

　(イ)　借主（請求原因）の認定と心裡留保の抗弁（抗弁１）の成否

　第１の問題は、「借り受けましょう（貸してください）」という意思表示（返還約束の意思表示）をしたのが誰であるかです。

　東京高等裁判所の前記(1)の【本件消費貸借契約の締結前後の経緯についての認定事実】⒱の事実認定は、直接証拠である本件消費貸借契約書（甲１）によってこの点の主要事実を認定したものです。処分証書が真正に作成されたことが確定した場合には、処分証書に記載されている意思表示が成立したとの事実認定は動かないという事実認定の大原則がここに生きています。そして、東京高等裁判所の認定した⒲ないし⒱および⒱の各事実は、基本的に「Yが返還約束の意思表示をした」という主要事実を推認するための間接事実ですが、直接証拠の実質的証拠力を支える補助事実としての機能をも果たしています。これを図示すると、〔図６〕のとおりです。

〔図６〕　主張・立証の構造図（《*Case* 2 -⑦》）

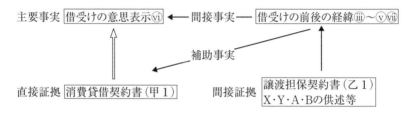

　第２の問題は、借受けの意思表示をしたのはYであるとして、その意思表示が心裡留保に当たるかどうかです。ところで、改正民法は、改正前民法93条ただし書の文言を修正して１項として、同条２項を新設しました。しかし、いずれも、これまで異論のない解釈を立法化したというものであり、実質的な改正ではありません。以下に説明する考え方は、改正民法下においても同じように通用するものです。

　被告とされたYが「金銭消費貸借契約書には署名押印したが、真実の借主

58　代物弁済による債務消滅の抗弁の要件事実につき、司研・紛争類型別113頁を参照。
59　田中・事実認定93頁を参照。

はＹではなくＡであり、Ｘもそれを承知している」と主張して争うことは、よくあります。理解に困難を覚える争点ではないようにみえますが、当事者が「真実の借主」と主張する趣旨は一義的に明らかとはいえません。

　この点につき、東京高等裁判所は、前記(2)①において、「当事者が当該契約の法律効果をＹとＡのいずれに帰属させることを意図していたか」によって決すると判断しています。これを裏から説明すると、**当該契約が誰の経済的需要に応ずるものと当事者双方（ＸとＹ）が認識していたかどうかは、心裡留保の認定にあたって意味のある間接事実の１つではあるものの、最終的に重要なのは、当該契約の法律効果の帰属主体（経済的効果の帰属主体ではなく）についての当事者双方の認識である**というものです。心裡留保の抗弁が問題となる場合に、実際の事件でこれを認定判断するにあたって使い勝手のよいフォミュラであると思われます。

　そして、東京高等裁判所は、前記(2)の②③のとおり、〈*Case* 2 -⑦〉においては、当事者双方とも（そしてＡも）利益相反を回避するという法的観点から借主をＹとすることを意図して選択したのであるから、Ｙの意思表示には心裡留保があるとはいえないと判断したのです。明快な認定判断というべきであり、汎用性の高いものです。

　　(ウ)　代物弁済の抗弁（抗弁２）の成否

　前掲東京高判昭和59・3・22は、代物弁済の抗弁（抗弁２）につき、直接証拠である譲渡担保契約証書（乙１）が真正に成立したことを認めるに足りないばかりか、かえって、ＡにおいてＺの了解を得ることなく、譲渡担保契約証書を偽造するなどしたと認定し、この抗弁を排斥しました。

　なお、本件訴訟記録中の書証目録には譲渡担保契約証書の成立に争いがない旨の記載がされているところ、東京高等裁判所は、Ｘの本訴における主張の趣旨に照らして誤記と解するのが相当である旨判示していますが、譲渡担保契約証書の提出時にＸがその成立について明確な認否をしなかったようであり、訴訟代理人としては注意を要します。

(4)　小　括

〈*Case* 2 -⑦〉は、処分証書である消費貸借契約書の成立に争いがなく、Yが借入れの意思表示をしたことについては争いようのない事案において、当該借入れの意思表示が心裡留保によるものかどうかが主要な争点になったものです。心裡留保は、実際に主張されることが多い割には、その認定判断のポイントが明らかになっているとはいえない状況にあります。

　この事例演習によって、借主が誰であるかが争われる紛争のうち、悪意の心裡留保が主張される場合の認定判断の基本がどこにあるのか等につき、その概要をつかむことができたものと期待しています。

5．事例演習③──民法93条ただし書の適用または類推適用が肯定される名義貸し（〈*Case* 2 -⑧〉）

(1)　名義貸しという紛争類型

　消費貸借契約を締結する旨の意思表示をしたことを前提としながら、民法93条ただし書の適用または類推適用を理由に、その契約の効果が意思表示をした者に帰属しないとして争われる紛争があります。

　これは、一般に「名義貸し」と呼ばれる紛争類型です。前記4では、前掲東京高判昭和59・3・22（以下「昭和59年東京高裁判決」といいます）の事案を素材にして、悪意の心裡留保として民法93条ただし書の適用または類推適用が肯定されるのがどのような場合であるかを検討しました（〈*Case* 2 -⑦〉）。そこでは、そもそも心裡留保といえるかどうかは、「当事者が当該契約の法律効果を誰に帰属させることを意図していたか」によって決せられるのであって、当事者が当該契約につき誰の経済的需要に応ずるものと認識していたかは、心裡留保の認定にあたって意味のある間接事実の1つにすぎず、最終的に重要なのは、当該契約の経済的効果ではなく法律効果の帰属主体につ

60　文書の成立についての自白が裁判所を拘束しない旨判断した最2小判昭和52・4・15民集31巻3号371頁も、本文と同様に訴訟代理人の軽率な訴訟行為が問題になっています。この判例の詳細な検討として、田中・論点精解民訴144～152頁を参照。

いての当事者双方の認識であるということを確認しました。

　そうすると、**翻って問題になるのは、「一体、名義貸しをした借主に心裡留保があったといえる場合があるのかどうか」、「あるとすれば、それはどのような場合であるのか」**という点です。

　本項では、民法93条ただし書の適用または類推適用を肯定して、名義貸しをした借主に対する貸金返還請求を棄却した認定判断を正当とした最２小判平成７・７・７金法1436号31頁（以下「平成７年最高裁判決」といいます）の事案を素材にして（《Case 2-⑧》）、上記の各問題点を具体的に検討してみることにしましょう。

(2)　事案の概要

　住宅ローンの金銭消費貸借契約証書に借主として署名押印したＹが、銀行である貸主Ｘからの貸付け（以下、この契約を「本件貸付契約」といいます）を否認したうえ、この貸付契約はＡに対する貸付けの方便であって、民法94条１項の虚偽表示、民法93条ただし書の適用または類推適用により無効であるなどと主張して、争ったものです。

　平成７年最高裁判決の原判決である名古屋高判平成６・11・30金法1436号32頁によると、事案の概要は以下のとおりです。

┌─〈Case 2-⑧〉─────────────────────

【本件貸付契約の締結前後の経緯についての認定事実】

① 　建設業者Ａは、昭和56年暮れころ、愛知県内に本件マンションを建築し、これに極度額１億円の根抵当権を設定してＢ銀行から融資を受けたが、Ｘ銀行から融資を受けて自らの事業資金とするとともにＢ銀行に対する借入金を弁済することを企図し、昭和57年初めころ、Ｙら合計18名の者に対し、住宅ローンの借受人として名義を貸してほしいと依頼し、その承諾を得た。

② 　昭和57年２月22日付けで13名の者につき、同年４月２日付けでＹを含む５名の者につき、Ｘ銀行との間で金銭消費貸借契約証書が作成された。Ｙについてみると、Ｘ銀行から住宅（土地建物）購入資金等と

して1200万円を借り受けた旨が記載されている。その前後に、Yら18
名の者の意思に基づき、住宅ローン借入申込書、普通預金印鑑紙、抵
当権設定契約証書等の書類が作成され、Yら18名の名義でX銀行岡崎
支店に普通預金口座が開設された。

③　本件貸付金は、そのころ、各預金口座に振り込まれ、その後、Aに
よって引き出され、自らの事業資金やB銀行に対する借入金の弁済に
充てられた。本件マンションにつき、B銀行を権利者とする根抵当権設
定登記は抹消されたうえ、Yら18名の者を権利者とする区分所有建物
と敷地の共有持分の所有権移転登記がされるとともに、各住宅ローン
債務を担保するため、X銀行を権利者とする抵当権設定登記がされた。

④　しかし、Yら18名の者の中に、実際に本件マンションに入居した者
はおらず、すでに自宅を所有しているため住宅ローンを受けて住宅を
購入する必要のない者も数名いた。

⑤　その後昭和58年1月ころまでは、Aの負担によってX銀行に対する
返済がされていたものの、同年2月ころ、Aが倒産するとともにその
返済が一斉に滞ったため、X銀行がYら18名の者に対して支払を督促
するに至った。

【本件貸付契約へのXの関与についての認定事実】

⑥　本件貸付契約の締結に際してXが徴求した書類の中には、Yら18名
の者でなく、第三者（おそらくA）が署名や押印を代行したものが少
なくないこと、Yら18名の者の1名の普通預金印鑑紙には、自宅の電
話番号としてAの事務所の電話番号が記載されていること、住宅ロー
ン借入申込書の「申込人概況」欄の預金、資産、生命保険付保額等に
つき、事実と異なった記載が少なくないこと、および上記④等の事情
に照らすと、X銀行がほとんど実質的な審査をしないまま、通常の銀
行業務として考えられないほどずさんな審査・手続によって本件貸付
けが行われており、このことからすれば、X銀行の貸付担当者であっ
た支店長代理Cの了解の下に、Aが単なる紹介者という以上に深く、

関係書類の作成・徴求をはじめとする本件貸付けの手続に関与していた。

⑦　さらに、本件住宅ローンの返済が滞ると、上記のＸ銀行の貸付担当者のＣからＡに対して督促の電話等が入ったことからすると、少なくとも、Ｘ銀行の貸付担当者Ｃは、Ａが実際に住宅ローンの返済をしていたことを知っていた。

⑧　Ｘ銀行の貸付担当者Ｃは、本件貸付けにあたり、Ｙら18名の者とＡとの間で名義貸しの合意がされ、しかも、その資金の一部がＢ銀行に対する借入金の返済に充てられることを知っていた。

[関係図]

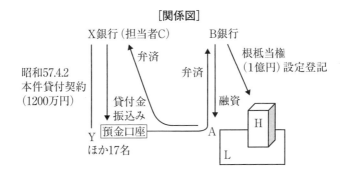

⑶　本件貸付契約の当事者（借主）についての認定判断

名古屋高等裁判所は、本件貸付契約の当事者につき、以下のとおりの認定判断をしました。

ⅰ　本件貸付けは、Ａに金融を得させる目的で、Ｙにおいて、住宅ローンの借受人として自己の名義を使用することをＡに許諾し、Ｘ銀行に住宅ローンの名目で融資を行わせたものであって、Ｙは、本件貸付けに伴い、謝礼、報酬などの形で間接的にも利益を得ていないものと認められる。

ⅱ　しかし、ＹとＸ銀行との間には、Ｙの意思に基づき、Ｙ自らを借受

　　人とする金銭消費貸借契約証書等が作成されており、しかも、本件貸
　　付金は、Yの名義の預金口座に入金され、一旦は、本件貸付けによる
　　経済的利益がYに帰属したとみることができるから、要物性の点にも
　　欠けるところはない。
ⅲ　　したがって、名義貸しという事情があるとしても、YとX銀行との
　　間には、本件貸付契約が成立しているものというべきである。

　名古屋高等裁判所の上記ⅱ、ⅲの認定判断は、第1に、処分証書である金
銭消費貸借契約証書が真正に作成されたことが確定した場合には、処分証書
に記載されている意思表示が成立したとの事実認定は動かないという事実認
定の大原則によるものであることを示しています[61]。第2に、上記ⅰのように、
本件貸付金が実際にはAの用途に使われたとしても、X銀行からY名義の預
金口座に振込入金された場合には、その時点で消費貸借契約の要物性の要件
（民法587条）が満たされたことを判示しています。当然の判断ではあります
が、手堅い判決理由になっています。

(4)　民法93条ただし書の適用または類推適用に係る認定判断

　名古屋高等裁判所は、上記(3)の認定判断を前提にして、民法93条ただし書
の適用または類推適用の可否につき、以下のとおり判断しました。

ⅳ　　Xは、本件貸付けにより実質的に経済的利益を受ける者がAであり、
　　Yは単に名義を貸したにすぎないことを知りながら、Yに対して本件
　　貸付けを行ったものであるから、Yに対する関係においては、消費貸
　　借上の貸主として法的保護を受けるには値しないというべきであって、
　　結局、民法93条ただし書の適用ないしは類推適用により、Xは、Yに
　　対して本件貸付金の返還を求めることは許されないものと解するのが

61　前掲東京高判昭和59・3・22も、全く同じ認定手法を採用しています（前記4を参
　　照）。

　名古屋高等裁判所の上記⒤の判断は、借主に関する前記⑶⒤、⒤の判断に比べると、必ずしもわかりやすいものとはいえません。ところが、最高裁判所は、この原判決に対する上告理由につき、「所論の点に関する原審の認定判断は、原判決挙示の証拠関係に照らし、正当として是認することができ、その過程に所論の違法はない」とだけ判示して上告を棄却したため、この事件では、最高裁判所の心裡留保についての考え方の内容が明らかになりませんでした。

　そこで、次に、心裡留保といえるかどうかは「当事者が当該契約の法律効果を誰に帰属させることを意図していたか」によって決すべきであるとした昭和59年東京高裁判決の考え方との関係に焦点をあてて検討することにしましょう。

⑸　貸付契約に係る名義貸しと民法93条ただし書の適用または類推適用

㋐　民法93条ただし書の適用とは

　〈Case 2-⑧〉におけるＹがしたように、実際の事件では、「民法93条ただし書の適用ないし類推適用」の抗弁を提出するなどと一括して主張されるだけで、適用と類推適用との間にどのような意味の相違または要件の相違があることを前提として主張されているのかが明らかでない場合があります。[62]

　大阪地判平成22・6・10金法1913号112頁（以下「平成22年大阪地裁判決」といいます）は、この点についての考え方を説示しています。実務上参考になると思われるので、この判決を検討してみましょう。

　平成22年大阪地裁判決は、同種の事案を扱ったものですが、民法93条ただし書の適用につき、以下のとおりの認定判断をしました。

---

[62]　前掲名古屋高判平成6・11・30も、本文5⑷のとおり、「民法93条ただし書の適用ないしは類推適用により」と判示するだけで、適用と類推適用との間にどのような相違があるのかを明らかにしてはいません。

ⓐ　そもそも、心裡留保が成立するためには、表示行為に対応する効果
意思のないことが必要である。

ⓑ　甲（借主）は、本件貸付契約書に異議なく署名押印したのであり、
それがどのような趣旨・内容の書面であるかを容易に理解できたはず
であるから、甲自身がＸに対して貸付金の返還を約束したうえで貸付
金の交付を受けるという意思で、本件貸付契約書に署名押印をしたこ
とは明らかというべきであり、その表示行為に対応する効果意思がな
かったとは到底考えられない。

ⓒ　結局、Ｙ（借主の保証人）の主張は、Ｘとの関係において本件貸付
契約に基づく法律上の義務が誰に帰属するかという問題と、それらの
権利または義務から直接的に発生する経済的な利益または負担を甲の
内部において間接的に誰に帰属させるかという問題とを混同するもの
といわざるを得ず、採用することができない。

ⓓ　したがって、本件貸付契約が民法93条ただし書の適用によって無効
であるとするＹの主張は、その前提を欠くものであり、採用すること
ができない。

　この認定判断は、ⓐにおいて民法93条の規定する心裡留保の意義（表示行
為に対応する効果意思のないこと）を明らかにしたうえ、ⓑにおいて当該事件
への適用を論じ、ⓒにおいてＹの抗弁の前提をなす心裡留保の主張が無理な
ものである（法的効果と経済効果とを混同した議論である）ことを指摘してい
ます。そして、ⓓにおいて、そもそも心裡留保とはいえない以上、契約の相
手方の悪意または有過失を問題とする民法93条ただし書に基づくＹの抗弁を
採用するに由ないことを説示しており、民法理論の基本を押さえた明快な判[63]
決理由になっています。

63　我妻・前掲書（注28）287頁、四宮＝能見・前掲書（注28）225～227頁を参照。

　心裡留保に関する平成22年大阪地裁判決の考え方は、昭和59年東京高裁判決のそれと全く同じものであり、民法93条ただし書の適用問題は、平成22年大阪地裁判決の⒜ないし⒟の考え方によって解決することができます。

　㈡　民法93条ただし書の類推適用とは

　平成22年大阪地裁判決は、民法93条ただし書の適用についての前記㈠の立場を前提として、その類推適用につき、以下のとおりの見解を示しました。

　⒠　そもそも、金銭消費貸借契約の貸付金をどのような使途に充て、その返済原資をどのように調達するかは、借主側の内部事情にすぎないのであるから、貸主がそのような事情を単に認識していたとか、認識していなかったことに重大な過失があるというだけで直ちに民法93条ただし書を類推適用し、借主が貸付金の返済義務を免れると解することは相当ではない。

　⒡　借主が名義貸しを主張して銀行に対する貸付金の返済義務を免れるためには、単に銀行の悪意重過失をいうだけでは足りず、例えば、銀行が名義貸しを容認ないし助長する態度を名義人たる借主に対して示し、その結果、借主において、銀行がもっぱら経済的利益の帰属先である名義借人から貸付金を回収する意思であって、名義を貸した借主にその返還を求めることはないとの正当な期待ないし信頼を抱き、銀行が借主に対してその返還を求めることが信義則上許されないといえるような事情があることも必要である。

　⒢　平成7年最高裁判決の事案は、銀行の融資担当者が、単に名義貸しの事実について悪意であったというのではなく、……名義借人の資金調達に積極的に協力したといえるものであることがうかがわれるから、上記判例が貸主において名義貸しの事実を認識していれば直ちに民法93条ただし書が類推適用される旨を判示したものと解することはできない。

149

　上記ⓔの判断は、当該貸付けによって経済的利益が帰属する者またはその返済の経済的負担が帰属する者が誰であるかは、法的観点における借主が誰であるかの問題と直結するものではないという前記(ア)の立場からすると、当然の帰結です。名義貸しであることが心裡留保にあたらず、その点の認識が民法93条ただし書の適用を正当化するものでないといいながら、「民法93条ただし書の類推適用」とラベルを付け替えることによって同じ効果を導くことができるというのでは、立法目的を潜脱する誤った理屈という非難を免れません。

　そうすると、「民法93条ただし書の類推適用」という理屈によって名義貸しをした借主が貸付金の返済義務を免れることができるのは、極めて制限された例外的な場合であるということになります。平成22年大阪地裁判決は、上記ⓕにおいて、結局、**名義貸しをした借主に対する貸主の貸金返還請求権の行使が信義則違反になる場合に限られる**と判断したものと理解することができます。

　結局、名義貸しをした借主が提出することのできる抗弁は、「民法93条ただし書の類推適用の抗弁」というラベルよりも、「民法1条2項の信義則違反の抗弁」というラベルの方がその法的性質を正確に反映していると考えることができます。

　上記ⓖは、平成7年最高裁判決の判例としての射程[64]が当該事件に及ばないことを説示する判断部分です。前記(4)に指摘したように、名古屋高等裁判所の前記(iv)の判断およびこれを是認した平成7年最高裁判決の判断は、必ずしも明快とはいえないものですが、平成22年大阪地裁判決の上記ⓖの判断は、上記ⓕに提示した信義則違反の観点から、上記(4)(iv)の名古屋高等裁判所の判断およびそれを是認した最高裁判所の判断を説明し、その射程を明らかにし、大阪地方裁判所の事件との区別（distinction）をするものです。名古屋高等裁判所も、この抗弁が「消費貸借契約上の貸主として法的保護を受けるに値

64　判例の射程につき、田中・法律文書56頁以下を参照。

するかどうか」という観点に由来すると判示しており、結局のところ、その根拠を信義則に求めていると考えてよいでしょう。

(6) 民法93条ただし書の類推適用の抗弁（民法１条２項の信義則違反の抗弁）を主張・立証する際のポイント

名義貸人において、貸主が貸付金の使途とその返済原資の調達方法の認識があることまたはこれらの点についての認識があっておかしくないことを主張・立証することが大前提になります。そのうえで、平成22年大阪地裁判決が判示するように、貸主が名義貸人である借主に対して貸金の返還を求めることが信義則に違反すると考えられる事実関係を集積させて主張・立証することが必要です。

民法93条ただし書の適用（悪意・有過失の心裡留保）の抗弁の法的性質は「権利発生障害の抗弁」ですが、ここで検討している民法93条ただし書の類推適用（信義則違反）の抗弁の法的性質は「権利行使阻止の抗弁」[65]です。したがって、名義貸人である借主は、金銭消費貸借契約締結時までの事実関係に限らず、現にされている貸付金の返還請求時までの事実関係の中から、信義則違反の法的評価を根拠づける具体的事実を選択して主張・立証することになります。[66]例えば、契約締結時に、分割弁済金の支払を遅滞しても実際に名義貸人である借主に対して支払を求めることをしない旨貸主（またはその担当者）が述べたこと、現に分割弁済金の支払を遅滞する事態が発生したが、貸主と名義借人との間でその事態を処理したこと、といった事実関係を主張・立証することができるかどうかがポイントになります。

(7) 小　括

「決して迷惑はかけないから、借主名義を貸してほしいと依頼されて、借主になった。貸主も、この間の事情は了解している」といった主張は、よく耳にするのですが、その法的意味は必ずしも明らかではありません。

---

[65]　権利発生障害の抗弁および権利行使阻止の抗弁につき、司研・要件事実第１巻５～７頁を参照。

[66]　規範的要件とその評価根拠事実との関係につき、司研・要件事実第１巻30～33頁を参照。

　〈*Case* 2-⑦〉として取り上げた昭和59年東京高裁判決の考え方を基礎にして、〈*Case* 2-⑧〉では、平成7年最高裁判決（およびその原判決）と平成22年大阪地裁判決とを比較して検討しました。いわゆる名義貸しを抗弁にしようと考える場合に、民法93条ただし書の適用を主張するときとその類推適用を主張するときとで、主張と立証のポイントがどのようにオーバーラップし、どのように異なるのかについて、かなり明瞭なイメージをつかむことができたと思います。また、裁判官としての認定判断のポイントも、相当に明らかになったことと思います。

Ⅲ　借受金債務の消滅

1．弁済の成否が争われる紛争類型

　本項では、権利消滅の抗弁の代表というべき「弁済」の成否が争われる紛争類型を取り上げて検討することにします。

　改正前民法は弁済の意義ないし要件も弁済の効果も規定していませんでしたが、弁済とは、債務の内容をなす給付が実現されることによって債権が目的を達成して消滅することをいうと考えられており[67]、この点に異論はありませんでした。このような立場を前提として、改正民法473条は、「債務者が債権者に対して債務の弁済をしたときは、その債権は、消滅する」と規定しました。

　弁済の要件事実は、以下の⒜、⒝であるというのが判例の立場です[68]。

---

[67]　我妻榮『新訂債権総論（民法講義Ⅳ）』（岩波書店・1964年）214頁を参照。債務者は、弁済の提供の時から、債務の不履行によって生ずべき一切の責任を免れる（民法492条）のですが、弁済の提供によって債権が消滅するわけではありません。弁済と弁済の提供との違いを明確に理解しておく必要があります。

[68]　最2小判昭和30・7・15民集9巻9号1058頁。

> ⓐ　債権者に対して一定の給付がされたこと
>
> ⓑ　ⓐの給付が当該債権についてのものであること

　そこで、弁済の抗弁が争われる紛争としては、第1に、そもそも一定の給付がされたかどうかが争われる類型のもの、第2に、その給付が請求されている債権についてのものであったかどうかが争われる類型のものがあります。

　事実認定についての紛争であることを前提にすると、上記の2類型があると理解しておけばよいのですが、これら以外に、ⓐの給付が債務の本旨に従ったものであるかどうかが争われる場合があります。当該債権が契約に基づくものである場合には、当該契約における給付の主体・内容・時期等の合意内容を認定した（ここまでは事実認定の問題）上、これらを前提にしてその意味を明らかにする作業（これは契約の解釈の問題）をする必要があります。そして、現にされた給付が契約の解釈によって導かれた債務の本旨に従ったものといえるかどうかを判断することになります。このような紛争には、事実認定の問題のみならず、法律問題としての契約の解釈の問題が含まれているということになります。[69]

　弁済の抗弁は、貸金返還請求事件だけではなく、売買等の契約に基づく履行請求事件一般で主張され、争点になり得るものですが、便宜上、ここで検討しておくことにします。

　なお、判決において弁済の抗弁が判断の対象になるのは、消費貸借契約成立の請求原因事実が確定された後のことですが、被告としては、請求原因事実を「否認又は不知」として争いながら、弁済の抗弁を主張することもあり、このような抗弁を「仮定抗弁」と呼びます。[70]

---

[69]　契約の解釈の問題につき、前記Ⅰ5を参照。

[70]　実際の訴訟では、仮定抗弁として抗弁が提出されるのは珍しいことではありません。田中・事実認定71、90頁を参照。

２．弁済の抗弁の立証と問題の所在

前記１では、弁済の要件事実ⓐが争われる場合と同ⓑが争われる場合とがあると説明しました。これは要証事実による分類です。実際の紛争を証明方法によってみると、弁済の事実につき、①債権者作成の領収証・受領書等文書の形をした直接証拠（以下単に「領収証」といいます）が存在する場合と、②領収証が存在しない場合とに分類することができます。

(1)　領収証が存在する場合（類型①）

領収証は、金銭等を受領したという事実が記載されている文書ですから、その性質は報告文書です。処分証書と異なり、報告文書の場合には、その成立の真正が確定されたときであっても、その記載内容の真実性については慎重に吟味する必要があります。一口に報告文書といっても、法律上その作成・保存が義務づけられ、通常のビジネスの過程で作成され統一的に整理・保存されることが予定されている商業帳簿のような文書から、紛争になってから、時には訴訟が提起されてから作成される陳述書のような文書までさまざまなものが含まれていて、その記載内容の真実性にはかなりのばらつきがあるからです。[71]

判例は、大審院以来一貫して、報告文書の代表例である領収証については、特段の事情のない限り、その記載どおりの事実を認めるべきであって、そうしない場合には、判決理由中に首肯するに足りる特段の事情を説示しなければならないとしています。[72]　これは、事実認定上の判断を判決書に表現すべき事実審裁判所の負う民事訴訟法上の義務についての判断ですが、要証事実を証明するまたは反証する当事者またはその訴訟代理人にとっても、参考にな

71　これを、民事訴訟法学上、「実質的証拠力」という用語で説明します。

72　比較的最近のものとして最3小判平成11・4・13判時1708号40頁、古いものとして最1小判昭和32・10・31民集11巻10号1779頁を参照。各判決の詳細は、前者につき田中・事実認定196〜204頁を、後者につき伊藤眞＝加藤新太郎『〔判例から学ぶ〕民事事実認定』（有斐閣・2006年）142頁〔田中豊〕を参照。

る判断です。

　領収証にこのように高い実質的証拠力を認める理由は、①作成者である債権者が自らにとって基本的には不利益な事実（給付を受領した事実）を確認する性質のものである、②記載される事実の生起した直後に作成されるものである、③記載される事実が解釈の余地の少ない単純なものであって、誤りが混入する可能性が低い等にあります。したがって、「領収証」と題する文書であっても、これらの点に疑念を生じさせる事情がある場合には、真実性に疑いを差し挟むべき特段の事情があるということになります。[73]

　以上を整理すると、現在のわが国には、「領収証が存在する場合には、そこに記載されている金銭等の授受が実際にあったのが通常である」という経験則が存在し、かつ、この経験則の例外はそう多くないということです。

(2)　領収証が存在しない場合（類型②）

　そこで問題になるのは、「領収証が存在しない場合には、金銭等の授受が実際にはなかったのが通常である」という経験則が存在するかどうかです。取引としての行為である場合には、現在のわが国では、そのような経験則が一応存在するといってよかろうと思われます。しかし、私たちは、取引行為の場面であっても、さまざまな理由から、金銭等の授受が実際にあったのに領収証が作成されないことがあることを見聞しています。例えば、債権者がいわゆる「ヤミ金融業者」またはそれに類する者であり、領収証を作成・交付しないことを原則としていた、領収証を後日作成・交付することにしていたがそのままになった、債務者が債権者に対して遠慮するような関係があった、領収証を作成・交付しなくてもそれに代替するような文書があった等の事情が考えられます。[74]

　そうすると、「領収証なし→金銭等の授受なし」という経験則は、かなり

73　最2小判昭和41・12・2集民85号509頁は、作成日付が弁済した日よりも前の領収証につき、「その間の事情を明らかにしなければにわかに同書証をもって右弁済事実認定の証拠に供しえない」と判断しました。

74　以上につき、伊藤滋夫『事実認定の基礎』（有斐閣・1996年）101〜102頁を参照。

例外の多いものであって、**例外の有無を慎重に確認しないでは正しい事実認定をすることができない**ということになります。当事者またはその訴訟代理人としては、当該事案において「金銭等の授受があったのに領収証が作成・交付されなかった」理由を明確に意識して、弁済の立証にあたる必要があります。

　それでは、以上を念頭に置きつつ、領収証が存在する場合（類型①）→領収証が存在しない場合（類型②）の順に、事例演習によって理解を深めることにしましょう。

3．事例演習①──領収証が存在する場合（類型①）
（〈*Case* 2 -⑨〉）

⑴　事案の概要

　借主をX、貸主をYとする準消費貸借契約についての金銭消費貸借契約公正証書につき、XがYに対して請求異議の訴えを提起したという事件において、旧債務の存否が問題になりました。

　〈*Case* 2 -⑨〉は、最3小判昭和46・3・30判時628号45頁を素材にしたものですが、領収証による弁済の認定というテーマに絞って事案を簡略化して紹介することにします。事案の概要は、以下のとおりです。

┌─〈*Case* 2 -⑨〉──────────

【当事者の主張と立証】

①　Xは、貸金業者Y社を被告として、昭和41年2月18日付けの金額100万円の金銭消費貸借契約公正証書（本件公正証書）につき、その一部の執行力の排除を求めて請求異議訴訟を提起した。

②　Y社は、Xに対し、昭和40年1月25日から同年11月29日までの間に8回合計79万6480円を貸し付けていたところ、昭和41年2月18日に20万3520円を貸し付けたため、同日、それらをまとめて準消費貸借契約を締結し、本件公正証書を作成したと主張した。

③　第1審において、Xは、Y社の主張する9口の旧債権のうち、ⓐ昭

和40年1月25日に10万円（弁済期2月23日）、ⓑ4月2日に15万円（弁済期5月1日）、ⓒ4月16日に10万円（弁済期5月15日）、ⓓ6月3日に6万円（弁済期7月2日）の4口合計41万円を借り受けたことを認めたが、その余を否認した。そして、Xは、昭和41年2月18日までに23万100円を弁済したと主張し、その証拠として甲2号証の1ないし41の領収証を提出した。

④　Y社は、Xの主張する弁済のうち19万2600円分を認めたが、その余を否認した。また、Y社は、甲2号証の2（昭和40年2月11日付けの1万円の領収証）と同号証の35（昭和40年12月25日付けの1万2700円の領収証）につき、本件旧債権に対する弁済金の領収証ではないと主張した。

⑤　原審（控訴審）において、Xは、昭和40年12月13日に1万円を、昭和41年1月28日に3000円を弁済したと主張した。Y社も、これらの弁済を認めた。

【弁済に係る原判決の認定】

　仙台高等裁判所は、Xが第1審で主張した弁済につき、「成立に争いのない甲2号証の1ないし41と前示争いのない事実とを総合すると別紙目録第2記載のごとくであり」とし、甲2号証の2によって昭和40年2月11日の1万円の弁済を、同号証の35によって同年12月25日の1万2700円の弁済を認めた。

[関係図]

X ────────→ Y社　請求異議訴訟提起（本件公正証書）
（借主）　　　（貸主）

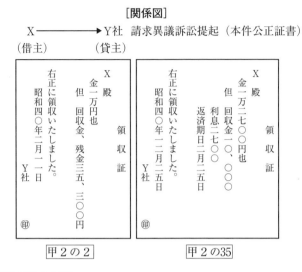

甲2の2　　　　　　　　甲2の35

(2)　最高裁判所の判断

　最高裁判所は、甲2号証の2と35の領収証による各弁済の認定につき、概略、以下のとおり判断しました。

① まず、甲2号証の2についてみると、同証は、Y社がXから1万円を領収した旨の昭和40年2月11日付け領収証であるが、その表面には「但回収金、残金35,300円」と記載されている。しかるに、原審の確定するところによれば、ⓐ本件旧債務のうち昭和40年2月11日において存在する債務は昭和40年1月25日貸付けに係る10万円の1口のみであり、2月11日以前に右債務額から減少すべき金額としては、貸付けの日に利息として天引を受けた6000円があるにすぎないから、右1万円の弁済によってその債務残額が3万5300万円となることはありえないのである。しかも、ⓑその債務の弁済期は同年2月23日であり、また、弁済期限までの利息の天引きを受けた者がその期限到来前に元本を弁済することも、特段の事情のないかぎり、にわかに首肯できないことであり、同号証をもって右旧債務に対する弁済金の領収証である

と認めることには強い疑念を抱かざるをえない。

⒤　次に、同号証の35についてみると、同証は、Ｙ社がＸから１万2700円を領収した旨の昭和40年12月25日付け領収証であるが、その表面には「回収金10,000、利息2700、返済期日２月25日」と記載されている。しかるに、原審の認定した前記４口の本件旧債務の中には弁済期を２月25日とする債務は存在しないのである。

⒥　のみならず、甲２号証の１ないし41を通覧すると、同号各証は作成日付順に枝番号が付されているのであるが、同号証の１、２および35が縦書の領収証であるのに対し、同号証の３以下のその余の同号各証はいずれも横書で、領収金額をアラビア数字で記入するものであるなどその様式を全く異にするのに、縦書様式の甲２号証の35が忽然と横書様式によるその余の領収証の間で作成交付されたことになり、特段の事情の存することが窺われないではないのである。

⒦　右のような各書証における記載、態様などの特異性とＹ社の主張に符合するＹ社代表者本人の供述とを合わせるならば、甲２号証の２および同号証の35の領収証による弁済金が本件旧債務以外の債務の弁済として支払われ、充当されたものである旨のＹ社の主張はにわかに排斥しがたいものがあるのであるから、かかる強い疑念のある書証を旧債務に対する弁済の事実を認定する資料に供するについては、特段の説明を要するものといわざるをえない。

しかるに、原判決は、右各証の採証の事情については何らの説明を加えることなく、これらを唯一の証拠として、旧債務につき前示各金額の弁済があった事実を認定しているのであって、その事実認定には、採証法則違背があるか、または審理不尽、理由不備の違法があるものというべきである。よって、同旨をいう論旨は理由があり、原判決中Ｙ社敗訴の部分は破棄を免れない。

最高裁判所は、第１に、上記⒤、⒥において、事実審裁判官にとって初歩

的なものともいうべき**領収証による金銭の弁済の認定につき、記載内容を確認し、争いのない当事者の主張や確実に認定できる他の事実と整合するものであるかどうかを検討するという基本的作業を疎かにしてはならないことを指摘しています。**

　そして、第2に、上記⑩において、文書の記載内容のみならず、その体裁にも問題がないかどうかに注意する必要があることを指摘しています。

　以上のまとめとして、第3に、上記⑭において、証拠である文書の記載、態様等に特異な点が存する場合には、特異な点があっても要証事実の証拠として信用することのできる理由を説示すべきことを述べたうえで、そのような理由を説示しない場合には、事実審裁判所の自由心証の範囲を逸脱したものとして、認定に係る問題であっても採証法則違背、審理不尽の違法等の法律問題になることを明らかにしています。

　この判決は、最高裁判所が事実認定の基本問題を取り上げて、事実審裁判所の審理の仕方および判決理由の記載の仕方についての警鐘を鳴らしたものと理解することができます。証拠を提出する第一次的責任を負う当事者とその訴訟代理人にとっても、参考になる判決です。

⑶　〈*Case* 2-⑨〉の主張・立証の構造

　〈*Case* 2-⑨〉は、公正証書の執行力の排除を求める請求異議訴訟ですから、Ｘは、請求原因として、強制執行の受諾文言付きの公正証書の存在を主張すれば足ります。[75]

〈請求原因事実〉	
㋐　ＸとＹ社との間に昭和41年2月18日付けの金額100万円の強制執行受諾文言付金銭消費貸借契約公正証書（本件公正証書）が存在する。	○

---

[75]　請求異議訴訟の主張・立証責任につき、司研・判決起案の手引「事実摘示記載例集」19頁を参照。

　これに対し、Ｙ社は、抗弁として、本件公正証書に記載されている請求権の発生原因事実と本件公正証書の成立とを主張することになります。

┌─〈抗弁事実〉─────────────────────────┐
│　あ　Ｙ社とＸとの間で、昭和41年２月18日、昭和40年１月25日か　│　×　│
│　　　ら昭和41年２月18日までの９口の貸金債務を旧債務とする金額　│　　　│
│　　　100万円の準消費貸借契約を締結した。　　　　　　　　　　　　│　　　│
│- │- - -│
│　い　昭和41年２月18日、Ｙ社とＸとが本件公正証書の作成を嘱託　│　○　│
│　　　し、Ｘが強制執行受諾の意思表示をした。　　　　　　　　　　　│　　　│
└─────────────────────────────────┘

　準消費貸借契約については、債権者は旧債務を特定すれば足り、債務者においてその不存在を主張・立証すべきであるとするいわゆる被告説と、債権者において旧債務の発生原因事実を主張・立証すべきであるとするいわゆる原告説とが対立しています。[76]最２小判昭和43・２・16民集22巻２号217頁が被告説をとっているので、前記あの記載は、一応、被告説によっています。

　そうすると、〈*Case* 2 -⑨〉では、Ｘが再抗弁として、Ｙの特定した５口の旧債務の不成立、および４口の旧債務についての一部弁済を主張することになります。

┌─〈再抗弁事実〉─────────────────────┐
│　ⓘ　Ｘは、抗弁事実あの９口の貸金債務のうち、５口につい　│　　×　　│
│　　　ては借り受けていない。　　　　　　　　　　　　　　　　│　　　　　│
│- │- - - - -│
│　ⓤ　Ｘは、Ｙ社に対し、昭和40年１月25日から昭和41年２月　│　一部○　│
│　　　18日までの間に、その余の４口について合計24万3100円を　│　その余　│
│　　　弁済した。　　　　　　　　　　　　　　　　　　　　　　│　　×　　│
└─────────────────────────────┘

　前記１、２において「弁済の抗弁」として説明してきたため、弁済は必ず

76　準消費貸借契約に基づく新債務の履行請求訴訟の主張・立証責任につき、司研・判決
　　起案の手引「事実摘示記載例集」６頁を参照。

抗弁として主張されるものと考えられたかもしれませんが、〈*Case* 2 -⑨〉は、請求異議訴訟であるため、弁済は再抗弁に位置付けられます。しかし、債務者が弁済を主張・立証すべきことに変わりはありません。

⑷ 〈*Case* 2 -⑨〉から汲み取るべきレッスン

前記1で、弁済の有無が争われる類型には、第1に一定の給付がされたかどうかが争われる類型が、第2に当該給付が請求されている債権についてのものであったかどうかが争われる類型がある、と説明しました。〈*Case* 2 -⑨〉は、第2の類型に属するものです。

〈*Case* 2 -⑨〉の特徴は、債権者であるY社と債務者であるXとの間にかなり多数の貸借が存在したところにあります。Xは、Y社の主張する9口の旧債務のうち4口のみの発生を認め（自白し）、その債務に対する2回の弁済（再抗弁事実㋨の一部）を証明する証拠として甲2号証の2と35とを提出したのです。

㋐　甲2号証の2の領収証

最高裁判所が前記⑵の①で指摘するように、Xが昭和40年1月25日に元本10万円（天引利息6000円）を借り受けたこと、同年2月11日に1万円を弁済したことに争いがないのですから、甲2号証の2の（残元本が3万5300円である旨の）記載内容が正しいことを前提にする限り、これが昭和40年1月25日貸付け分の領収証であるためには、借入日から2週間程度の間に約5万円程度の別の弁済がなければなりません。

このように順を追って検討すれば、Xとしては、ⓐ甲2号証の2の記載内容が誤りであること、またはⓑ昭和40年1月25日から同年2月11日までの間に別に約5万円の弁済をしたこと等の事実を立証する必要に迫られていたことを理解することができます。本判決は、このような例外的事実を「特段の事情」と呼んでいます。

このうちのⓐは、記載された日に作成され、X自身が異議なく受領して保管していたものを本件訴訟に証拠として提出しているという本件の事情、それに加えて、前記2⑴のとおりの領収証の一般的な性質からして、これを立

証するのは極めて困難であると考えられます。また、Xは、ⓑを証明することができるような証拠を有していなかったことが明らかです[77]。

そうすると、甲２号証の２の領収証は、本件旧債務とは別口の債務についての弁済であるとの心証に至るのが合理的だということになります。

⑴　甲２号証の35の領収証

この領収証について、Xの主張する４口の旧債務に対する弁済であるとの認定に決定的な疑念を生じさせるのは、「返済期日２月25日」との記載です。４口の旧債務の中に返済期日を２月25日とするものがないのですから。

特段の事情として考えられる主張としては、領収証上の「返済期日２月25日」の記載は弁済した旧債務についての記載ではなく、Y社が延長することとした新たな弁済期の記載であるといったものですが、これまた、Xが立証するのは困難ですし、実際にもそのような主張・立証はされていません。

⑼　利息天引きに係る経験則、様式の整合性等

最高裁判所は、前記⑵のⓘにおいて、甲２号証の２の領収証につき、「利息を天引きされた場合には、通常、債務者は期限前に元本を弁済することはない」という経験則を持ち出しています。また、前記⑵のⓘⓘⓘにおいて、同号証の35の領収証につき、様式の不整合を指摘しています。

これらは、当事者および訴訟代理人として、立証のポイントとして参考になります。しかし、前者については、領収証上の記載内容に関する経験則と比較すると、例外事情が幅広く存在すると考えられます。また、後者については、成立の真正に争いのないケースでどの程度意味があるのかについては、疑問の余地もあります。特に、将来の紛争を見越して故意に種々の様式の領収証や会社印を使い分ける貸金業者がいることも考えられますから、事件の当事者の属性等に左右されることでもあり、どれほど一般的に通用するのかには慎重な吟味が必要です。

77　本文⑵ⓘⓘⓘで最高裁判所が判示するように、Xは、領収証を甲２号証の１ないし41と整理して提出しているのですから、これら以外にはY社から交付を受けた領収証はないものと思われます。

　しかし、そのような限界をわきまえておけば、一応の経験則として利用価値があると思われます。

⑸　小　括

　〈Case 2 -⑨〉は、消費貸借契約に限らず、さまざまな事件で争われる「弁済」の立証と事実認定について検討しました。

　当事者またはその訴訟代理人としては、報告文書の代表である領収証であっても、やみくもに提出するのでなく、その記載内容をよく吟味して提出するのでないと、立証に成功することを望むことはできないことを理解することができたと思います。

　また、事実審裁判所としては、領収証のような簡明な文書についても、記載内容を精査することを怠ると、合理的な事実認定に到達することができないことを示しています。

　法律実務家として、汲むべきレッスンの多い事例演習であると思われます。

4．事例演習②──領収証が存在しない場合（類型②-Ａ）（〈Case 2 -⑩〉）

⑴　弁済に関する紛争類型の整理

　弁済の成否に関する紛争を類型化する指標としてさまざまなものを考えることができますが、実務的には次の2つの指標によって整理しておくのが有用です。第1は要証事実による分類であり、第2は証拠方法による分類です（前記2では、領収証がある場合を類型①と、領収証がない場合を類型②としました）。

　これを、表にしたのが〈表2〉です。

　この分類によると、紛争類型を4つに整理することになります。

〈表2〉　消費貸借契約の弁済に関する紛争類型

証拠方法／要証事実	領収証あり（類型①）	領収証なし（類型②）
給付の有無（類型 A）	① - A	② - A [事例演習②]
給付と債権との関係（類型 B）	① - B [事例演習①]	② - B

　類型①-Aは、領収証があるのに、給付の有無が争われるというものです。前記3で説明したように、領収証がある場合には、特段の事情のない限り、その記載どおりの事実を認めるべきであって、そうしない場合には、判決理由中に首肯するに足りる特段の事情を説示しなければならないというのが判例の立場ですから[78]、当該領収証の成立の真正に争いがないまたは成立の真正が証拠によって認定されたときは、そこに記載されているとおりの給付の存在が認められるというのが大多数のケースです。そこで、類型①-Aに属する事件における主戦場は、当該領収証の成立の真否ということになるのが通常です。

　類型①-Bは、領収証はあるものの、そこに記載されている給付がどの債権についてのものであるかが争われるというものです。世の中によくある紛争であり、特に、借入れと弁済とを繰り返している場合には、この類型の紛争になります。〈*Case 2 -⑨*〉は、まさにこの紛争類型に属するものです。

　類型②-Aは、領収証がないために、給付の有無が争われるというものです。類型①-Bと並んで、世の中によくある紛争です。前記2で説明したように、「領収証なし→金銭等の授受なし」という経験則は、かなり例外の多いものであるので、裁判官としては、例外の有無を慎重に検討して正しい事実認定に到達するように心がける必要があります。当事者またはその訴訟代理人としては、当該事案において金銭等の授受があったのに領収証が作成・

78　前記2⑴を参照。

交付されなかった理由を明確に意識して、弁済の立証にあたる必要があります。下記の〈*Case* 2 -⑩〉は、類型② - Aに属する紛争です。

　類型② - Bは、領収証はないものの、別に証拠があるなどして給付の有無には争いがなく、当該給付がどの債権についてのものであるかが争われるというものです。かなり特殊な紛争類型であり、そう頻繁にお目にかかる紛争ではありません。

(2)　事案の概要

　〈*Case* 2 -⑩〉は、貸主Xが借主Yに対して消費貸借契約に基づき貸金の返還を求めて訴えを提起したところ、Yが債務を完済したと主張して争ったという事件です。

　最 2 小判昭和38・ 4 ・19集民65号593頁を素材にしたものです。事案の概要は、以下のとおりです。

〈*Case* 2 -⑩〉

【当事者の主張と立証】

①　Xは、Yに対し、昭和28年 5 月16日、30万円を貸し付けた。

②　Yは、Xに対し、昭和28年 7 月21日に10万円、同年11月19日に 1 万円を弁済し、さらにその後19万円を弁済し、結局、本件貸金債務を完済したと主張した。

③　Yは、自ら保有する本件貸付けの借用証を乙 1 号証として提出した。

【弁済に係る原判決の認定】

　福岡高等裁判所は、Yの主張する②の弁済のうち、10万円と 1 万円の合計11万円の弁済を認めたものの、残額完済を認めるに足りる適確な証拠がないとし、YにおいてXに対して19万円の支払をすべき旨判断した。

[関係図]

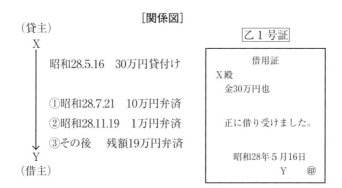

(貸主)
X
　　　　昭和28.5.16　30万円貸付け

　　　　①昭和28.7.21　10万円弁済
　　　　②昭和28.11.19　1万円弁済
　　　　③その後　残額19万円弁済
Y
(借主)

乙1号証

借用証
X殿
　金30万円也

正に借り受けました。

昭和28年5月16日
　　　　　Y　　㊞

(3)　最高裁判所の判断

最高裁判所は、上記(2)の残額19万円弁済の争点につき、概略、以下のとおり判断しました。

> ①　右30万円の借用証であることに争いのない乙1号証が貸主たるXの手許にはなくて、借主たるYの手中にある事実をもって、右完済を立証する趣旨であることが明白な本件において、ほかにも右完済の事実を窺わしめる証拠のある以上、右証拠価値の有無について十分納得のいく理由説示を要する。
>
> ⅱ　原判決が右の取捨につき何ら明確な判断を示すことなしに、ただ漫然、右残額完済を認めるに足る適確な証拠がないとした点に、審理不尽ないし理由不備があるものというべく、原判決はYの敗訴部分に関する限り爾余の論旨につき判断するまでもなく破棄を免れず、原裁判所に差し戻すべきものといわなければならない。

(4)　最高裁判所の使用した経験則

上記(3)の最高裁判所の判断①は、以下のとおりの経験則が存することを前提とするものです。

---〈借用証の所在に関する経験則〉---------------

　借用証は、①債務が完済されるまではその差入れを受けた貸主の手許に存するのが通常であり、他方、②債務が完済されたときは貸主から借主に返還されるのが通常である。

　最高裁判所は、このような経験則が存する以上、**被告とされた借主が自ら保有しているとして借用証を証拠として提出した場合には、仮に被告において立証趣旨を明示しなかったとしても、事実審裁判官としては、債務完済を証明するという目的での証拠提出であると理解したうえで、弁済の抗弁という争点についての心証形成をし、判決理由中に当該借用証の証拠価値についての判断を当事者が納得するように丁寧にしなければならない**旨を判示しています。

　最高裁判所がここで「証拠価値」というのは、証拠資料（〈*Case* 2-⑩〉では乙1号証）が要証事実（〈*Case* 2-⑩〉では「YがXに対して30万円の貸金債務を完済した」という抗弁事実）の認定に役立つ程度をいいます。「証拠力」または「証明力」という用語を使うこともあります[79]。

　そして、上記の経験則②が存することを前提にすると、借主が当該貸付けに係る借用証を保有している場合には、貸付金が完済されているのが原則ですから、貸主の側で、「貸付金が完済されていないにもかかわらず、借主が借用証を保有するに至った例外的事情があること」を立証する必要があるということになります。

　上記(3)の最高裁判所の判断⑪は、事実審裁判所に対し、借主が当該貸付けに係る借用証を保有しているにもかかわらず、貸付金の完済を認めるに足りないと判断する場合には、そのような例外的事情があることを判決理由中に明示しておくことを要求しています。事実審裁判所がそうしない場合には、その事実認定は経験則違反の違法がある[80]ということになります。

79　田中・事実認定57頁、153頁を参照。

(5)　検証としての文書の証拠調べ

　事実審裁判所がその五官の作用によって事物の形状・性質・状況等を直接に知覚・認識し、その結果を証拠資料とする証拠調べを「検証」といいます。

　〈*Case* 2 -⑩〉において、Ｙは自分の手中にある借用証を乙１号証として提出し、事実審裁判所も同借用証を書証として証拠調べを実施しました。しかし、ここで問題になっている経験則は、借用証の所在に関するものであり、弁済の抗弁の成否に関する事実認定をする裁判所にとって意味のある事実は、「借主Ｙの作成した借用証の原本を、Ｙが保有しているのか、貸主Ｘが保有しているのか」という点にあります。**これは、借用証の記載内容を証拠資料とするのではなく、借用証という有体物の「所在」を直接に知覚・認識してその結果を証拠資料とする証拠調べですから、文書を対象とする証拠調べではあっても、その性質は書証ではなく検証ということになります。**

　〈*Case* 2 -⑩〉は、文書を対象とする証拠調べの中に、書証の性質を有する場合と検証の性質を有する場合とがあることを認識させるものでもあります。

(6)　〈*Case* 2 -⑩〉以外の参考例──最３小判平成７・５・30

　〈*Case* 2 -⑩〉において、債務を完済したのに借主が貸主から領収証を受領することをしなかったのは、借主において、領収証の作成・交付を受けなくても、当該債務の根幹をなす契約書である借用証の返還を受けることで足りると考えたことが理由であると思われます。

　最３小判平成７・５・30判時1554号19頁は、金銭の受領と交付とを内容とする準委任契約の委任者Ｘが受任者Ｙに対して委託した金員の交付債務の履行を請求した事件です。[81]Ｙは、「Ｙは、Ｘに対し、委託を受けた債務の履行として金員を交付した」と弁済の抗弁を主張しました。ＹはＸから領収証を受領しておらず、弁済の抗弁の成否が争点になったため、Ｙは、Ｘに実際に

80　〈*Case* 2 -⑩〉の素材とした前掲最２小判昭和38・４・19は、「審理不尽ないし理由不備」と表現していますが、その実質は経験則違反というべきでしょう。

81　前掲最３小判平成７・５・30についての詳細な検討は、田中・事実認定187頁以下を参照。

金員を交付した Z 農協の職員 A を証人として申請しました。

　控訴審は、「現金の支払を証する書類がないということは、現金の支払がないという推定を働かせる」との理由を述べて、証人 A の証言の信用性を否定し、弁済の抗弁を排斥しました。

　控訴審のこの判断につき、最高裁判所は、概要、①Z 農協は、Y の預金の払戻しにつき、Y から「預金払戻請求書」を徴求しているところ、②Z 農協において、預金払戻しの手続としては①の手続で完全であって、X に対する金員交付は預金者である Y と X との間の問題であるとして、X から領収証をとっておくといった措置をとらなかった処理にも無理からぬものがあるから、③X の領収証が存しないことのみから証人 A の証言を信用できないということはできない、と判断しました。

　この最高裁判所の判断もまた、**「領収証が存在しない場合には、金銭等の授受が実際にはなかったのが通常である」という経験則には多くの例外があること**を雄弁に語るものです。

(7)　小　括

　〈*Case* 2 -⑩〉では、金銭等の授受についての領収証が存在しない場合における「弁済の抗弁」の事実認定上の問題と立証方法とについて検討しました。

　「逆必ずしも真ならず」という格言があります。前記 2(1)で検討したように、「領収証が存在する場合には、そこに記載されている金銭等の授受が実際にあったのが通常である」という経験則が存在し、かつ、この経験則の例外はそう多くはありません。これに対し、「領収証が存在しない場合には、金銭等の授受が実際にはなかったのが通常である」という経験則には多くの例外があることを実例によって理解することができました。

　また、〈*Case* 2 -⑩〉は、文書につき、その記載内容によってではなく、その所在いかんによって事実認定または立証に資することがあるという観点をも教えるものになっています。そうと明確に意識しないうちに、書証ではなく、検証としての証拠調べをしていることがあることを知ることができます。

第 **3** 章

賃貸借

I 賃貸借か使用貸借か

1．不動産の利用をめぐる紛争の類型

　不動産訴訟は、現在でもわが国の民事訴訟において非常に大きな部分を占めています。請求の態様としては、登記手続または占有の移転（明渡し）を求める等さまざまなものがあります。他方、これら請求の態様いかんにかかわらず、当事者間に成立した契約の性質が訴訟上の争点になることがあります。第1章Ⅳでは、土地について成立した契約が売買であるのか賃貸借であるのかが争われる紛争について検討しました。親族間での紛争には、建物およびその敷地についての契約が売買であるのか使用貸借であるのかが争点になるものもあります。[1]

　本項では、建物の利用が賃貸借契約に基づくものであるか使用貸借契約に基づくものであるかが争われた紛争を取り上げて、当事者としての主張・立証または裁判官としての事実認定の基本を学ぶことにします。

2．賃貸借契約と使用貸借契約との異同

(1)　要件における異同

　賃貸借契約（民法601条）と使用貸借契約（同法593条）とは、いずれも当事者の一方が他方に対して目的物の占有権原を設定する契約である点において共通しています。

　改正前民法は、典型契約としての賃貸借契約と使用貸借契約につき、その成立要件に2つの大きな相違点を設けていました。

1　最3小判平成10・12・8判時1680号9頁は、親族間において売買であるか使用貸借であるかが争われたものです。同判決についての詳しい検討として、田中・事実認定95〜102頁を参照。

　第1は、賃貸借契約は諾成契約（賃貸人と賃借人との間の意思表示の合致のみによって成立する契約）であるのに対し、使用貸借契約は要物契約（使用貸人が使用借人に対して目的物を交付して初めて成立する契約）であることです。

　第2は、賃貸借契約は賃借人が使用収益の対価として賃料を支払うことを約することが成立の要件であるのに対し、使用貸借契約は使用収益の対価を伴わない（無償である）ことを約することが成立の要件であることです。

　以上に対し、改正民法593条は、使用貸借契約を諾成契約とすることとし、上記第1の点を変更しました。そのうえで、改正民法593条の2の規定を新設し、使用貸主は、使用借主が借用物を受け取るまでは、書面による契約である場合を除き、契約を解除することができることとしました。これは、改正民法550条が書面によらない贈与契約における贈与者に解除権を付与するのと同様、使用貸借契約が無償契約であるという上記第2の点を考慮したものです。

⑵　効果における異同

　両契約とも、契約が終了したときに、借主において貸主に対して目的物を原状に復して返還する権利と義務が生じる点において共通しています。改正民法593条は使用貸借契約につき、改正民法601条は賃貸借契約につき、各条文に「契約が終了したときに返還することを約することによって」と付加することによってこの点を明確化しています。

　他方、両契約の大きな相違点は、目的物が不動産である場合に、賃貸借契約においては、賃借人の保護を理念とする借地借家法（旧借地法と旧借家法）によって、さまざまに賃借権の存続が保護されているのに対し、使用貸借契[2]

2　借地借家法は、建物所有目的の土地賃借権につき、①存続期間を最短で30年とし（借地借家法3条）、②土地上に賃借人を登記名義人とする建物を所有することによって土地賃借権を第三者に対抗することができることとし（同法10条1項）、建物賃借権につき、①期間の定めがあっても、不更新によって終了させるためには「正当の事由」を要することとし（同法28条）、②その引渡しによって建物賃借権を第三者に対抗することができることとする（同法31条1項）等、賃借権保護のためのさまざまな制度を導入しています。

約の場合には、このような特別法の保護を受けることがないばかりか、改正
前民法599条（改正民法597条3項）の規定により、使用借人の死亡によって
その効力を失うこととされているところにあります。

　このように、目的物が不動産の場合には、成立した1つの契約が賃貸借契
約であるか使用貸借契約であるかによって法的効果に大きな相違が生じるた
め、この点が訴訟において争点として浮上することになります。

3．契約の性質──賃貸借か使用貸借か──に関する経験則

(1)　対価性の有無がポイント

　不動産の所有者が当該不動産を占有している者に対して明渡しを求めると
いう典型的な不動産明渡請求訴訟において、その占有権原が賃借権であるか
使用借権であるかが争点になっている場面を想定すると、改正前民法が適用
される事案においても、当然のことながら、前記2(1)の「要件における異
同」のうち第1の要物性の有無によって決せられるという事態はほとんどな
く、第2の対価性の有無によって決せられるということになります。

　さらに、先鋭に争われることになるのは占有者が何らかの出捐をしている
場合であり、結局、「当該出捐が目的不動産の使用収益に対する対価である
かどうか」という形で問題になります。

　そこで、この点について有用な経験則を整理しておきましょう。

(2)　第1原則──適正賃料額かどうか

　賃貸借契約の本質は、借主が使用収益の対価である「賃料」を支払うとこ
ろにありますから、客観的な観点からして使用収益の対価として相当な金額
（これを「適正賃料額」といいます）であるのが原則です。

　そこで、借主の出捐が目的不動産の所在地、規模（面積）、性質等を勘案
して適正賃料額の範囲から外れて低廉な場合は、原則として、当該出捐は目
的不動産の使用収益に対する対価であるとはいえず、結局、その契約を賃貸
借契約とはいえないということになります。これが対価性を検討するのに使
用する経験則の第1原則です。

174

(3)　第2原則──当事者間の特別な関係の有無

　このように、対価性を検討するための第1原則は、適正賃料額が合意され
それが支払われていたかどうかにあります。しかし、**借主の出捐が適正賃料
額の範囲を超えて低廉である契約の場合（例えば、適正賃料額の半額である場
合）に、その出捐をもって使用収益の対価とする旨の合意が当事者間に成立
したときは、当該契約を賃貸借契約でないということはできません。**これは、
売買契約を締結する場合には時価をもって代金額としなければならないとい
えないのと同じことです。

　そうすると、借主の出捐が適正賃料額の範囲を超えて低廉である場合で
あっても、その出捐をもって使用収益の対価とする旨の合意が当事者間に成
立してもおかしくないような「特段の事情」があるかどうかを検討する必要
があります。

　「特段の事情」にあたるものとしてすぐ想起されるのは、貸主と借主との
間の「特別な関係」（親族関係、友人関係、労使関係等）です。借主のする直
接の出捐が低廉である場合に、適正賃料額との差額分は貸主と借主との間の
特別な関係によって埋め合わせられていると考えられるようなときは、当事
者間に特別な関係があることが第1原則の例外として働く経験則ということ
になります。

　ただし、借主の出捐がある程度を超えて低廉であって、使用貸借契約に付
随する「負担」にすぎないと考えられるような場合には、当事者間に特別な
関係があることは、むしろ、対価性を否定する方向に働くマイナス・ファク
ターになりますから、注意を要します。

　これを整理すると、**「当事者間の特別な関係」は、借主の出捐の低廉さの**

3　本文の適正賃料額についての考え方は、売買か賃貸借かを扱った第1章Ⅳ3(1)におけ
　る「目的物の時価相当額」の検討の仕方と同旨のものですから、復習してください。
4　我妻榮『債権各論上巻（民法講義Ⅴ₁）』（岩波書店・1954年）49頁は、「対価的な意義
　があるかどうかは、客観的に定められるものではなく、当事者の主観で定められる」と
　説明しています。

程度次第で、**対価性を肯定する方向に働くプラス・ファクターになるときと、これを否定する方向に働くマイナス・ファクターになるときとがある**ということです。一筋縄ではいきませんが、このあたりの微妙さを理解できるようになることが、事実認定ないし契約解釈の力が一段階アップしたということなのです。

4．事例演習（〈*Case* 3 -①〉）

以上を念頭に置いて、最 1 小判昭和41・10・27民集20巻 8 号1649頁（以下単に「昭和41年最高裁判決」ともいいます）を素材にして、建物の貸借関係が賃貸借であるか使用貸借であるかが問題になった紛争の実際を検討してみましょう。

⑴　事案の概要

本件建物の所有者Xがその占有者Yに対し、所有権に基づいて本件建物の明渡しを求めて訴えを提起したところ、Yは、本件建物の前々主Aとの間で賃貸借契約を締結し居住してきたから、Xに対して賃借権を対抗することができると主張して争いました。

〈*Case* 3 -①〉における当事者の主張および原判決の認定した事実を整理すると、以下のとおりです。

┌─〈*Case* 3 -①〉────────────

【当事者の主張】

（Xの主張）

ⓐ　Bは、昭和33年 6 月ころ、債務者をAとする抵当権に基づく競売により本件建物を競落したのであるが、Xは、Bから、昭和36年10月、本件建物の遺贈を受けた。

ⓑ　そこで、Xは、本件建物に居住するYに対し、所有権に基づき、本件建物の明渡しを求める。

（Yの主張）

ⓐ　Yは、Aから、昭和26年 2 月ころ、A所有の本件建物を賃借し居住

を開始した。その賃貸借契約は、期間の定めなく、本件建物を含むA
所有の不動産に対して課せられる固定資産税をYがAのために代納し、
これをもって賃料を支払ったこととする旨の約定によるものであった。

ⓑ　したがって、Yは、Yの賃借権取得後に本件建物の所有権を取得し
たXに対し、賃借権を対抗することができる。

【原判決の認定事実】

①　Aは、又従弟であるYを学生のころから世話してきた関係があり、
本件建物の完成したころ、Yが家に困っていたので、Yの面倒をみて
やるつもりで家賃をとるようなことは考えず、Yに対し、期間も賃料
も定めずに本件建物を使用させることにした。

②　本件建物の競売事件に係る執行吏作成の昭和32年8月31日付け賃貸
借調査報告書（甲4）には、本件建物につき、「右建物ハ所有者ニ於
テ賃貸借関係ハアリマセン但シ同建物ハ所有者ニ於テハY（所有者ト
従弟関係）ニ昭和二十四年二月以降敷金ナク期限及月家賃ノ定メナク
無料デ使用セシメテオリマス（理由YハA所有ノ不動産ニ対スル固定資
産税ヲYガ納入スルコトヲ条件デ敷金、期限、月家賃ハ定メテオリマセン）」
との記載がある。

③　Yは、昭和25年ころから32年ころまで、Aほか9名所有名義の不動
産に対する固定資産税のみならず、Aらの市民税等を支払っていたと
ころ、その総額は合計14万7710円である。昭和33年6月ころの本件建
物の適正賃料は、年額約11万8000円である。

【契約の性質についての原判決の判断】

　YがAとの間で上記③のとおりの固定資産税等の支払を約したとし
ても、これにより本件建物の賃料を定めたものと認めるに足りないか
ら、本件建物の貸借は、使用貸借であって賃貸借ではないと解するの
が相当である。

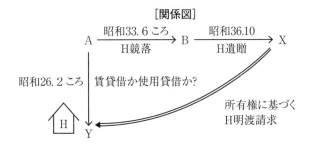

[関係図]

A ── 昭和33.6ころ H競落 ──▶ B ── 昭和36.10 H遺贈 ──▶ X

昭和26.2ころ　賃貸借か使用貸借か？

H

Y

所有権に基づく H明渡請求

(2)　最高裁判所の判断

　最高裁判所は、本件建物の貸借関係につき、概略、以下のとおり判断しました。

ⅰ　建物の借主がその建物等につき賦課される公租公課を負担しても、それが使用収益に対する対価の意味をもつものと認めるに足りる特別の事情のないかぎり、この負担は借主の貸主に対する関係を使用貸借と認める妨げとなるものではない。

ⅱ　しかして、原審の事実認定は挙示の証拠によって肯認し得、かかる事実関係の下においては、本件建物の借主たるＹがその建物を含む原判示各不動産の固定資産税等を支払ったことが、右建物の使用収益に対する対価の意味をもつものと認めるに足りる特別の事情が窺われないから、Ｙと建物の貸主たるＡとの関係を使用貸借であるとした原審の判断は相当として是認し得る。

---

(3)　最高裁判所の判断の意義

　〈*Case* 3 -①〉で取り上げた最高裁判例は、建物の貸借関係を使用貸借であるとした事例判例です。前記(2)ⅱが事例判例部分です。同ⅰは、〈*Case* 3 -①〉におけるあてはめの判断の前提として、前記3(1)で説明した賃貸借と使用貸借との要件における相違点についての判例の立場を確認するものです。[5]

　前記(2)ⅱにおける「借主の出捐が使用収益に対する対価の意味をもつかどうか」の判断をするにあたって使用した経験則は、前記3(2)で取り上げた第1原則（適正賃料額かどうか）です。すなわち、前記(1)の【原判決の認定事実】③によると、**YがAのために代納した公租公課の金額は適正賃料額の15%程度にすぎない**のですから、**第1原則からすると、Yの出捐が本件建物の使用収益に対する対価の意味があったというのは困難である**ということになります。

　そして、最高裁判所は、前記(2)ⅱにおいて、Yの現実の出捐の適正賃料額からの低廉さの程度以外に、前記(1)の【原判決の認定事実】①および②をも検討しています。これらの事実関係は、前記3(2)で取り上げた第2原則（当事者間の特別な関係の有無）を示すものです。

　〈*Case* 3-①〉では、①A・Y間の親族関係（YがAの又従弟であること）、②Aの主観的事情（AがYに対して本件建物の使用を許したのは、家に困っているYを援助するためのものであって、もともと家賃を請求するつもりがなかったこと）、③契約をめぐる客観的事情（賃貸借契約であれば定められるのが通常である敷金、返還時期、家賃の月額といった事項についての定めはなく、Yが公租公課の負担をすることとされたこと）、がこれにあたります。

　最高裁判所は、第2原則（当事者間の特別な関係の有無）について検討した結果、〈*Case* 3-①〉における前記(1)の【原判決の認定事実】①～③が賃貸借契約を否定する方向に働くマイナス・ファクターになると判断したのです。

(4)　**参考例──東京高判昭和52・9・20の検討**

　〈*Case* 3-①〉では、借主の負担した公租公課の金額が適正賃料額の15%程度であったのですが、この割合がどの程度にまで上がれば対価性ありといえるのかは、興味深いところです。

5　高津環「判解」最判解民〔昭和41年度〕441頁は、すでに最1小判昭和41・6・30公刊物未登載が同旨を判示していたことを指摘しています。

6　Yの8年間の代納額合計14万7710円を8年間の適正賃料額合計約94万4000円で除すると、15.6%になります。

　そこで、次に、賃貸借契約の成立が肯定された事例をみてみましょう。

　東京高判昭和52・9・20判タ366号237頁は、本件土地の所有者であるＸが本件土地上に本件建物を所有して本件土地を占有しているＹに対して建物収去土地明渡しを請求したのですが、Ｘは使用貸借契約の終了に基づく土地明渡請求権を訴訟物として選択しました。

　Ｙは、Ｘの主張する使用貸借契約の成立を争い、「Ｙは、伯父であるＡから、昭和21年4月、本件土地を建物所有目的で賃借した。その後、Ａは、孫であるＸに対し、本件土地を贈与した。Ｙは、昭和21年以降ほぼ毎年、ＡまたはＸに対し、現金または小切手を持参するなどして賃料を支払ってきた」として、建物所有目的の賃貸借契約の成立を主張しました。

　東京高等裁判所は、以下の①〜④の諸事実に照らすと、本件土地の貸借において契約締結時に賃料額やその支払方法についての明示の取決めはされていないことを考慮しても、Ｙは、ＡおよびＸが本件土地を使用させてくれることに対し、そのために被る経済的損失を補填すべきものとして金員を支払ってきたものであり、ＡおよびＸもまた、同様の趣旨で金員を受領してきたものと認めるのが相当であると判断しました。

　東京高等裁判所が、重要なものとしてあげる事実は、以下のとおりです。

①　Ｙは、伯父Ａから、昭和21年、本件土地を建物所有目的で借り受け、同年4月ころ本件建物を建築してこれを当初は喫茶店舗として、昭和37年ころ以降は住宅として使用し、現在に至っている。

②　Ｙは、昭和21年以降、ほぼ毎年末、Ａが本件土地の所有者である間はＡに対し、Ａが孫Ｘに本件土地を贈与した後はＸに対し、現金または銀行振出小切手を持参または送金して支払い、ＡおよびＸは、これを異議なく受領してきた。

③　この支払に係る金額は、付近の土地の地代、本件土地の固定資産税等を参考にして、Ｙにおいて相当と考える額であった。

④　この金額は、本件土地の適正賃料額の数分の1というようなもので

はなく、固定資産税額の2～3倍に達している。

　この事件においても、借主の現実の出捐は適正賃料額に比較すれば低廉であったのですが、その出捐に対価性を認めることができたのは、昭和41年判決の事案におけるように適正賃料額の数分の1というようなものではなく（前記ⅳ）、適正賃料額を念頭に置いて決せられていたこと（前記ⅲ）という因子が大きく作用しています。そして、その支払の態様が「地代」というのと矛盾しない規則的なものであったこと（前記ⅱ）も考慮されています。また、当事者間の特別な関係をも考慮しています（前記ⅰの一部）が、前記ⅱ～ⅳの諸因子が存する場合には、当事者間の特別な関係が出捐の低廉さを補って賃貸借契約を肯定する方向に働くプラス・ファクターになっています。

　なお、本件土地の利用態様が借主Yの生活基盤をなすものであったこと（前記ⅰ）は、前記2⑵に説明したように、建物所有目的の土地賃貸借と性質決定することによる効果が極めて大きいことを慮ってあげたものと理解することができます。結論の落着きのよさを追求しているということです。

　前掲東京高判昭和52・9・20は、昭和41年最高裁判決の存在を明確に意識しつつ、借主の出捐が低廉である場合に、その出捐に賃料としての対価性を認めることができる限界を示したものとして、実務上参照する価値の大きいものと思われます。

　⑸　小　括

　〈*Case* 3 -①〉では、賃貸借契約と使用貸借契約とを分ける対価性に焦点をあて、その事実認定上の問題と立証方法とについて検討しました。

　前掲東京高判昭和52・9・20は、「賃借人が支払うべき賃料が賃貸人の使用収益許与債務に応対する債権（右債権に基礎づけられた目的物の使用収益権能が賃借権である。）と経済的に等価値であることは賃貸借契約の要素をなすものではな（い）」と説示しています。この考え方が、前記3⑶に説明したとおり、現在のわが国の判例の立場であり学説の通説ですから、本項で検討したように詳細な事実認定と微妙な法律判断とが必要になるのです。

Ⅱ　不動産に関する無償使用の合意の成立の存否

1．不動産につき無償使用の合意が成立したとの経験則が存する場合

　不動産の利用をめぐる紛争の典型例の 1 つとして、賃貸借契約の成立を前提として賃料の支払を求める訴訟があります。

　そのような訴訟のバリエーションの 1 つとして、不動産の所有者（共有者）から利用者に対し、不法行為または不当利得を根拠にして、賃料相当額の支払を求めるというものがあります。その請求に対し、被告とされた利用者が、「無償使用の合意が成立しているから、不法行為も不当利得も成立しない」と主張して争い、そのような合意（契約）が成立したかどうかが事実認定上の争点になるという場合があります。

　本項では、不動産を無償使用する合意が成立したかどうかについての経験則の存否が争われた紛争を取り上げて、原則となる経験則を適用するために必要な事実とその例外となる特段の事情の存否という主張・立証ないし事実認定の構造を検討することにします。

　ところで、最 2 小判平成12・4・7 判時1713号50頁は、不動産の共有者が当該不動産を単独で占有する他の共有者に対して不当利得返還請求または不法行為に基づく損害賠償請求をする場合において、「単独で占有することができる権原につき特段の主張、立証のない本件においては、……持分割合に応じて占有部分に係る地代相当額の不当利得金ないし損害賠償金の支払を請求することはできるものと解すべきである」と説示しています。そこで、以下、共有者間で不当利得返還請求または不法行為に基づく損害賠償請求をする類型の紛争において、単独占有権原についての主張・立証責任は単独占有者が負うという前提で説明することにします。[7]

２．共同相続人のうちの一部の者の不動産利用の権原

(1)　共有者の共有物使用に関する法律関係

　共有者は、共有物の全部について使用することができますが、それは持分に応じたものでなければならず、当然に他の共有者を排除して単独で使用することはできません（民法249条）。そして、共有物の具体的な使用収益の方法は、共有物の管理に関する事項として、共有者が協議をして、その持分価格の過半数をもって決定することになります（同法252条）。

　そこで、共有者の１人が共有者間の協議によらずに共有物を単独で使用収益した場合には、自らの持分を超える使用収益について不当利得になると考えられています。

(2)　被相続人と同居していた相続人の遺産建物についての占有権原

　不動産訴訟の典型例として、遺産の利用をめぐる共同相続人間の紛争をあげることができます。

　最３小判平成８・12・17民集50巻10号2778頁（以下「平成８年最高裁判決」といいます）は、そのような紛争の１つです。被相続人Ａとその相続人Y₁・Y₂は、Ａ所有の本件土地建物において家族として同居し、かつY₁・Y₂が中心になって家業を営んできました。Ａ死亡後もY₁・Y₂が本件建物に居住し続けていたところ、本件土地建物の他の遺産共有持分権者であるX₁〜X₅は、Y₁・Y₂に対し、不法行為または不当利得を理由として本件土地建物の賃料相当額[8]の支払を求めて訴えを提起しました。

　原判決は、Y₁・Y₂は持分権に基づき本件土地建物の全部を占有する権原を有するから不法行為は成立しないとしましたが、前記(1)の理屈で不当利得

7　ただし、本文のような考え方が、不当利得の要件である法律上の原因のないことの主張・立証責任は、不当利得返還請求権の発生を主張する当事者が負うという判例の立場と整合するかどうかは問題です。そうすると、前掲最２小判平成12・４・７は、法律上の原因のないことの主張・立証責任につき、再検討を促すものと考えることもできます。

8　厳密には、X₁〜X₅の各持分割合を乗じた額です。

を理由とする賃料相当額の支払請求を全部認容しました。[9]

　これに対し、平成8年最高裁判決は、「共同相続人の一人が相続開始前から被相続人の許諾を得て遺産である建物において被相続人と同居してきたときは、特段の事情のない限り、被相続人と右同居の相続人との間において、被相続人が死亡し相続が開始した後も、遺産分割により右建物の所有関係が最終的に確定するまでの間は、引き続き右同居の相続人にこれを無償で使用させる旨の合意があったものと推認されるのであって、被相続人が死亡した場合は、この時から少なくとも遺産分割終了までの間は、被相続人の地位を承継した他の相続人等が貸主となり、右同居の相続人を借主とする右建物の使用貸借契約関係が存続することになるものというべきである」としたうえで、Y₁・Y₂が本件建物の占有使用によって得る利益に法律上の原因がないということはできないから、X₁～X₅の不当利得返還請求は理由がないと判断しました。

(3)　平成8年最高裁判決の肯認した経験則

　Y₁・Y₂は、Aの生存中は同居の家族であり、Aの占有補助者として本件建物に無償で居住しているにすぎない（すなわち、AとY₁・Y₂との間に使用貸借契約が存するわけではない）から、Aの死亡と同時にその占有補助者でなくなります。そこで、A死亡後のY₁・Y₂の本件建物の居住が遺産共有持分を超える分について法律上の原因を欠くことになるのかどうかが問題になります。

　平成8年最高裁判決は、①被相続人の共同相続人の1人が、②被相続人の居住する遺産である建物に同居を開始し、③被相続人の死亡時にも同居しており、④前記②ないし③の同居が被相続人の許諾に基づく、という4つの事実が存するときは、被相続人と当該同居の相続人との間に遅くとも被相続人の死亡時に使用貸借契約（始期を被相続人の死亡時とし、終期を遺産分割終了時とする）が成立しているのが通常であるとの経験則が存在することを明ら

9　東京高判平成5・7・14民集50巻10号2817頁に収録。

かにしたものです。

　この使用貸借契約を明示の契約としてとらえる場合には、上記の４つの事実は主要事実を推認するための間接事実と位置づけられます[10]。これに対し、黙示の契約としてとらえる場合には、上記の４つの事実は黙示の契約成立の基礎づけ事実としての主要事実と位置づけられます[11]。

(4)　平成８年最高裁判決における特段の事情

　平成８年最高裁判決に対しては、同居の相続人に対して使用借権を認めるのは相続人間の平等に反するのではないかとの疑問や[12]、遺産管理の問題として遺産分割までの居住を保護すれば足りるのであって、他の相続人との間に使用貸借関係まで認める必要はないとの批判が表明されています[13]。

　これらの疑問や批判は、平成８年最高裁判決の提示した経験則に例外が多いことを指摘するものと理解することができます。すなわち、他の相続人と同居の相続人との間に使用貸借関係を認めるのが不公平であると考えられるときは、そのような事実が平成８年最高裁判決にいう「特段の事情」にあたる具体的事実であるということになります。

　平成８年最高裁判決は、一部の相続人が家族として被相続人と同居していたというだけでなく、被相続人の営んできた家業を承継しその中心になっていたという事案におけるものですから、他の相続人との間に相続開始時から遺産分割時までの使用貸借関係を認めても相続人間に不公平が生ずるとは考えられなかったのです。しかし、同居の相続人の同居期間、同居に至る経緯、同居中の被相続人との関係等からすると、被相続人が当該相続人との間に限

10　間接事実を総合して主要事実を認定する作業を「推認」ということにつき、田中・事実認定153頁を参照。平成８年最高裁判決は、前記(2)のとおり、「無償で使用させる旨の合意があったものと推認される」と表現していますから、明示の使用貸借契約の成立を前提としているように見受けられます。

11　黙示の意思表示を基礎づける具体的事実をもって主要事実と解すべきことにつき、司研・要件事実第１巻37〜41頁を参照。

12　高橋朋子「判批」法学教室202号118頁を参照。

13　高木多喜男「判批」重要判例解説〔平成８年度〕（ジュリスト1113号）86頁を参照。

定された期間とはいえ将来の使用貸借契約を締結したとは考えられない事情
があることがあります。そのような事情が同判決にいう「特段の事情」にあ
たります。

(5)　平成30年民法（相続法）改正による「配偶者短期居住権」の創設

以上のとおり、平成8年最高裁判決は、経験則によって被相続人と相続人
との間における使用貸借契約の締結を事案ごとに認定するというものです。
したがって、使用貸借契約を締結したとは考えられない「特段の事情」が存
する場合（被相続人が自らの死亡後に当該相続人の使用を許諾しない意思を表示
していたというのがその典型例です）には、当該相続人の使用借権は保護され
ません。

そこで、平成30年改正民法1037条ないし1041条は、平成8年最高裁判決に
よって保護されることのない場合を含め、被相続人の意思如何にかかわらず、
相続人のうちの配偶者についてのみ、短期間の居住権を保護するため、「被
相続人の財産に属した建物に相続開始の時に無償で居住していた」ことを要
件として、配偶者短期居住権（配偶者が当該建物に引き続き居住することので
きる権利）を創設しました。そして、配偶者の居住の権利に関する規定につ
いては、令和2年4月1日から施行されます。[14]

令和2年4月1日以降は、被相続人の配偶者につき、平成30年改正民法の
創設した配偶者短期居住権の要件充足如何が争点となり、配偶者以外の相続
人につき、平成8年最高裁判決の示した判断枠組みによって、使用貸借契約
の締結如何が争点となるものと考えられます。

3.　事例演習（〈Case 3 −②〉）

平成8年最高裁判決を頭の片隅に置きながら、最1小判平成10・2・26民
集52巻1号255頁（以下「平成10年最高裁判決」といいます）を素材にして、内

14　配偶者短期居住権の創設及び同権利に関する規定の施行日につき、堂薗幹一郎＝野口
　　宣大『一問一答新しい相続法』（商事法務、2019年）34〜35頁、195頁を参照。

縁の夫婦の共有不動産の共同使用に関する経験則を検討してみることにしましょう。

(1)　事案の概要

─〈*Case* 3 -②〉─────────────────

　　昭和34年ころから内縁関係にあったA（夫）とY（妻）は、共同事業の収益によって本件土地とその上に存する本件建物（以下、本件土地と本件建物とを併せて「本件不動産」という）を取得していた。Aは昭和57年9月1日に死亡したが、Yは、Aの死後も同事業を継続し、本件不動産を自宅および作業場として使用してきた。

　　遺産分割協議により本件不動産に関するAの権利を承継したAの子Xは、昭和61年、Yに対して訴訟（前訴）を提起し、主位的に本件不動産の所有権に基づいてその明渡し等を求め、予備的に昭和57年9月1日から昭和61年4月30日までの本件不動産の賃料相当額の2分の1の不当利得返還を求めた。これに対し、Yは、本件不動産の2分の1の持分確認とその所有権一部移転登記手続を求めた。

　　前訴の控訴審判決は、本件不動産はAとYとの共有であったとしてYの各請求を認容し、Xの予備的請求を一部認容し、同判決が確定した。

　　そこで、Xは、Yに対し、以下のように主張して不当利得の返還を求める本件訴訟を提起した。

───────────────────────────

　〈*Case* 3 -②〉における当事者の主張および原判決の判断[15]を整理すると、以下のとおりです。

　　【当事者の主張】

　　（Xの主張）

　　ⓐ　Yは、昭和61年5月1日から平成4年10月31日まで、その持分2分

───────────────────────────
15　福岡高判平成6・6・30民集52巻1号269頁に収録。

の1を超えて単独で本件不動産を使用収益してきた。

ⓑ　そこで、Xは、Yに対し、昭和61年5月1日から平成4年10月31日までの本件不動産の賃料相当額の2分の1にあたる1615万4868円の返還を求める。

（Yの主張）

ⓐ　Yは、共有持分権に基づいて正当に本件不動産を占有しているから、不当利得は成立しない。

ⓑ　Yは、Aとの間で、本件不動産について使用貸借契約を締結し、その契約関係がXとYとの間に承継されているから、不当利得は成立しない。

【原判決の判断】

①　共有者の1人が共有不動産を排他独占的に占有使用する場合、その共有者は、他の共有者の損失において当該不動産の適正賃料額のうち自己の持分割合を超える部分に相当する利益を不当に得ていると解される。

②　Aの生前には、Yは、共有者として本件不動産を使用収益していたのであるから、使用貸借契約を締結する必要はなく、Aとの間に使用貸借契約が成立したとは認められない。

③　Xの請求は、本件不動産の適正賃料額の2分の1にあたる1275万6900円の限度で理由がある。

［関係図］

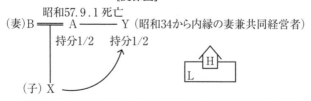

本件訴訟：昭和61.5.1〜平成4.10.31の賃料相当額の1/2の1615万
　　　　　4868円の不当利得返還請求

(2)　平成10年最高裁判決の判断

　最高裁判所は、事業の共同経営者である内縁の夫婦が共有不動産を居住と事業のために共同使用している場合の法律関係につき、概略、以下のとおり判断し、不当利得の成立を認めた原判決を破棄しました。

---

①　共有者は、共有物につき持分に応じた使用をすることができるにとどまり、他の共有者との協議を経ずに当然に共有物を単独で使用する権原を有するものではない。

②　しかし、共有者間の合意により共有者の1人が共有物を単独で使用する旨を定めた場合には、右合意により単独使用を認められた共有者は、右合意が変更され、または共有関係が解消されるまでの間は、共有物を単独で使用することができ、右使用による利益について他の共有者に対して不当利得返還義務を負わないものと解される。

③　そして、内縁の夫婦がその共有する不動産を居住または共同事業のために共同で使用してきたときは、特段の事情のないかぎり、両者の間において、その一方が死亡した後は他方が右不動産を単独で使用する旨の合意が成立していたものと推認するのが相当である。

④　けだし、右のような両者の関係および共有不動産の使用状況からすると、一方が死亡した場合に残された内縁の配偶者に共有不動産の全面的な使用権を与えて従前と同一の目的、態様の不動産の無償使用を継続させることが両者の通常の意思に合致するといえるからである。

---

(3)　平成10年最高裁判決の意義

　平成10年最高裁判決の前記(2)の判断③は、ⓐ内縁の夫婦が、ⓑその共有する不動産を、ⓒ居住または共同事業のために共同使用を始め、ⓓ内縁の夫婦の一方の死亡時にも共同使用をしている、という4つの事実が存するときは、内縁の夫婦の間に遅くともその一方の死亡時にその時点以降、他方がその共有不動産を単独で使用する旨の合意が成立しているのが通常であるとの経験則が存することを明らかにしたものです。[16]

前記(2)の判断④において、その理由を説示しています。判断①、②は、共有物の管理についての前提となる考え方を整理したものであり、前記2(1)に説明したのと同旨をいうものです。

なお、前記(2)の判断③は、平成8年最高裁判決を参考にしていることは間違いありませんが、平成10年最高裁判決が扱ったのは民法252条の規定する[17]共有物の管理に関する共有者間の協議の問題であり、そこが平成8年最高裁判決の事案と異なるところです。平成10年最高裁判決が「使用貸借契約」または「使用貸借関係」といった説明をしないのはこの点を意識しているからです。

そういう意味では、共有者間で使用貸借契約を締結する必要がないとした原判決の考え方と共通するのですが、そこで考察を終わらせずに、内縁の夫婦間の停止期限付き（始期付き）の共有物の管理に関する合意の成否へと検討を進めたところに平成10年最高裁判決の意義があります。

(4)　平成10年最高裁判決における特段の事情

平成10年最高裁判決も、前記(3)のとおりの原則としての経験則には例外（特段の事情）が存することを意識しています。同判決の担当調査官は、そのような例外の1例として、①AとYの共同事業にAの子であるXが参画していて、②XがAの後継者と目されている場合をあげ、そのような場合には、Aの死亡後は、XがYと共同して事業を行い、共有不動産を共同使用することが予定されているとみる方が合理的であると指摘しています。[18]

このような事実認定のプロセスは、間接反証という考え方で説明されてきたものです。復習として、ここにその過程を図示しておきましょう。[19]

16　したがって、平成10年最高裁判決は、内縁の配偶者の単独所有建物に居住している他方の配偶者の法的地位に係る問題を扱うものではありません。この問題は、むしろ、平成8年最高裁判決の扱った問題に親近性を有しています。

17　山下郁夫「判解」最判解民〔平成10年度〕190頁を参照。

18　山下・前掲判解（注17）の191頁を参照。

19　〔図7〕は、基本的に、田中・事実認定170頁の図によっています。

〔図7〕　間接反証のプロセス

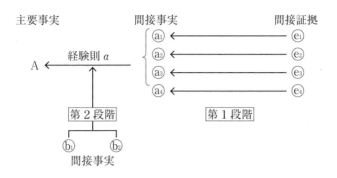

〈*Case* 3-②〉では、〔図7〕のⓐ₁〜ⓐ₄がそれぞれ前記⑶のⓐ〜ⓓに対応し、ⓑ₁・ⓑ₂がそれぞれ上記①・②に対応しています。すなわち、Yにおいて平成10年最高裁判決の説示する間接事実ⓐ₁〜ⓐ₄（前記⑶のⓐ〜ⓓ）の証明に成功したとき（第1段階）は、経験則 *a* の適用によって主要事実Aが推認されますから、そのような推認を妨げたいXとしては、間接事実ⓑ₁・ⓑ₂（上記の①・②）を証明するという立証活動をする（第2段階）必要があります。間接事実ⓑ₁・ⓑ₂は、間接事実ⓐ₁〜ⓐ₄と両立するものであって、その事実が存するときは経験則 *a* の適用を妨げることのできるような例外となる別個の事実です。第2段階の立証活動は、主要事実Aの認定を妨げるという観点では反証であるのですが、経験則 *a* の適用を妨げるためには証明（本証）の程度に至っている必要があると考えられています。平成10年最高裁判決が「特段の事情のない限り」と説示するのは、「特段の事情が証明されない限り」という意味であると理解することができます。

⑸　小　括

本項で取り上げた2つの最高裁判決は、いずれも相続を機縁とする紛争において、無償で占有する権原が問題になったものです。そこで、占有権原の主張・立証ないし事実認定の問題として説明しました。

ところで、平成30年改正民法1028条1項に規定する「配偶者居住権」も、同法1037条1項に規定する「配偶者短期居住権」も、被相続人との間に法律

上の婚姻関係を形成した配偶者の権利です。内縁の配偶者は、これらの「配偶者」に含まれていません。上記の 2 つの最高裁判決は、その意味でも、生きている判例ということになります。

Ⅲ　土地の無償利用の法律関係

1．地上権か使用借権か

前記 I は、不動産の利用者が一定の出捐をしている場合に、当該出捐が不動産利用の対価としてのものであるかどうか、具体的には、不動産利用に係る契約が賃貸借契約であるか使用貸借契約であるかどうかが争われる紛争類型を取り上げて検討しました。また、前記 II では、そもそも不動産の所有者と利用者との間に無償利用の何らかの合意が成立したかどうかが争われる紛争類型を取り上げて検討しました。

本項では、土地の所有者と利用者との間に無償で利用することを許す旨の合意が成立したこと（またはその点については容易に認定することができること）を前提として、成立した合意の法的性質が地上権設定契約であるか使用貸借契約であるかが争われる紛争類型について、主張・立証または事実認定[20]のポイントを検討することにしましょう。

なお、土地の無償利用をめぐる紛争ですから、多くは親族関係等の親密な関係にある当事者間の紛争ということになります。

2．事例演習（〈*Case* 3 - ③〉）

最 3 小判昭和47・7・18判時679号16頁（以下「昭和47年最高裁判決」といいます）の事案を素材にして、前記 1 の地上権設定契約を締結したのか使用

20　これは、第 2 章 I 5 で取り上げた契約の解釈の問題とも関連しますが、ここでは主に事実認定上の問題を検討することにします。

貸借契約を締結したのかの争点に焦点をあてて検討することにしましょう。

(1)　**事案の概要**

事案の概要は、以下のとおりです。

┌─〈*Case* 3 -③〉──────────────────

　Bは、昭和9年10月ころ夫であるAの所有する本件土地上に建物の建築に着手し、昭和10年4月ころ本件建物を完成させた。戸主であったBは、Aとともに本件建物に移り住むとともに、貸座敷業の経営を始めた。

　A・B夫婦間には、X（長男）、C（二男、昭和29年死亡）、Y（長女）の3人の子がいた。Xは、Aが昭和10年10月23日に死亡し、同年12月30日の遺産分割によって本件土地の所有権を取得し、また、Bが昭和20年1月8日に隠居して家督をXに譲ったため、本件建物の所有権をも取得した。しかし、本件建物の所有権移転登記がされないでいたところ、Bは、昭和28年10月13日、「本件建物をYに、その付属建物をXとCに、各遺贈する」との遺言をし、昭和35年5月17日、死亡した。Yは、この遺言に基づき、本件建物の所有権移転登記を経由した。

　そこで、Xは、Yに対し、本件土地の所有権に基づき本件建物収去本件土地明渡しを求めた。Xの主張は、大要、「Aは、Bとの間で、昭和8年ころ、本件土地につき建物所有を目的とし、期限をB存命中とする使用貸借契約を締結したところ、Xは、昭和10年10月23日のA死亡後、同年12月30日の遺産分割によって本件土地の所有権を取得したため、Bとの使用貸借契約関係を承継したが、昭和35年5月17日のBの死亡によって同契約はその効力を失った」というものである。

└────────────────────────────

[関係図]

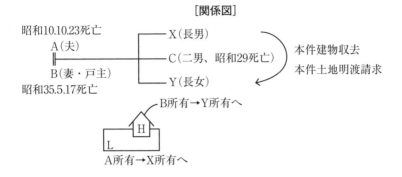

昭和10.10.23死亡
A（夫）
B（妻・戸主）
昭和35.5.17死亡

X（長男）
C（二男、昭和29死亡）
Y（長女）

本件建物収去
本件土地明渡請求

B所有→Y所有へ
H
L
A所有→X所有へ

(2)　当事者の主張と争点の所在

本件請求の訴訟物（請求権）は、所有権に基づく返還請求権としての本件土地明渡請求権（1個）[21]です。

Xの請求原因は、以下のとおりです。

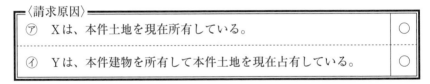

〈請求原因〉

| ⑦ | Xは、本件土地を現在所有している。 | ○ |
| ⑦ | Yは、本件建物を所有して本件土地を現在占有している。 | ○ |

これに対し、Yは、以下のような地上権を占有正権原とする抗弁を主張しました。

---

[21]　土地の所有権に基づいて同土地上の建物収去土地明渡しを請求する場合の訴訟物につき、旧1個説、新1個説、2個説の見解の対立があるが、判例は通説と同様、旧1個説を前提とするものと解されていることにつき、司研・紛争類型別58～59頁を参照。

```
┌─〈抗弁──占有正権原（地上権）〉━━━━━━━━━━━━━━━━━━━━┐
│  ⓐ-1  Aは、昭和10年4月12日、本件土地を所有していた。          ○  │
│                                                                        │
│  ⓐ-2  Aは、Bとの間で、昭和10年4月12日、本件土地につき       ×  │
│     建物所有を目的とし、期限を本件建物朽廃の時とする（無償の）    │
│     地上権設定契約を締結した。                                      │
│┄┄┄┄┄┄┄┄┄┄┄┄┄┄┄┄┄┄┄┄┄┄┄┄┄┄┄┄┄┄┄┄┄┄┄┄┄┄┄┄┄┄│
│  ⓑ  Aは、Bに対し、昭和10年4月12日ころ、本件土地を引き渡     ○  │
│     した。                                                          │
│┄┄┄┄┄┄┄┄┄┄┄┄┄┄┄┄┄┄┄┄┄┄┄┄┄┄┄┄┄┄┄┄┄┄┄┄┄┄┄┄┄┄│
│  ⓒ-1  Aは、昭和10年10月23日に死亡した。                      ○  │
│  ⓒ-2  Xは、Aの長男である。                                    ○  │
│┄┄┄┄┄┄┄┄┄┄┄┄┄┄┄┄┄┄┄┄┄┄┄┄┄┄┄┄┄┄┄┄┄┄┄┄┄┄┄┄┄┄│
│  ⓓ-1  Bは、昭和10年4月ころ、本件建物を建築した。            ○  │
│  ⓓ-2  Bは、昭和28年10月13日、本件建物およびその敷地であ    ○  │
│     る本件土地の地上権をYに遺贈する旨の遺言をした。              │
│  ⓓ-3  Bは、昭和35年5月17日、死亡した。                      ○  │
└────────────────────────────────────────────────┘
```

　Yのこの主張に対し、Xは、ⓐ-2の地上権設定契約の締結を否認し、前記(1)のとおり、A・B間で締結された契約は使用貸借契約であると主張して争いました。Xのこの主張は、本来、XとBとの間においてはBの占有正権原としての使用借権の主張なのですが、Yは、上記ⓓ-3のとおり、改正前民法599条（改正民法597条3項）の規定する使用貸借契約の終了原因である借主Bの死亡を主張していますから、Xのした使用貸借契約締結の主張をいわゆる不利益陳述として取り上げるまでの必要はないでしょう。すなわち、Yの主張した地上権設定契約の締結を認定することができない場合は、Xの本件請求が認容されることになります。

　このように整理してみると、〈*Case* 3-③〉における唯一の争点は、抗弁ⓐ-2の地上権設定契約の締結の成否であることが明らかになります。実際には、受訴裁判所は、A・B間で締結された契約が地上権設定契約であったのか使用貸借契約であったのかの二者択一の事実認定をすることになります。

(3)　原判決（控訴審判決）の判断

第1審および控訴審は、前記(2)の争点につき、概略、以下のとおり判断し、Xの請求を棄却しました。

ⅰ　本件土地の所有者であったAとその妻Bとは、同居し、戸主であるB名義で貸座敷業を協力して営んでいた。

ⅱ　Bは、昭和9年10月ころ本件土地上に建物の建築に着手し、同10年4月ころ本件建物が完成した後は、Aとともに本件建物に移って使用していたのであるから、Aは、Bのため、建築着手のころ、本件土地につき建物所有を目的とする借地権を暗黙裡に設定したものと認められる。

ⅲ　AとBとのこのような関係並びに借地権の存続期間および地代について合意があったとは認められないことから推測すれば、同借地権は、使用貸借上の権利と解するよりはむしろ地上権の性質を有するものと解すべきである。

ⅳ　この地上権はB一代限りとの事実は認められないから、YはBの遺言により同地上権を承継したものと解すべきである。

---

(4)　昭和47年最高裁判決の判断

最高裁判所は、Xの上告を容れ、以下のとおり判断し、原判決を破棄し、本件を原審に差し戻しました。

ⅰ　建物所有を目的とする地上権は、その設定登記または地上建物の登記を経ることによって第三者に対する対抗力を取得し、土地所有者の承諾を要せず譲渡することができ、かつ、相続の対象になるものであり、ことに無償の地上権は土地所有権にとって著しい負担となるものであるから、このような強力な権利が黙示に設定されたとするためには、当事者がそのような意思を具体的に有するものと推認するにつき、

首肯するに足りる理由が示されなければならない。

ⅱ　ことに、夫婦その他の親族の間において無償で不動産の使用を許す関係は、主として情誼に基づくもので、明確な権利の設定もしくは契約関係の創設と意識されないか、またはせいぜい使用貸借契約を締結する意思によるものにすぎず、無償の地上権のような強力な権利を設定する趣旨でないのが通常であるから、夫婦間で土地の無償使用を許す関係を地上権の設定と認めるためには、当事者が何らかの理由で特に強固な権利を設定することを意図したと認めるべき特段の事情が存在することを必要とするものと解すべきである。

ⅲ　しかるところ、本件において、原判決の掲げる前示の事情のみをもってしては、AがBに本件土地を無償で使用することを許諾した事実は肯認することはできても、これをもって使用貸借契約にとどまらず地上権を設定したものと解するに足りる理由を見出すことはできないものというほかはない。

ⅳ　してみれば、前示の事情のみを理由に、他に特段の事情を判示することなく、Bが本件土地につき地上権を有していたものと認めた原判決は、審理不尽・理由不備の違法を犯し、右の土地使用関係の性質の解釈を誤ったものといわなければならず、論旨は理由がある。

⑸　昭和47年最高裁判決の提示する経験則

最高裁判所は、前記⑷のⅱにおいて、親族間における無償での不動産（土地）の使用についての法律関係を検討したうえで、以下の３類型があると述べています。すなわち、第１に、情誼上のものであって、契約関係を創設したものではないもの（使用者が占有正権原を主張することのできないもの）、第２に、使用貸借契約を締結したもの（使用者が占有正権原として使用借権を主張することができるもの）、第３に、地上権設定契約を締結したもの（使用者が占有正権原として地上権を主張することができるもの）、の３類型です。

そのうえで、最高裁判所は、このうち第１または第２の類型が「通常」で

197

あり、第3の類型は「例外」であるとの経験則が存在するとの認識を明らかにしています。そう考える理由は、所有者が親族に対して無償での土地使用を許した場合に、所有権にとって著しい負担となるような強力な権利が使用者に帰属する契約を締結するというのは、対価的バランスからして不自然であるところにあります。

そして、地上権が所有権にとっての著しい負担となるのは、前記(4)の①に説示するように、地上権は物権であって、①その設定登記または地上建物の登記を経由することによって第三者に対抗することができ（借地借家法10条1項）、土地所有者の承諾なしに譲渡することができる、②使用者の死亡によっては効力を失わない、という2点によっています。

地上権の前記2点の性質と比較すると、使用借権の場合は、①借主は、貸主の承諾なしに、第三者に当該土地を使用・収益させることができず、それをすれば使用貸借契約の解除原因になる（民法594条2項・3項）、②借主の死亡によって効力を失う（改正前民法599条）のであり、地上権がいかに強力な権利であるかが明らかです。

土地所有者と使用者との間に何らかの契約関係があるとすると、当該契約は、無償であるがゆえに賃貸借契約ではありえないので、使用貸借契約か地上権設定契約かのいずれかということになるのですが、このように法的効果の強弱ないし大小を比較してみると、地上権設定契約の締結を認定することのできる場合が「例外」に属するのは、当然のことというべきでしょう。

学説も、同様に解しており、扶養義務の存する者の間では、不動産の使用の許諾も扶養関係の一環として把握すべきであり、扶養義務がなく契約関係として把握すべき場合であっても、使用貸借契約を締結したものとみるべきであると説明するのが一般です。[22]

22　田村精一「親族間の不動産利用関係」契約法大系刊行委員会編『契約法大系Ⅲ』（有斐閣・1962年）294頁、鈴木禄弥『借地法（上）〔改訂版〕』（青林書院新社・1980年）144〜148頁を参照。

⑹　地上権設定契約を認定してよい例外事情

　本件の第１審および控訴審は、前記⑶のとおり、①ＡとＢとが夫婦であること、②戸主であるＢの貸座敷業用の建物所有を目的とする使用許諾であったこと、③使用期間と地代の合意がなかったことといった事情から、黙示の地上権設定契約の成立を認定するのが合理的であると考えたようです。

　しかし、昭和47年最高裁判決は、前記⑷のとおり、Ａ・Ｂ間に契約が成立していたものとしても、前記①ないし③の事情はせいぜい使用貸借契約の成立が認定できるにとどまると判断しました。

　それでは、地上権設定契約を認定してよい例外となる「特段の事情」として、他にどのような事実が必要なのでしょう。前記⑸の検討がその答えを示唆しています。すなわち、ⓐ土地所有者ＡがＢの生前にＢ以外の第三者による本件土地の使用を許諾していたことを示す事実、ⓑ土地所有者ＡがＢの死後本件土地の使用権が相続されることを前提としていたことを示す事実といったものをあげることができます。

　これらの例外となる「特段の事情」は、抗弁である地上権設定契約の締結を主張するＹにおいて本証の程度にまで証明することが必要です。本件の第１審および控訴審は、使用期間の合意がなかったことをもって上記ⓑの事実の証明がされたと考えたのかもしれませんが、昭和47年最高裁判決は、それだけでは上記ⓑの事実の証明がされたとするには不十分であるとしたのです。

　大判大正15・11・３法律新聞2636号13頁は、この問題を検討するのに参考になる判例です。これは、夫婦がそれまで共有していた土地と建物につき、妻が土地を夫が建物を所有することにして、妻が夫に対して建物所有のために当該土地を使用する権利を設定したという事案において、妻が建物の譲受人に対して建物所有のために当該土地を使用することを許諾したという事実があることを勘案して、妻と夫との間で地上権設定契約が成立したことを肯認しました。すなわち、この事案には、本件には存在しない上記ⓐの事実が存在したのです。

⑺　**小　括**

本項で取り上げた昭和47年最高裁判決は、親族間における土地使用関係が、使用貸借契約に基づくものであるか地上権設定契約に基づくものであるかが争われたものであり、無償で占有する権原が問題になったものです。

前者が原則形態であり、後者が例外形態であることに異論はないものと思われます。この点が争点になる紛争にかかわる法律実務家としては、どのような事実関係がある場合が例外としての地上権設定契約の成立が認められるのかを明確に意識して、主張・立証にあたり、事実認定にあたることが必要です。実際には、前記⑹の@またはⓑを念頭に置き、当該事件においてこれらにあたる具体的事実を主張・立証し、その存否を認定することになります。ここでも、原則となる経験則とそれを適用するために必要な事実、その例外となる特段の事情という主張・立証ないし事実認定の基本に立ち返ることが何よりも重要です。〈*Case* 3 -③〉は、この点を再認識させるものです。

第 **4** 章

土地の所有権 をめぐる紛争

Ⅰ　所有権の範囲の認定

1．はじめに

　これまで、わが国の民事訴訟において主題となることの多い典型契約である売買、消費貸借および賃貸借等を取り上げ、その紛争を類型化し、実際に争点になる事実認定上の問題点ごとに詳細に検討してきました。ここからは、契約をめぐる紛争以外の紛争につき、頻繁に争われる事実認定上の問題点を取り上げて検討することにします。

　わが国では、一般市民の土地に対する思い入れが強いこともあって、現在でも、土地の所有権をめぐる紛争は民事訴訟の重要な一角を占めています。そこで、本項では、土地の所有権の範囲が争点になる紛争を取り上げ、その事実認定上の問題を検討することにします。

2．土地の所有権の範囲についての紛争と訴訟類型

⑴　紛争の類型

　一口に土地の所有権をめぐる紛争といっても、その現れ方は一様ではありません。

　第1は、特定された一団の土地の所有権がAの所有であるかBの所有であるかが争われるというものです。この紛争類型は、特定された一団の土地がA所有の甲土地（またはその一部）であるのかB所有の乙土地（またはその一部）であるのかという形で争われるのであり、第2の紛争類型とは異なり、甲土地と乙土地とが隣接することが前提になるわけではありません。

　第2は、隣接するA所有の甲土地とB所有の乙土地との境界がどこにあるか（すなわち、隣接する甲土地と乙土地の範囲がどこまでなのか）が争われるというものです。

⑵　訴訟の類型

　前記⑴の紛争類型に応じて、訴訟になる場合の現れ方も異なるのが通常です。

　第1の紛争類型では、特定された一団の土地の所有権の所在について解決する必要がありますから、訴訟物としては当該土地のAまたはBの所有権（またはその不存在）を選択することになります。当事者の一方が当該土地を占有している場合には、所有権に基づく返還請求権を行使して当該土地の明渡し（建物が存するときは、建物収去土地明渡し）をも求めることになります。

　第2の紛争類型では、隣接する2筆の土地の所有権の範囲または境界について解決する必要がありますから、訴訟物として当該土地のAまたはBの所有権の範囲の確認を求めるという方法によるか、甲土地と乙土地との境界確定を求めるという方法[1]によることになります。前者の所有権の範囲の確認の訴えは通常の民事訴訟ですから、原告となった当事者に所有権の範囲についての主張・立証責任があります。これに対し、後者の境界確定の訴えは裁判所に対して公法上の境界を創設するよう求める形式的形成訴訟であるというのが確定判例の立場[2]ですから、当事者のいずれも境界の位置について主張・立証責任を負うことはないとされています。

　そこで、所有権の範囲についての証拠資料を原告となる当事者が十分に保有していると考える場合には前者の所有権の範囲の確認の訴えを選択し、そうでない場合には後者の境界確定の訴えを選択するのが通常です。ただし、後者の境界確定の訴えも、非訟の性質を帯びるとはいうものの、訴訟の形式によって遂行されるものですから、双方の当事者が自らに有利な境界の位置を主張し、それを根拠づける証拠を提出するという審理の実際は、前者の所有権の範囲の確認の訴えにおけるのと大差はありません。

1　「境界確定の訴え」というのがこれまでの一般的な呼称ですが、平成17年の改正不動産登記法132条1項6号では「筆界の確定を求める訴え」と呼ばれるようになりました。
2　最1小判昭和43・2・22民集22巻2号270頁。

３．土地の所有権の範囲についての紛争と「公図」

⑴　公図とは何か

　土地の所有権の範囲についての訴訟において、必ずといってよいほど証拠として提出され、その証拠価値が争われるのが「公図」上の記載内容です。したがって、公図の由来と性質とを理解しておくことが、この類型の訴訟に携わるために必要不可欠な起点ということになります。

　私人による土地の所有と処分とを認める近代的土地所有制度がわが国に成立したのは、明治５年２月15日の太政官布告第50号によってです。明治６年７月28日の地租改正条例（太政官布告第272号）は、近代的土地所有制度を前提とし、土地の所有者から税を徴収することによってわが国の財政的基盤を固めることを企図したものです。

　明治政府は、地租徴収の資料とすべく、明治６年から14年ころにかけて全国の土地の図面を作成しました。「番号を付した１筆ごとの見取図→１字ごとの見取図→１村ごとの見取図」という手順で図面を作成し、さらに各筆の測量をしました。しかし、図面の作成および各筆の測量の直接の作業は村民または村役人が行い、政府係官がその検査をするというものでしたから、この図面の正確性にはさまざまな問題がありました。すなわち、作成にかけることのできた時間の制約、測量技術の未熟さ、課税目的の図面であるため、面積を小さくすることによって租税の金額を少なくしようとする動機が働く等の問題がありました。

　そこで、明治18年から22年にかけて図面の更正作業が行われ、「地押調査図」が作成され、これが明治17年12月16日大蔵省達第89号によって定められた土地台帳の附属地図とされ、地租徴収の資料として市町村役場に保管されることになりました。このように、「地押調査図」は図面の更正作業の結果作成されたのですが、前記の問題点が克服されたものではなかったのです。この土地台帳附属地図が一般に「公図」と呼ばれる図面です。

　第２次世界大戦後の昭和25年、土地台帳事務が登記所に移管された結果、

公図も登記所に移管されることになりました。そして、昭和35年、登記制度と台帳制度とが一元化され、土地台帳が廃止され、登記所に「地図」を備え付けるものとされ（不動産登記法14条1項）、その地図は「各土地の区画を明確にし、地番を表示するもの」とされた（同条2項）のですが、そのような地図が作成されていない地域もあったため、「これに代えて、地図に準ずる図面を備え付けることができる」ものとされました（同条4項）。この規定によって、従前の土地台帳附属地図が「地図に準ずる図面」として登記所に備え付けられているのです。

　以上が、土地の所有権の範囲についての訴訟において、現在でも証拠として使用されることの多い公図の由来と性質の大要です。

(2)　公図の実質的証拠力（証拠価値）

　公表されている裁判例をみると、公図につき、一方では、線の長さや面積等の定量的な問題については正確性を期待できないものの、土地の位置関係や境界線の形状等の定性的な問題についてはかなり信用することができると判断するもの[3]がありますが、他方では、係争地付近の字境を知ることはできず、土地の形状、隣接関係を確定することも難しいと判断するもの[4]もあります。

　主張・立証にあたる訴訟代理人であれ、事実認定にあたる事実審裁判官であれ、法律実務家としては、証拠として提出される公図に対してどのような姿勢で臨むべきであるかを押さえておくことが、土地の所有権の範囲についての訴訟を取り扱うための基本です。

4.　事例演習（《Case 4 -①》）

　そこで、東京高判昭和62・8・31判時1251号103頁（以下「昭和62年東京高裁判決」といいます）が取り扱った紛争をやや簡略にした事案を素材にして、

3　東京高判昭和51・12・26判時928号66頁、東京高判昭和28・11・26東高民時報4巻6号189頁を参照。

4　最1小判平成9・7・17判時1638号27頁、最2小判平成8・9・13判時1598号19頁を参照。

公図の実質的証拠力（証拠価値）の問題に焦点をあてて検討することにしましょう。

(1)　事案の概要

　昭和62年東京高裁判決が証拠によって認定した事実は、概要、以下のとおりです。

┌─〈*Case* 4 -①〉─────────────────────

①　本件土地は、擁壁等で囲まれた実測364.89平方メートルの土地（〔関係図〕のイロハニホヘトイの各点を順次直線で結んだ土地）である。本件土地の周辺一帯は、北から南に向かって下がる地形をしており、本件土地自体は平坦地であるが、南東側が公道に接し、北東の隣地34番5および北西の隣地36番8、9は一段と高く（北東隣地との間には1.2メートル以上の段差が、北西隣地との間には2.7メートルのコンクリート擁壁がある）、北東・北西側の隣地および南東側の公道とは地形上はっきり区切られていたのに対し、南西に向かっては多少の高低はあっても地続きになっている。

②　Y₁は、本件土地上に本件建物を所有して本件土地を占有している。もともと、Y₁の先代Bが本件土地の所有者と称するY₂から、昭和28年10月1日、本件土地を37番2の土地の一部として賃借し、Bが本件土地上に旧建物（アパート）を建築し、Y₂に対して地代を支払ってきた。旧建物の建築確認および保存登記における敷地は、37番2の土地として処理された。

③　Bは、旧建物を取り壊し、昭和49年6月ころ新建物の建築に着手し、同年9月に新建物を完成させた。Bは昭和50年12月15日に死亡し、Y₁がBの地位を相続した。

④　他方、Aは、昭和41年10月、所有する36番2の土地を同番1の土地に合筆したうえ、同番1、6ないし11に分筆して他に譲渡し、その後は自己所有地は残っていないと考えており、昭和18年から昭和49年までの間、本件土地を使用または管理したことはない。

⑤　Aは、昭和49年5月、売却されずに残った形になっていた36番1の土地（登記簿上29.93平方メートル）の調査と売却とを弁護士に依頼しその報告を受けた結果、本件土地が36番1の土地にあたるのではないかと考え、本件土地は他人が永年にわたって占有していた可能性があることを知ったものの、同年7月5日、不動産業者であるX社に対し、代金360万円（坪40万円×9坪）で売却した。X社は、同日、36番1の土地の所有権移転登記を経由した。

　Xは、Y₁に対し、本件土地が自らの所有する36番1の土地であると主張し、新建物収去本件土地明渡しを求めました（甲事件）。Y₂は、Xとの間において、本件土地がY₂の所有に属することの確認を求めました（乙事件）。

[関係図]

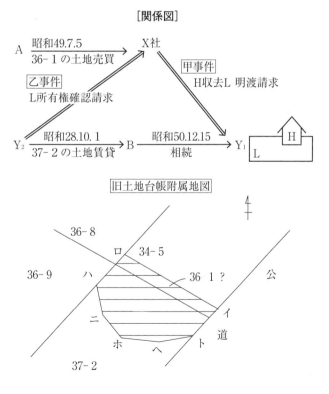

207

(2)　当事者の主張と争点の所在

甲事件の訴訟物（請求権）は、所有権に基づく返還請求権としての本件土地明渡請求権（1 個）です。[5]

X の請求原因は、以下のとおりです。

〈甲事件の請求原因〉	
⑦-1　A は、36 番 1 の土地をもと所有していた。	○
⑦-2　X は、A から、昭和49年 7 月 5 日、36 番 1 の土地を代金 360万円で買い受けた。	×
④　本件土地は、36 番 1 の土地である。	×
⑦　Y₁は、新建物を所有して本件土地を現在占有している。	○

実際の訴訟では、Y₁は、「請求原因⑦-2 の売買が信託的譲渡であって、不適法な訴えであるから、甲事件の訴えを却下すべきである」との本案前の申立てをしたうえ、請求原因④の事実を否認し、これに付加して「本件土地は、37 番 2 の土地の一部である」として積極否認の事実を主張しました。また、Y₁が本件土地についての賃借権を時効取得したことを前提として、「X は背信的悪意者である」との抗弁を主張しました。

本項では、請求原因④の事実認定を検討の主題とし、前記の本案前の申立てや背信的悪意者の抗弁については、必要最小限の範囲で触れることにします。

次に、乙事件の訴訟物は、Y₂の本件土地の所有権（確認）です。

Y₂の請求原因は、以下のとおりです。

5　土地の所有権に基づいて同土地上の建物収去土地明渡しを請求する場合の訴訟物につき、旧 1 個説、新 1 個説、2 個説の見解の対立があるが、判例は通説と同様、旧 1 個説を前提とするものと解されていることにつき、司研・紛争類型別58～59頁を参照。

〈乙事件の請求原因〉

ⓐ　Y₂は、37番2の土地を所有している。	○
ⓑ　本件土地は、37番2の土地の一部である。	×
ⓒ　Xは、本件土地が自らの所有に属すると主張し、本件土地がY₂の所有に属することを争っている。	○

　乙事件において、Y₂は、請求原因ⓑの事実が認められず、本件土地が36番1の土地であるとのXの主張が認められることを慮って、「本件土地を時効取得した（起算点を昭和28年10月1日とする20年の取得時効)」との請求原因事実も選択的に主張しました。これを請求原因とする場合には、XとY₂とは、対抗関係に立ちますから、Y₂もまたY₁と同じく、「Xは背信的悪意者である」との再抗弁を主張しました。

　以上のように、甲・乙両事件の請求原因事実を並べて比較してみると、甲事件においては「本件土地が36番1の土地であること」をXが主張・立証しなければならず、乙事件においては「本件土地が37番2の土地（の一部）であること」をY₂が主張・立証しなければならないことを明確に理解することができます。これこそが、前記2(2)に説明したことの帰結です。

(3)　原判決の判断

　第1審（東京地判昭和57・8・31判時1069号105頁）は、以下のとおり、本件土地が36番1の土地であると認定しました。しかし、Y₁による本件土地賃借権の時効取得およびY₂による本件土地所有権の時効取得を認定したうえで、Xが背信的悪意者にあたると判断し、結論としてはXの請求を棄却しました。

　　①　本件土地の実測面積は364.89平方メートルであり、これが36番1の土地（公簿上29.93平方メートル）にあたるとすると、実に334.96平方メートルもの縄延びがあることになる。この縄延面積は、分筆前の36番の土地の面積1461.13平方メートルの22.9％にあたる。

ⅱ　これに対し、本件土地が分筆前の37番の土地（公簿上1606.55平方メートル）の一部であるとすると、縄延面積は433.53平方メートルであり約27％となるから、本件土地が36番1の土地にあたるとする場合を凌駕する結果になる。したがって、地積の比較のみでは、いずれとも決しがたい。

ⅲ　公図上、34番5の土地は36番1の土地の北側に、36番8の土地は36番1の土地の西側にそれぞれ隣接して存在する位置関係にある。そして、公図上、37番2の土地は36番1の土地の南側に隣接する位置にあるところ、現状の本件土地は、その北側が34番5の土地と擁壁を境界にして隣接しているから、本件土地が37番2の土地であるとすると、36番1の土地は公図上表示されているだけで現実には全く存在しないということになる。

ⅳ　たしかに、公図は必ずしも実際上土地の形状や地積を正確に表示するものではないが、その相互の位置関係に関しては、相応の信を措きうるものというべきである。

ⅴ　以上の諸点を考慮すると、本件土地は、37番2に属するのではなく、36番1の土地に属するものと認めるのが相当である。

(4)　昭和62年東京高裁判決の判断

東京高等裁判所は、Ｘの控訴に対し、以下のとおり理由を差し替え、控訴を棄却しました。

ⓐ　前記⑴の①のとおり、本件土地は地形上37番2の土地の一部とみられる状況にあり、同②のとおりの経緯で、ＢはＹ₂から昭和28年に賃借以来本件土地を占有使用してきたのであって、Ｘが昭和49年に36番1の土地を買い受けるまでは、Ｂの占有使用およびこれを介してのＹ₂の代理占有に何らの問題も生じなかった。

ⓑ　前記⑴の④のとおり、Ｘの前主Ａは、昭和41年から44年にかけて36

番１の土地を分筆して他に分譲したが、その後自己所有地は残っていないと考えており、昭和18年から49年までの間本件土地を使用しまたは管理したことがなかった。また、Ａより前の所有者にさかのぼってみても、本件土地を使用・管理したり、これが36番１の土地に属するとの主張をしたという形跡は証拠上全くない。

ⓒ　これらの事実関係からすると、本件土地は分筆前の37番２に属すると認めるに十分である。公図にみられる前記(3)ⅲの土地相互の位置関係は、この認定と趣を異にするが、以下に詳述するように、公図の記載には証拠価値を認めることができず、ほかにこの認定を動かすに足りる証拠はない。

ⓓ　一般に「公図」と呼ばれている旧土地台帳附属地図は、地租徴収の資料として作成されたという沿革、作成当時における測量技術の未熟等に鑑み、不正確なものであることは否定しがたく、それ自体では係争土地の位置および区画を現地において具体的に特定する現地復元力を有しないものとされている。そこで、訴訟の実際においては、公図に加えて、筆界杭、畦畔等の物的証拠および古老や近隣の人の証言等の人的証拠によって、当該土地の位置や区域を特定しているのであるが、このことは裏を返せば、公図の証拠価値はかかる物的、人的証拠によって初めて決まるものであり、かかる物的・人的証拠がないときは、公図のみでは何の役にも立たず、本証としてはもちろんのこと反証としてもその証拠価値を認めることができないことにならざるを得ない。証言や本人供述であれば、経験則に照らしてそれ自体の証拠価値を判断することができるのであるが、公図にあってはそれができないのである。

ⓔ　右に説示したことは、本件におけるように甲地と乙地との間に丙地が割って入っているかどうかという複数の土地相互間の位置関係についても、何ら異なるところはない。公図としてそれなりのものがあり、これには丙地が割って入った形で書かれていても、現地としては甲乙

両地が相隣接しているということで長期間安定している場合には、その公図が果たして3つの土地の当初の実態に即して作成されたものであるのかという疑問を生じ、長年月にわたって安定している状況を、公図とは違うという理由だけで変更することはできず、結局のところは、公図以外の物的・人的証拠によって3つの土地相互の位置関係を認定するほかないのである。

ⓕ　これを本件についてみるに、36番1土地が34番5土地と37番2の土地との間に割って入った形で突出しているのであれば、それにふさわしい何らかの形跡や右突出部分の使用管理に関する物的・人的証拠がみつかってしかるべきである。にもかかわらず、右突出部分のことが本件当事者間で問題になってからすでに十数年になるというのに、右の点の手がかりになるような証拠さえも提出されていないのであるから、公図のみをもってしては、客観的事実関係に裏付けられた上記ⓐ〜ⓒの認定判断を動かすことは到底できないというべきである。

(5)　昭和62年東京高裁判決とその原判決とが結論を異にした理由

前記(3)のとおり、原判決は本件土地が36番1の土地にあたると認定したのに対し、前記(4)のとおり、昭和62年東京高裁判決は本件土地が37番2の土地に属すると認定しました。

このように結論を分けた原因は、公図の記載の正確性についての理解を異にしているところにあります。すなわち、原判決は、土地の形状や地積の記載の正確性はともかく、複数の土地相互の位置関係の記載の正確性については相応の信を措きうることを大前提にしています。これに対し、昭和62年東京高裁判決は、**公図の記載それ自体では係争土地の位置および区画を現地において具体的に特定する現地復元力を有しないとしたうえ、複数の土地相互の位置関係についても異なるところはなく、公図の記載の正確性は、当該事件において争われている公図の記載に沿った物的証拠（筆界杭、畦畔等）および人的証拠（古老や近隣の人の証言等）が存するかどうかにかかるとしてい**

ます。

　前記 3 (1)に整理した公図の由来と性質に鑑みると、公図の記載につき、原判決の前提とする「複数の土地相互の位置関係の記載の正確性については相応の信を措き得る」という経験則が存在するというのは困難です。すなわち、いずれの地域で、いつごろ、どのような具体的手順で作成されたものであるかによって、公図の記載の正確性はさまざまなのであり、これらの点を捨象して、一般に、複数の土地相互の位置関係の記載は正確なものと信頼してよいという経験則が存在するとはいえないのです。結局、公図に対する姿勢としては、昭和62年東京高裁判決の説示するところによるのが正しいということになります。

　前掲（脚注 4 ）最 1 小判平成 9 ・ 7 ・17（以下「平成 9 年最高裁判決」といいます）は、公図の記載につき、「**少なくとも本件で問題になっている地域については、土地の形状や隣接関係等を正確に反映するものではない**」としたうえ、「**公図によっては、係争地付近の字境を知ることはできないだけでなく、土地の形状、隣接関係を確定することも難しいものといわざるを得ないのであるから、公図は一応の参考にはなるものの、これをもって土地の隣接関係を決定することはできず、むしろ、地元の人々の字境についての認識、土地の占有状態、地形地勢等をより重視して字境および土地の隣接関係を判断すべきことになる**」と説示しています。

　昭和62年東京高裁判決は、平成 9 年最高裁判決に10年先立つものですが、公図の記載の証拠価値について全く同じ理解をし、また、その理解を具体的事案に即して明快に説示しています。

5. 小　括

　本項で取り上げた昭和62年東京高裁判決は、法律実務家に対し、公図の見方、接し方または扱い方の基本を懇切丁寧に教えてくれています。

　また、同判決は、土地の所有権の範囲の証明または認定という本項の直接の主題を超えて、事実の証明または認定という知的作業の奥深さを再認識さ

せるものといって過言ではありません。

Ⅱ　取得時効における「所有の意思」の認定

1．はじめに

前記Ⅰでは、土地の所有権をめぐる紛争のうち、土地の所有権の範囲が争点になる紛争を取り上げました。

本項では、土地所有権の取得時効の成否が争われる訴訟が数多く提起されている現状を踏まえ、土地所有権の取得原因事実として取得時効が主張される紛争における事実認定上の問題を取り上げることにします。

2．紛争の類型と取得時効の要件事実

⑴　所有権の取得原因事実をめぐる紛争の類型

所有権を取得する原因としては、大別して承継取得（売買、贈与、代物弁済等）と原始取得（建物の建築、動産の即時取得、動産・不動産の取得時効等）とがあります。土地所有権の取得原因事実の存否が争われる紛争といっても、前者の承継取得の場合には、これらの契約が成立したかどうかが争点になり、事実認定上の問題としては、第1章で検討したところを復習すればおおよそ用が足ります。

後者の原始取得のうちの取得時効の成否が争われる場合は、争点の性質が全く異なりますから、別に検討しておく必要があります。本項では、取得時効の要件のうち、訴訟において最も深刻に争われ、当事者の主張・立証または事実審裁判所の認定判断が簡単ではない「所有の意思」に焦点をあてて検討することにします。

⑵　民法162条の規定による取得時効の請求原因事実と主張・立証責任

㋐　長期取得時効の要件

民法162条1項は、長期（20年）取得時効の要件として、①所有の意思を

もって、②平穏かつ公然と、③他人の物を、④20年間占有する、という4項目を規定しています。

しかし、まず、民法186条1項は、占有者に①および②を推定するとしているため、取得時効の成立を争う相手方当事者がその反対事実を主張・立証しなければなりません。①の反対事実は、占有者に所有の意思がないことであり、これを一般に「他主占有」といいます。②の反対事実は、占有が強暴または隠秘であることですが、土地の取得時効の成否をめぐる紛争において、この点が争点になることはほとんどありません。

次に、③については、自己所有物であっても取得時効の対象になるというのが最高裁判例ですから、条文上は取得時効の要件であるかのようにみえますが、取得時効が問題になる通常の事態を記述したものにすぎず、厳密な意味での取得時効の要件ではありません。

また、④については、民法186条2項が、前後2時点における占有があれば、その間占有が継続したものと推定するとしているため、取得時効を主張する当事者としては、占有を開始したA時点と、それから20年経過時であるB時点の占有を主張・立証すればよいということになります。これに対し、取得時効の成立を争う相手方当事者において、A時点とB時点の間の1時点における不占有を主張・立証することによって、この推定を覆すことができます。

最後に、最高裁判例は、時効による権利の得喪は時効の利益を享受する旨の実体法上の意思表示によって初めて生ずる（停止条件説）としていますか

6　ここでの「推定」は、暫定真実の性質を有するものであって、主張・立証責任を転換する立法技術の1つです。暫定真実につき、詳しくは、司研・要件事実第1巻27頁を参照。

7　最2小判昭和42・7・21民集21巻6号1643頁、最1小判昭和44・12・18民集23巻12号2467頁。

8　ここでの「推定」は、法律上の事実推定の性質を有するものであって、暫定真実と同様、主張・立証責任を転換する立法技術の1つです。法律上の事実推定につき、詳しくは、司研・要件事実第1巻24頁を参照。

9　最2小判昭和61・3・17民集40巻2号420頁。

ら、時効によって利益を受ける者が不利益を受ける者に対して時効援用の意思表示をすることが必要です。

　以上によると、長期取得時効の請求原因事実は、次の３項目に整理することができます。

---

①　Xは、A時点で本件土地を占有していた。

②　Xは、A時点から20年経過したB時点で本件土地を占有していた。

③　Xは、Yに対し、前記①②の時効を援用する旨の意思表示をした。

　　(イ)　短期取得時効の要件

　民法162条２項は、短期（10年）取得時効の要件として、①所有の意思をもって、②平穏かつ公然と、③他人の物を、④10年間占有し、⑤占有開始時に自己所有と信じており（善意）、⑥⑤のように信じたとすれば[10]それに過失がない（無過失）、という６項目を規定しています。

　①から④までは、前記(ア)に説明したとおりです。

　⑤は、①②と同様、民法186条１項が推定しています（暫定真実）から、短期取得時効の成立を主張する当事者においてこれを主張・立証する必要はなく、その成立を争う相手方当事者がその反対事実である悪意（占有者が自己所有とは信じていなかったこと）を主張・立証することになります。

　⑥については、推定規定がないので、短期取得時効の成立を主張する当事者が主張・立証すべきことになります。無過失という要件は、いわゆる規範的要件[11]ですから、「占有開始時に自己所有と信じたとすれば、それが無過失であると評価することのできる根拠となる事実（換言すると、そう信ずるに足りる正当事由があると評価することのできる根拠となる事実）」を主張・立証する必要があります。

10　「信じたことに」と表現すると、信じたことも要件の一部に取り込まれているとの誤解を招きかねないので、「信じたとすれば」と表現しています。

11　規範的要件につき、司研・要件事実第１巻30頁を参照。

　以上によると、短期取得時効の請求原因事実は、次の４項目に整理することができます。

---

①　Ｘは、Ａ時点で本件土地を占有していた。

②　Ｘは、Ａ時点から10年経過したＣ時点で本件土地を占有していた。

③　Ｘには、Ａ時点で本件土地を自己所有と信じたとすれば、それが無過失であると評価する根拠となる事実（正当事由の評価根拠事実）がある。

④　Ｘは、Ｙに対し、前記①②の時効を援用する旨の意思表示をした。

3.「所有の意思」の意義と主張・立証命題

　前記２(2)のとおり、取得時効の成立を争う当事者が他主占有（所有の意思のない占有であること）を主張・立証しなければならないのですが、実際の訴訟で重要であるのは、「所有の意思」とは何を意味しているか、「所有の意思」のないこと（他主占有）をどのように決定するのか、具体的に他主占有の主張・立証をどのようにすればよいのかを正確に理解していることです。

(1)　「所有の意思」の意義とその決定方法

　まず、占有者の「所有の意思」については、所有者と同一の内容の支配をする意思を意味すると解されています。すなわち、**「所有の意思」は、悪意の占有者（目的物を自己所有と信じていない者）にも所有の意思がある**という前提に立つ概念であることを正確に理解しておく必要があります。

　次に、「所有の意思」の決定方法につき、最１小判昭和58・3・24民集37巻２号131頁（以下「昭和58年最高裁判決」といいます[12]）は、**「占有者の内心の意思によってではなく、占有取得の原因である権原又は占有に関する事情により外形的客観的に定められる**べきものである」と判断し、現在の裁判実務

12　この最高裁判決は、熊本県の郡部に残っていたとされる「お綱の譲り渡し」と呼ばれる家産の承継に係る慣習の法的性質が争われたものです。

はこの立場によることに確定しています。

　すなわち、実際の訴訟においては、第1次的に承継取得原因事実である売買契約による所有権の取得を主張し、第2次的に原始取得原因事実である取得時効を主張するという事態が頻繁に起こります。このような場合に、取得時効を争う当事者において、「売買契約締結の事実が証拠によって認められないから、本件土地の占有は、所有権を取得したとの認識の下に開始されたとはいえない」といった主張をする当事者がいますが、このような主張は、第1に、占有者の内心の意思を問題にしているにすぎない点において失当ですし、第2に、客観的な占有権原または外形的な占有事情のいずれをも主張していない点において失当です。

　そこで、次に、取得時効の成立を争う相手方当事者が他主占有を主張・立証するには、具体的にどのようにすればよいかが問題になります。

(2)　他主占有を主張・立証する2つの方法

　昭和58年最高裁判決によると、取得時効の成立を争う相手方当事者は、以下の2つの方法によって他主占有を主張・立証することになります。

　第1は、賃借権・使用借権等の他主占有権原の発生原因事実と占有者の占有がその他主占有権原に基づくことを主張・立証するという方法です。

　この方法（他主占有権原ルート）による場合の主張は、目的土地の賃貸借契約等の締結と同契約に基づく引渡しとを主張するということですから、主張にあたって格別難しい問題はありません。

　第2は、外形的客観的にみて、占有者が占有中に他人の所有権を排斥して占有する意思を有していなかったと解される事情（他主占有事情）を主張・立証するという方法（他主占有事情ルート）です。

　他主占有事情は一種の規範的要件ですから、他主占有という評価を導くような具体的事実（評価根拠事実）を主張・立証する必要があります。このような性質を有する事実を類型に分けてみると、1つの類型は「所有者として通常はとらない態度を示したこと」を示すものであり、もう1つの類型は「所有者として当然とるべき行動に出なかったこと」を示すものです。

　これらの他主占有事情にあたる事実の主張・立証に対し、取得時効の成立を主張する当事者としては、そのような事実と両立するものであって、そのような事実があったとしても、所有者として占有することと矛盾するとはいえないことを示す事実を評価障害事実として主張・立証することになります。[13]

　以上の説明は、一般論としてみると理解しづらいところはないのですが、他主占有事情が問題になる事案において、実際に、どのような事実が評価根拠事実になり、どのような事実が評価障害事実になるのかを簡単にイメージすることはできません。

４．事例演習（〈*Case* 4 -②〉）

　そこで、最２小判平成７・12・15民集49巻10号3088頁（以下「平成７年最高裁判決」といいます）が取り扱った紛争をやや簡略にした事案を素材にして、「所有の意思」（他主占有）の争点に焦点をあててその主張・立証を検討することにしましょう。

⑴　事案の概要

　平成７年最高裁判決の原判決が確定した事実関係は、概要、以下のとおりです。

┌─〈*Case* 4 -②〉────────────────────

①　Aは、昭和30年10月当時、A名義で登記された本件土地を所有していた。Aは昭和31年８月に死亡し、その長男Cが本件土地の所有名義人になった。

②　Aの弟Bは、昭和30年10月ころ、本件土地上に建物を建築して妻子とともに居住し始め、昭和38年ころ、本件土地の北側角に同建物を移築し、昭和40年８月ころ、移築した同建物に増築を施した。さらに、Bの娘X₁と結婚したX₂は、昭和42年４月ころ、同建物に隣接して居

13　「所有の意思」または他主占有についての詳細につき、瀬川信久＝七戸克彦ほか編『事例研究民事法Ⅰ〔第２版〕』（日本評論社・2013年）265～268頁〔田中豊〕を参照。

宅を建築し、昭和60年に至って、Bが移築等した建物と自らが建築し
た居宅とを結合する増築工事をして、現在の建物にした。

③　AもCも、BまたはX₂のした②の建物の建築等につき、異議を述
べたことはなかった。

④　BもX₁・X₂も、本件土地につき登記簿上の所有名義がAまたはC
にあることを知りながら、所有権移転登記手続を求めず、固定資産税
を負担することもしなかった。

⑤　Aの家が本家、Bの家が分家という関係にあったため、当時経済的に
苦しい生活をしていたBの家がAの家から援助を受けることもあった。

⑥　Bが昭和49年に死亡し、Cも平成元年に死亡した。本件土地の現在
の所有名義人は、Cの妻Y₁と子Y₂である。

　X₁・X₂は、Y₁・Y₂に対し、本件土地につき、第1次的に昭和30年10月
のAとBとの間の交換契約を原因とする、第2次的に昭和30年10月を起点と
するBの短期時効取得を原因とする、第3次的に昭和42年4月を起点とする
X₁・X₂の短期または長期の時効取得を原因とする各持分移転登記手続を求
めました。

[関係図]

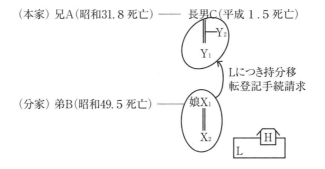

(2)　当事者の主張と争点の所在

〈*Case* 4 -②〉の訴訟物（請求権）は、いずれも所有権に基づく妨害排除請求権としての持分移転登記請求権です。

Y₁・Y₂は、第 1 次的請求につき、交換契約の成立を否認し、第 2 次的請求および第 3 次的請求につき、BまたはX₁・X₂の占有には所有の意思がないと主張して争いました。すなわち、〈*Case* 4 -②〉の争点は、①X₁・X₂の主張する交換契約が成立したかどうか（請求原因事実の存否）、②BまたはX₁・X₂の本件土地の占有が他主占有であるかどうか（抗弁の成否）、の 2 点に集約することができます。

(3)　原判決の判断

原判決（東京高判平成 6 ・ 6 ・16民集49巻10号3118頁）は、第 1 審判決（東京地判平成 5 ・ 8 ・27民集49巻10号3101頁）と同様、X₁・X₂の請求をいずれも棄却すべきものとしましたが、その判断の概要は以下のとおりです。

ⅰ　交換契約成立の主張には、これに沿う契約書等の客観的証拠に欠け、登記簿の記載との不一致（昭和30年10月ころ、B所有の土地の所有名義がCに移転されているところ、その登記原因が売買とされていること）を説明する証拠にも欠けるから、B所有の土地と本件土地との交換契約の成立を認めるに足りない。

ⅱ　ⅰによれば、Bによる昭和30年10月ころの本件土地の占有の開始が交換契約により所有権を取得したと認識したうえのものであると認めるに足りず、X₁・X₂による昭和42年 4 月ころの本件土地の占有の開始もBとの贈与契約により所有権を取得したと認識したうえのものであると認めるに足りない。

ⅲ　BおよびX₁・X₂は、本件土地につき、登記簿上の所有名義がAまたはCにあり、Bに移転していないことを知りながら、所有権移転登記手続を求めることなく長期間放置し、固定資産税を負担することもしなかったなど、所有者として当然とるべき措置をとっていない。

⒤　以上、ⅱおよびⅲを総合して考慮すると、BおよびX₁・X₂には本件土地を占有するにつき所有の意思がなかったというのが相当である。

⑷　平成7年最高裁判決の判断

　最高裁判所は、X₁・X₂の上告（原判決には昭和58年最高裁判決に違背する違法があることを理由とするもの）に対し、以下のとおり判断し、原判決には所有の意思に関する法令の解釈適用を誤った違法があり、ひいて審理不尽・理由不備の違法を犯したものであるとして、第2次的請求および第3次的請求に係る部分を破棄して、原審に差し戻しました。[14]

①　所有の意思は、占有者の内心の意思のいかんを問わず、占有者がその性質上所有の意思のないものとされる権原に基づき占有を取得した事実が証明されるか、または占有者が占有中、真の所有者であれば通常はとらない態度を示し、もしくは所有者であれば当然とるべき行動に出なかったなど、外形的客観的にみて占有者が他人の所有権を排斥して占有する意思を有していなかったものと解される事情（このような事情を以下「他主占有事情」という）が証明されて初めて、その所有の意思を否定することができるものというべきである。

②　前記⑶のⅱの判断は、BまたはX₁・X₂の内心の意思が所有の意思のあるものと認めるに足りないことを理由に、同人らの本件土地の占有は所有の意思のない占有にあたるというに帰するものであって、同人らがその性質上所有の意思のないものとされる権原に基づき占有を取得した事実を確定したうえでしたものではない。

③　前記⑶のⅲのうち、所有権移転登記手続を求めなかったことについてみると、この事実は、基本的には占有者の悪意を推認させる事情として考慮されるものであり、他主占有事情として考慮される場合にお

14　第1次的請求に係る部分についての上告は、上告理由の記載なしとして却下しました。

いても、占有者と登記簿上の所有名義人との間の人的関係等によって
は、所有者として異常な態度であるとはいえないこともある。

　次に、固定資産税を負担しないことについてみると、固定資産税の
納付義務者は「登記簿に所有者として登記されている者」である（地
方税法343条１項、２項）から、他主占有事情として通常問題になるの
は、占有者において登記簿上の所有名義人に対し固定資産税が賦課さ
れていることを知りながら、自分が負担すると申し出ないことである
が、これについても所有権移転登記手続を求めないことと大筋におい
て異なるところはなく、当該不動産に賦課される税額等の事情によっ
ては、所有者として異常な態度であるとはいえないこともある。

　結局、これらの事実は、他主占有事情の存否の判断において占有に
関する外形的客観的な事実の１つとして意味のある場合もあるが、常
に決定的な事実であるわけではない。

④　原審は、Ｂまたは X₁・X₂ の本件土地の使用状況につき、ⓐＢは、
昭和30年10月ころ、本件土地に建物を建築し、妻子とともにこれに居
住し始めた、ⓑＢは、昭和38年ころ、本件土地の北側角に右建物を移
築した、ⓒＢは、昭和40年８月ころ、移築した右建物の東側に建物を
増築した、ⓓ X₁ と結婚していた X₂ は、昭和42年４月ころ、Ｂが移築し、
増築した建物の東側に隣接して作業所兼居宅を建築した、ⓔ X₂ は、
昭和60年、Ｂが移築し、増築した建物と X₂ が建築した作業所兼居宅
とを結合するなどの増築工事をして現在の建物とした、ⓕＡまたはＣ
は、以上のＢまたは X₂ による建物の建築等について異議を述べたこ
とがなかった、との事実を認定しているところ、ＢはＡの弟であり、
いわばＢ家が分家、Ａ家が本家という関係にあって、当時経済的に苦
しい生活をしていたＢ家がＡ家に援助を受けることもあったという原
判決認定の事実に加えて、右ⓐないしⓕの事実をも総合して考慮する
ときは、Ｂおよび X₁・X₂ が所有権移転登記手続を求めなかったこと
および固定資産税を負担しなかったことをもって他主占有事情として

> 十分であるということはできない。

(5)　「所有の意思」の主張・立証のポイント

　取得時効の成否が争われる事件において重要であるのは、前記2(2)で説明した主張・立証事項が何であるのか、各事項について主張・立証責任を負っているのがいずれの当事者であるのかの前提問題を正確に理解しておくことです。

　そして、本項の主題である他主占有事情についてポイントを整理すると、以下のとおりです。

　第1に重要であるのは、取り上げようとしている具体的事実が、占有者の悪意（自分が目的不動産の所有者であると信じているとはいえないという内心の状態）を推認させる間接事実の性質を有するものであるのか、それとも他主占有事情（他人の所有権を排斥して占有する意思を有していなかったと解される事情）の評価根拠事実となる具体的事実（主要事実）の性質を有するものであるのかを区別して吟味するという姿勢です。

　次に重要であるのは、他主占有事情による「所有の意思」なしとの判断は、規範的な評価であることを理解しておくことです。すなわち、他主占有事情の評価根拠事実となりうる具体的事実にもそれ自体として軽重があるばかりか、それと両立する他の具体的事実を併せて考慮するときは、「所有の意思」なしとする評価が著しく減殺されるという事態もあります。要件事実論の世界では、後者の具体的事実を評価障害事実と呼んでいます。

　以上の2つのポイントについての理解の相違が、平成7年最高裁判決と原判決との結論を分けた原因です。

(6)　他主占有事情の主張・立証の構造

　〈*Case*4-②〉で、Y₁・Y₂は、他主占有権原ルートによって本件土地の使用貸借契約等の締結に係る主張をすることはせず、他主占有事情ルートによって、①本件土地の占有中、BおよびX₁・X₂が所有名義人AまたはCに対して本件土地の所有権移転登記手続を求めなかったこと、および②本件土

地の占有中、BおよびX₁・X₂が本件土地の固定資産税を負担しなかったこと、の2つの事実を評価根拠事実として主張・立証しました。

　これに対し、X₁・X₂は、評価障害事実として、異なる性質の事実を主張・立証しました。第1は、BおよびX₁・X₂が所有権移転登記手続を求めず、固定資産税を負担しなかったという行動に相応の理由があり、その行動をもって、必ずしも所有者として異常な行動とはいえないとの評価を導く事実です。第2は、BまたはX₁・X₂の本件土地の使用収益の態様が外形的客観的にみて所有者としてのものであるとの評価を導く事実です。第2の事実は、「自主占有事情」というべきものです。

　この構造をチャート化すると、〔図8〕のようになります。

〔図8〕　他主占有事情の主張・立証の構造（《*Case* 4 -②》）

他主占有事情となる 評価根拠事実	
(a)　占有中Lの所有権移転登記 　　手続を求めなかったこと	
(b)　占有中Lの固定資産税を負 　　担しなかったこと	

評価障害事実

(ⅰ)　(a)(b)について相応の理由が 　　あることを示す具体的事実	前記(4)④中の ①B家が分家、A家が本家の関係 ②B家がA家から経済的援助を受 　けることあり
(ⅱ)　Lの使用収益の態様が所有 　　者としてのものであることを示す 　　具体的事実	前記(4)④中の(a)～(f)の事実

(7)　平成8年最高裁判決による平成7年最高裁判決の確認

　最3小判平成8・11・12民集50巻10号2591頁（以下「平成8年最高裁判決」といいます）は、被相続人の占有を承継した相続人による取得時効の成否が争われたケースにおいて、他主占有事情についての平成7年最高裁判決の判

断を踏襲する判決をしました。その補足意見における可部恒雄裁判官の指摘は、「所有の意思」（他主占有事情）の主張・立証にあたる訴訟代理人およびその認定判断にあたる事実審裁判所にとって大いに参考になります。

　可部裁判官は、まず、所有権移転登記手続を求めることの意味につき、「**占有者が悪意であるときは、悪意の占有者が所有名義人に対し所有権移転登記を求めることがないのは当然であって、移転登記手続を求めないからといって、占有者の所有の意思が否定されることにならないのは、自明のことというべきであろう**。要するに、……取得時効の成否が争われている事案において、所有権移転登記が経由されているか否かをこと新しく指摘してみても、基本的な事実関係を認定する上でさしたる意味を持ち得ないことを知るべきである」と明快に述べています。これは、平成7年最高裁判決が前記(4)③において、「所有権移転登記手続を求めなかったことについてみると、この事実は、基本的には占有者の悪意を推認させる事情として考慮されるものであ（る）」と説示するのと同旨をいうものです。

　そのうえで、可部裁判官は、平成7年最高裁判決の意義につき、昭和58年最高裁判決以来、「下級審裁判例において、占有者から登記簿上の所有名義人に対し所有権移転登記手続を求めず、その登記が経由されていないことを以て、自主占有の成否を決する上での重要なポイントであるかの如き解釈運用が少なからず見受けられた近時の状況の下において、その運用上の偏りを修正する上で、その意味するところは大きい」と述べて、平成8年最高裁判決が平成7年最高裁判決と趣旨を同じくするものであることを明らかにしました。

5．小　括

　地縁や血縁のある者の間では、常日頃お互いの法律関係を明確にすることをしないどころか、むしろあいまいにしておくことによって円滑な社会生活を営むことができるといった風潮が根強く存在しています。[15]

　土地所有権の取得時効の成否が争われる紛争は、そのような社会のあり方

を反映したものです。〈*Case* 4 -②〉で取り上げた平成 7 年最高裁判決は、法律実務家に対し、**どのような紛争や争点に対処するときも、紋切り型の思考による形式的ないし機械的な認定と判断をするのでは足りないこと**を再認識させてくれるものです。

Ⅲ 二重譲渡における「背信的悪意者」の認定

1．はじめに

　土地の所有権をめぐる紛争が数多く提起されていることはすでに説明したとおりです（前記Ⅰ 2）が、そのような紛争の 1 つとして、土地が二重に譲渡されて現在の所有者が誰なのかが争われるという訴訟が相当数存在しています。そのうえ、事実関係の複雑さもあり、解決の困難な訴訟類型の一角を占めています。

　前記Ⅱでは、土地所有権の取得原因事実として取得時効が主張される紛争における問題を取り上げましたので、本項では、その延長線上にある問題として、土地所有権を時効取得した者と時効完成後に当該土地の譲渡を受けて所有権移転登記を具備した者とが当該土地の所有権の帰属をめぐって相争うという形での二重譲渡類型の紛争における事実認定上の問題を検討することにします。

15　可部裁判官は、平成 8 年最高裁判決の補足意見において、この点につき、「同居の親族間においては互いに権利義務関係を露骨に主張することを憚り、結果として、法律的に明確な措置に出ることを怠って、後日に紛争の火種を残すことになるのがむしろ通常であるといえよう。そのような風土、習性、人情が日本の長所であるとはいい難いが、さりとて経済的な競争社会において、個人間の権利義務関係が契約によって初めて規律される状況を前提として、所有権が移転したというなら何故その旨の登記が経由されていないのか、何故その登記を求めなかったのかと声高に指摘して、その一点に贈与の有無ないし自主占有の成否をかからしめるのは、およそこの種紛争の実態に合致しない態度というべきであろう」との洞察を示し、法律実務家に対して警鐘を鳴らしています。

2．不動産の二重譲渡と民法177条にいう「第三者」

(1)　制限説（正当な利益を有する者に限定する考え方）の採用

　民法177条は「不動産に関する物権の得喪及び変更は、……その登記をしなければ、第三者に対抗することができない」と規定していますが、判例は、ここにいう「第三者」は、登記の欠缺を主張するのに正当な利益を有する者であることを要し、無権利者、不法占拠者等は第三者にあたらないとする制限説を採用しています[16]。

(2)　背信的悪意者排除説の採用

　さらに、二重譲渡における第2譲受人につき、判例は、単なる悪意者（第1譲渡の存在を知っている者）は第三者から排除されないが、「不動産登記法4条または5条[17]のような明文に該当する事由がなくても、少なくともこれに類する程度の背信的悪意者は民法177条の第三者から排除されるべきである」とする背信的悪意者排除説を採用しています[18]。

(3)　時効取得と対抗関係

　時効取得と登記の関係につき、判例は、時効完成前に不動産を譲り受けて所有権移転登記を具備した者に対しては、登記なくして時効取得した所有権を対抗することができるが、時効完成後に不動産を譲り受けて所有権移転登記を具備した者に対しては、登記なくして時効取得した所有権を対抗することができないとする立場をとっています[19]。

　この立場によると、不動産の譲渡時と時効完成時との前後関係によって対抗関係に立つかどうかが決せられることになるため、判例は、時効援用者に

16　大連判明治41・12・15民録14輯1276頁、最3小判昭和25・12・19民集4巻12号660頁等。

17　平成17年改正前の規定。現行不動産登記法5条1項、2項を参照。

18　最3小判昭和40・12・21民集19巻9号2221頁、最2小判昭和43・8・2民集22巻8号1571頁、最2小判昭和43・11・15民集22巻12号2671頁、最1小判昭和44・1・16民集23巻1号18頁等。

19　最1小判昭和33・8・28民集12巻12号1936頁、最3小判昭和41・11・22民集20巻9号1901頁。

おいて取得時効の起算点を任意に選択することはできないとしています。[20]

⑷　時効取得への背信的悪意者排除説の適用と悪意の意義

　前記⑶のとおり、不動産の時効取得者と時効完成後の譲受人とが対抗関係に立つというのであれば、背信的悪意者排除説がここにも適用されるのかどうか、適用されるとしてその場合の「悪意」とは何を意味するのかが問題になります。

　この点につき、最3小判平成18・1・17民集60巻1号27頁（以下「平成18年最高裁判決」といいます）は、「甲が時効取得した不動産について、その取得時効完成後に乙が当該不動産の譲渡を受けて所有権移転登記を了した場合において、乙が、当該不動産の譲渡を受けた時点において、甲が多年にわたり当該不動産を占有している事実を認識しており、甲の登記の欠缺を主張することが信義に反するものと認められる事情が存在するときは、乙は背信的悪意者に当たるというべきである」と判断して、ここにも背信的悪意者排除説を適用することを明らかにしました。

　また、平成18年最高裁判決は、時効取得に遅れる第2譲受人の悪意の内容につき、「第2譲受人が第2譲受けの時点において時効取得者が多年にわたり当該不動産を占有している事実を認識していたこと」で足り、占有者が取得時効の要件のすべてを充足していることの認識までは要しないことを明らかにしました。[21]

3．背信的悪意者であることを主張・立証するとは

⑴　「悪意」プラス「背信性」という2要件を備えた者

　時効取得者甲と時効完成後に不動産の譲渡を受けた者乙との関係についての平成18年最高裁判決の説示するところによると、乙が背信的悪意者にあたるとの主張・立証をしようとする甲としては、以下の2つの事項を主張・立

20　最1小判昭和35・7・27民集14巻10号1871頁。

21　平成18年最高裁判決につき、松並重雄「判解」最判解民〔平成18年度〕44頁を参照。

証しなければならないことになります。

---

① 乙が、不動産の譲渡を受けた時点において、甲が多年にわたり当該
　　不動産を占有している事実を認識していたこと（悪意）
② 乙において甲の登記の欠缺を主張することが、信義に反するものと
　　評価するに足りる事情が存在すること（背信性）

このうち、①の「悪意」の要件は、認識という内心にかかわるものであって、乙が否認して争うときに甲がその証明をするのはなかなか困難ではありますが、乙の譲受時の周辺状況等の間接事実を積み上げることによって、または乙に対する反対尋問を成功させることによって証明することのできる事実的要件です。

これに対し、②の「背信性」の要件は、いわゆる規範的要件ですから、甲としては、乙に背信性があるという評価を導く根拠となる具体的事実を集積させて主張し、証明することになります。背信性を争う乙としては、甲の主張した具体的事実の存在を争い、または甲の主張した具体的事実と両立してかつ背信性ありとの評価を減殺させる具体的事実を集積させて主張し、証明することになります[22]。

(2)　背信性の主張・立証のポイント

どのような乙であれば背信性ありと評価されるのかは、これまでに積み重ねられてきた裁判例を分析し、その傾向を理解しておくことが重要です。

背信性の評価根拠事実および評価障害事実としての諸要素の整理の仕方としては、さまざまなものが考えられますが、主張・立証のポイントを知るという観点からすると、以下のように整理して検討するのがわかりやすいと思われます。

22　規範的要件の要件事実につき、司研・要件事実第 1 巻30頁を参照。

---

① 第1譲受人（時効取得者を含む）と第2譲受人との客観的（経済的）要保護性の比較

 ⓐ 第1譲渡は時価による売買であってその代金も支払済みであるのに対し、第2譲渡は対価のない（贈与）または著しく低廉な売買であるといった事情

 ⓑ 第1譲受人は目的不動産を生活の本拠として長期間利用してきたのに、第2譲受人には目的不動産を利用する具体的必要がないといった事情

 ⓒ 第1譲渡に無効・取消し・解除等の原因になるような事実があるといった事情

② 第2譲渡の態様の不当性の有無と程度

 ⓓ 第2譲受人が第1譲受人に対する害意（加害目的）や図利目的（不当な利益獲得目的）を有しているといった事情

 ⓔ 第2譲受人が第1譲渡に仲介人、立会人等の立場で関与している等、第2譲渡という行為に出ることが過去の自らの行為または立場と矛盾するといった事情

 ⓕ 第2譲受人が第2譲渡または移転登記を実現するためにとった手段が正当な競争の範囲を超えているといった事情

③ もと所有者と第2譲受人との関係の特殊性の有無と程度

 ⓖ 第2譲受人がもと所有者の配偶者・親子・兄弟等の親族関係にある、法人であるもと所有者の代表者その他の役員であるといった事情

　規範的要件を取り扱う場合に注意しておくべきは、各規範的要件の主張・立証において意味のある要素（項目）の大要はあらかじめ決まっているのですが、実際に生起する個別の事件にあらかじめ想定される要素（項目）のすべてが登場するとは限らないということです。

　本項で取り上げた「背信性」についてみますと、第1譲受人（時効取得者

を含みます）は、当該事件において、前記①、②、③の項目を細分化した⒜ないし⒢の要素が存するかどうかを検討して、背信性ありという評価を導くのにプラスとなる具体的事実を可能な限り集積させて主張・立証することになります。これが評価根拠事実の主張・立証です。

これに対し、第2譲受人としては、第1譲受人の主張した事実を否認して争うか、第1譲受人の主張した事実と両立する事実であって、背信性ありという評価を減殺する具体的事実、または背信性なしという評価を導くのにプラスとなる具体的事実を可能な限り集積させて主張・立証することになります。

ですから、いずれの当事者であれ、自らについての事実のみならず相手方についての事実であっても、評価根拠事実または評価障害事実としての意味をもつものであれば、主張・立証することになります。主張・立証すべき主要事実があらかじめ決まっている事実的要件とは、この点が異なります。

4．事例演習（〈*Case* 4 -③〉）

それでは、大阪高判昭和63・9・30判時1318号63頁が取り扱った紛争を簡略にした事案を素材にして、背信的悪意者の争点に焦点をあててその主張・立証または事実認定の仕方を検討することにしましょう。

⑴　事案の概要

大阪高裁判決が確定した事実関係は、概要、以下のとおりです。

┌─〈*Case* 4 -③〉─────────────────

①　Aは、昭和14年12月当時、約100坪の本件土地を所有していた。不動産仲介業者Cは、Aの代理人と称し、Dに対し、同月27日、本件土地を代金4500円で売り、同時に本件土地を引き渡した。当時、本件土地の周辺では区画整理事業が進行中であったため、CとDは、区画整理事業が終了後に所有権移転登記手続をすることにし、とりあえず売買契約に係る公正証書を作成したが、同証書上売主はEと表示されていた。

②　Aは、昭和15年3月11日に死亡し、Bが家督相続により本件土地の所有権者になった。Bは、X1～X5（Bと同居し家計を共にする夫、子

らの家族）に対し、昭和58年1月22日、本件土地を贈与し、X₁～X₅は、同日、本件土地の所有権移転登記を経由した。

③　区画整理事業との関係から本件土地は長く登記簿上に記載されず、Bは、依頼した弁護士の調査と努力によって、昭和58年に至って公図訂正を果たし、X₁～X₅が所有権移転登記を経由する前日の同年1月21日にB名義の所有権移転登記を実現することができた。

④　Dは、昭和15年5月ころ、本件土地上に本件建物を建築し、これを他に賃貸した。Dは、Cに対し、本件土地の所有権移転登記手続を求めたが、Cが昭和21年に不動産仲介業を廃業して果たすことができず、その後、昭和34年ころ、Bに対して所有権移転登記手続を求めたが、Bは事情を知らないとしてDの求めに応じなかった。

⑤　Dは、昭和41年7月29日に死亡し、子であるY₁～Y₃が本件建物について各3分の1の共有持分権者になった。

⑥　Bは、本件土地の近くに居住しており、Dが本件建物を建築して本件土地の使用を始めたことを知悉していた。

　　X₁～X₅は、昭和41年ころには、Y₁～Y₃が本件土地の所有権を主張していることを知った。BおよびX₁～X₅は、昭和56年、本件土地の法律関係の調査を依頼した弁護士から、Y₁～Y₃の取得時効成立の可能性を説明され、本件土地を第三者に処分することによって所有権の喪失を回避することができることを示唆された。BおよびX₁～X₅は、DおよびY₁～Y₃に対し、本件訴訟の提起に至るまで同人らによる本件土地の占有使用について異議を述べたことはなかった。

⑦　本件土地の固定資産税は、昭和14年12月27日以降一貫してA・BまたはX₁～X₅において支払い、DまたはY₁～Y₃が支払ったことはない。

　X₁～X₅は、Y₁～Y₃に対し、本件土地の所有権に基づき本件建物収去本件土地明渡しを請求し（本訴）、Y₁～Y₃は、X₁～X₅に対し、本件土地につき、主位的に真正な登記名義の回復を原因とする所有権移転登記手続を求め、予備的

に「昭和14年12月27日時効取得」を原因とする所有権移転登記手続を求めました。

[関係図]

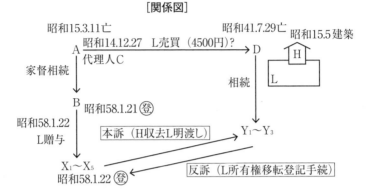

⑵　当事者の主張と争点の所在

X₁～X₅の本訴請求の訴訟物は所有権に基づく返還請求権としての本件土地明渡請求権であり[23]、Y₁～Y₃の反訴請求の訴訟物は所有権に基づく妨害排除請求権としての所有権移転登記請求権です。

争点は本訴請求と反訴請求とで異なるところはなく、完全なミラー・イメージになっています。そこで、混乱を避けるために、以下、本訴請求について説明することにします。

X₁～X₅の請求原因事実のうちの本件土地の所有権取得原因事実を簡略に摘示すると「A→B（家督相続）→X₁～X₅（贈与）」というものです。

Y₁～Y₃は、このうちの「B→X₁～X₅（贈与）」を否認したうえで、虚偽表示の抗弁（「BからX₁～X₅への贈与は虚偽表示である」との抗弁（抗弁1））を主張し、さらに、Dが本件土地の所有権を取得したことを理由とする対抗関係の抗弁（その取得原因事実として、「DはA代理人Cから買った」との抗弁（抗弁2））、取得原因事実として「昭和14年12月28日を起算点とする期間10

23　本文の説明は、いわゆる旧1個説によるものです。建物収去土地明渡請求の訴訟物の理解の仕方につき、司研・紛争類型別58頁を参照。

年の短期取得時効が完成した」ことを理由とする対抗関係の抗弁（抗弁３）、取得原因事実として「同日を起算点とする期間20年の長期取得時効が完成した」ことを理由とする対抗関係の抗弁（抗弁４））を主張して争いました。

　X₁～X₅は、抗弁事実を否認したうえで、抗弁２ないし４に対するものとして、登記具備の再抗弁（「X₁～X₅は昭和58年１月22日に贈与契約に基づき所有権移転登記を具備した」との再抗弁（再抗弁１））を主張し、さらに、他主占有事情（評価根拠事実）の再抗弁（「Dは昭和14年12月28日以降一貫して固定資産税を支払ったことはないから、Dの本件土地占有は他主占有である」との再抗弁（再抗弁２））を主張して争いました。

　これに対し、Y₁～Y₃は、背信的悪意者の再々抗弁（「X₁～X₅は背信的悪意者である」との再々抗弁（再々抗弁１））を主張し、さらに、他主占有事情（評価障害事実）の再々抗弁（「Dは、昭和14年12月28日以降時効完成に至るまでの間、CやBに対して本件土地の所有権移転登記を実現するべく協力を要請するなど所有者にふさわしい行動をしていた」との再々抗弁（再々抗弁２））を主張して争いました。

　以上の主張・立証の構造を簡略ブロック・ダイアグラムにすると、〔図９〕[24]のようになります。

　背信的悪意者の主張の位置づけは、必ずしも明らかではありません。〈*Case 4-③*〉の素材とした前掲大阪高判昭和63・９・30およびその原判決である大阪地判昭和61・３・14判時1318号71頁は、いずれもこれを再々抗弁として位置づけています。これは、X₁～X₅の登記具備の再抗弁の効果を覆滅するとの考え方によるものです。

　これに対し、**Bからの贈与によって所有権の移転を受けたとしても、それをもってX₁～X₅の正当利益を有する第三者性を根拠づけることはできず、結局、「B→X₁～X₅（贈与）」による所有権移転の相対的無効原因になる（請求原因事実から発生する所有権移転の効果を覆滅する）と考えると**[25]**、登記具備**

24　簡略ブロック・ダイアグラムにつき、田中・法律文書14頁を参照。

の再抗弁を受けての予備的抗弁であると位置づけるのが正しいということに
なります。要は、背信的悪意者排除説の本質にかかわる実体法上の問題です。
ここでは、いずれの説も採りうるものとしておきましょう。

〔図9〕　当事者の主張・立証の構造のブロック・ダイアグラム（〈*Case* 4 -③〉）

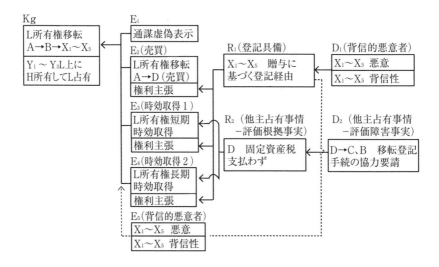

(3)　原判決（大阪地判昭和61・3・14）の判断

　原判決は、請求原因事実のうち争いのある部分について証拠で認定したう
え、抗弁1（贈与の虚偽表示の抗弁）を排斥し、抗弁2（Aの代理人CがDに
対して本件土地を売ったことを理由とする対抗関係の抗弁）を採用したうえ、再
抗弁1（X₁～X₅の所有権移転登記具備の再抗弁）は当事者間に争いがないとし、
再々抗弁1（X₁～X₅が背信的悪意者であるとの再々抗弁）を証拠で認定し、結
局、X₁～X₅の本訴請求を理由がないとして棄却しました。[26]

25　大橋弘「判解」最判解民〔平成8年度〕841頁を参照。

26　判時1318号63頁の無名コメントは、原判決につき、「売買による取得の主張は認めな
　　かったが、取得時効の完成を認め、Yらを勝訴させた」としていますが、誤りです。本
　　文の整理が正しいので、注意を要します。

⑷　**大阪高判昭和63・9・30の判断——虚偽表示等に関する認定・判断**

　大阪高等裁判所は、抗弁1（贈与の虚偽表示）、抗弁2（Aの代理人CがD
に対して本件土地を売ったことを理由とする対抗関係の主張）、抗弁3（短期取得
時効の完成を理由とする対抗関係の主張）をいずれも排斥し、抗弁4（長期取
得時効の完成を理由とする対抗関係の主張）を採用したうえ、再抗弁2（Dの
本件土地占有は他主占有であるとの主張）を排斥し、再抗弁1（X₁～X₅の所有
権移転登記具備）は当事者間に争いがないとし、再々抗弁1（X₁～X₅が背信
的悪意者であるとの主張）を証拠で認定し、結局、X₁～X₅の本訴請求に理由
がなく棄却すべきものとしました。

　本項は二重譲渡における「背信的悪意者」の主張・立証に係る問題を主要
テーマとしていますが、抗弁1ないし3および再抗弁2についての認定判断
も参考になるところが多いので、まず、これらの主張についての認定判断を
検討しておくことにしましょう。

　㋐　抗弁1——贈与の虚偽表示の主張

┈［虚偽表示の成否］┈
　　Y₁～Y₃は、本件贈与契約が通謀虚偽表示であるとして、その根拠を
　るる主張する。右主張事実は、後記五認定判示のとおり、概ね認められ
　るが、右事実自体は、後記背信的悪意者の抗弁を根拠づける事実たりえ
　ても、……ただちにBとX₁～X₅が、真実贈与契約をなす意思をもたず、
　単にY₁～Y₃の時効の主張を排斥するための手段として、本件贈与を
　行った事実の存在を証明するものとは言えず、本件全証拠によっても、
　通謀虚偽表示の事実を認めることはできないと言うべきである。

　この判断は、BとX₁～X₅にY₁～Y₃の時効の主張を回避する目的を有し
ていたのであれば、むしろ真実贈与契約をすることに意味があると指摘して
いるのです。当然の判断というべきでしょう。

　虚偽表示の抗弁は実際にも頻繁に主張されるのですが、認定されるのは極
めて稀です。〈*Case* 4 -③〉でも、そのとおりの結論になっています。この

判決は、「○○の目的による、△△の内容の裏合意が存した」との証明がされた場合でないと、事実審裁判所が虚偽表示であるとの認定をするのは難しいことを示しています。

(イ)　抗弁2──売買を理由とする対抗関係の主張

┌─ ［AのCに対する代理権授与の成否］ ─────────────

本件全証拠によっても、Cが、本件土地の売買契約にあたり、Dに対して、自己の代理権を証する書面を提示し、あるいは所持していた事実、前記公正証書作成にあたり、売主の名義をEとした具体的理由ないし必要性がいずれも認められないこと[27]を考慮すると、なおAがCに対して右代理権を授与した事実を認むべき証拠は存在せず、結局、本件全証拠によっても、AのCに対する代理権授与の事実は認めることはできないと言うほかはない。

└──────────────────────────────

第1審大阪地方裁判所（前掲大阪地判昭和61・3・14）は、本件土地の売買契約書である公正証書上の売主名義がEとされた点につき、「本件土地の売買には多数の人間が介在しているため、何らかの事情があって本来売主名をAとすべきであるのにEとしたものと考えられ（る）」といった判然としない理由によって、このような事情が代理権授与行為の存否の認定に影響しないとの判断をしたのですが、控訴審大阪高等裁判所（前掲大阪高判昭和63・9・30）は、前記のとおり、AのCに対する代理権授与の認定につき、より慎重な態度を示しています。

〈*Case* 4-③〉の事実認定としていずれの認定が真実に近いのかを2つの判決の理由説示のみによって決することはできませんが、民事訴訟の事実認定としては控訴審の態度が一般的なものであるといってよいと思われます。訴訟代理人としては、控訴審の態度を前提として主張・立証にあたるのが賢明です。

27　前記(1)の①を参照。

⑺　抗弁3——短期取得時効の完成を理由とする対抗関係の主張

---[占有開始時の無過失の成否]---

　本件全証拠によっても、Dは本件土地の売買契約にあたり、AがCに
右契約のための代理権を授与したことを信じたことにつき過失がなかっ
たことを認めることはできない。

　短期取得時効の要件事実は、前記Ⅱ2で説明したとおりです。上記の判
断は、「占有開始時の無過失」の要件についてのものです。〈*Case* 4-③〉に
おけるDの無過失の評価根拠事実は、「売主Aの代理人と称するCとの間の
売買契約が有効に成立したこと」ですから、前記⑺のように、AのCに対
する代理権授与を認定することができないということになると、Dの「占
有開始時の無過失」を主張・立証するためには、DがCをAの代理人であ
ると信じたことに正当事由があること（表見代理の要件の1つ）を主張・立
証する必要があるのです。

　このような構造を正しく理解すると、**承継取得原因事実〈*Case* 4-③〉で
は売買）を主張しながら、仮定的に、承継取得原因事実が認められないと
しても短期取得時効が成立したという主張は、その要件の1つである「占
有開始時の無過失」の評価根拠事実を主張するのにかなりの困難があるこ
とを実感することができます。**

　Dの「占有開始時の無過失」に関する上記大阪高等裁判所の判断は、こ
の点をよく示しており、参考になります。

⑻　再抗弁2——他主占有事情の主張

---[他主占有事情の成否]---

　X₁〜X₅は、D及びその相続人らは、本件土地の固定資産税を支払っ
ていないことを主張するが、右事情は、本件土地の占有開始後の事情で
あるうえ、前記認定の各事情によれば、本件土地の登記関係の確定それ
自体が困難であって、Bら側としても、……昭和58年以降の弁護士の再
度の調査及び手続の尽力によって、ようやく公図訂正、所有権登記が実

現した経過に照らし、右不払いの事実は、所有の意思の判断を左右するに足りないと言うべきである。

取得時効の要件のうちの「所有の意思」の意義と主張・立証責任は、前記 II 3 で説明したところですから、それを復習しておいてください。X_1〜X_5 は、Ｄが本件土地の占有開始後時効期間満了時までの間一貫して固定資産税を支払わなかったことをもって、他主占有事情である「所有者として当然とるべき行動に出なかったこと」にあたると主張したのです。

大阪高等裁判所は、この点につき、本件土地の公図と登記関係をめぐる特殊な事情に鑑みれば、固定資産税を支払わなかったことをもって他主占有事情として十分であるとはいえないと判断したのです。取得時効の成否が問題になる事件において頻繁に持ち出される争点についての判断として、バランスのとれたものであり、参考になります[28]。ただし、前記の判断のうち、占有開始後の事実は他主占有事情の評価根拠事実たりえないとの趣旨をいう説示部分は、誤りというべきでしょう。

⑸　大阪高判昭和63・9・30の判断──背信的悪意者に関する認定・判断

　㋐　再々抗弁１（背信的悪意者の主張）のうちの「悪意」

大阪高等裁判所は、前記3⑴①の「悪意」につき、X_1〜X_5 のうちの一部の者について「本件土地につきＤの占有開始当初からの事情を知悉していたことが認められ（る）」などとして、結局、X_1〜X_5 全員を悪意者と認定しました。

　㋑　再々抗弁１（背信的悪意者の主張）のうちの「背信性」

次に、大阪高等裁判所は、本件土地周辺の公図または登記簿が整備されないまま推移していた経緯、Ｄの本件土地の占有状況、Ｂおよび X_1〜X_5 のそ

28　本判決は、〈*Case* 4-②〉として取り上げた最２小判平成７・12・15民集49巻10号3088頁に先立つものですが、平成７年最高裁判決の趣旨に沿う判断であるといってよいでしょう。

の点についての認識、ＢおよびX₁～X₅の人間関係、ＢおよびX₁～X₅のうちの一部の者のした弁護士に依頼しての調査と弁護士の指導内容等に係る具体的事実（その概要は、前記(1)②～⑦のとおり）を詳細に認定したうえで、前記３(1)②の「背信性」につき、次のように判断しました。

[背信性の成否]

　以上の事情を総合すると、Ｂの本件贈与は、専ら、未だその対抗要件を具備していないY₁～Y₃の時効取得に優先してこれを排斥するための目的で対価なくして行われたものと認められるところ、受贈者であるX₁～X₅はいずれもＢの同居の近親者であり、Ｂの法定相続人であり、利害関係を共通にし、経済的にも一個の家族として一体の関係にあったものであり、実質的にＢと同一の地位もしくはそれに準ずる地位にあると言うことができ、取得時効による所有権取得者が、時効完成後に、右時効によって権利を失うべき者の前記目的にかかる贈与行為によって、右時効の利益を失う結果となることは、取得時効制度の本来の趣旨目的に照らし、到底容認し難いところであり、以上の事情の下では、X₁～X₅は、Y₁～Y₃の登記欠缺を主張する正当な権利を有する第三者であるとは認めることはできないと言うべきである。したがって、再々抗弁は理由がある。

　この判断は、前記３(2)の背信性の主張・立証のポイントを具体的事案に即して検討するのに格好の素材を提供しています。

　まず、前記３(2)①の客観的要保護性の要素を検討してみましょう。〈*Case 4*-③〉で第１譲受人にあたるＤ（Y₁～Y₃）の所有権取得原因事実は長期取得時効であり、本件土地上に本件建物を所有していますから、①のⓑの事情（すなわち、Y₁～Y₃側に目的不動産利用の必要性が大きいこと）が認められることは明らかです。また、控訴審において有効な売買であるとの認定を得ることはできなかったものの、Ｄは本件土地につき時価による売買代金を支払済みであることが認定されており、それに引き換えX₁～X₅は本件土地を贈与で取得したというのですから、①のⓐの事情（すなわち、Y₁～Y₃側に対価性があり、X₁～X₅に対価性がないこと）が認められるケースです。同ⓒの事情は、

〈*Case* 4 -③〉では関係がないといってよいでしょう。

　次に、前記3⑵②の第2譲渡の態様の不当性の要素を検討してみましょう。もともと、DとBとは対抗関係に立つ関係になかったのに、もっぱら、対抗要件を具備していないD（Y₁〜Y₃）の所有権取得を排斥する目的で贈与契約を締結したとの認定は、第2譲受人であるX₁〜X₅に②の③の不当な加害目的または図利目的が存したとの評価を導くものです。しかし、〈*Case* 4 -③〉に同ⓔ、ⓕの事情はないといってよいと思われます。X₁〜X₅の本件土地の所有権移転登記経由は、Bが所有権移転登記を経由した翌日にされていますが、その主たる原因は本件土地の公図と登記関係が整備されていなかったところにあったのですから、X₁〜X₅の背信性を根拠づけるものということはできないでしょう。

　さらに、前記3⑵③のもと所有者と第2譲受人との関係の特殊性の要素を検討してみましょう。大阪高等裁判所は、受贈者であるX₁〜X₅がBと同居する近親者（法定相続人）であり、1個の家族として一体の関係にあったことを極めて重視しています。③のⓖの事情があることは明らかです。

　以上を整理すると、〈*Case* 4 -③〉には、背信性の評価根拠事実となるものとして、前記3⑵①のⓐ、ⓑ、②の④、③のⓖの事情があるということになります。これに対し、背信性の評価障害事実となる候補として考えられるものは、D（Y₁〜Y₃）が長期間にわたって登記を経由していないという点ですが、前記⑷㈓のとおり、Bが登記簿上の所有名義人になることができたのが昭和58年1月21日（X₁〜X₅が所有権移転登記を経由した前日）なのですから、〈*Case* 4 -③〉ではこの点を背信性の評価障害事実とするわけにはいきません。

5. 小　括

　本項では、土地所有権をめぐる紛争のうち二重譲渡に関するものを取り上げ、民事裁判実務に強固に定着している背信的悪意者排除説を前提として、「背信的悪意者」の主張と立証とを詳しく検討しました。そして、二重譲渡

をめぐる紛争としては、双方の所有権取得原因が承継取得の場合だけでなく、一方の所有権取得原因が原始取得である取得時効であり、他方のそれが承継取得という場合もあることを実際の事例に即して学びました。

　また、一口に「背信的悪意者」と呼ばれていますが、その意義が「悪意者であって、かつ背信性のある二重譲受人」というものであって、主張・立証命題が性質を異にする2つの事項から成り立っていること、背信性の要件が規範的要件であって、主張・立証の攻防は、背信性という評価を根拠づける具体的事実とその評価を障害する具体的事実とを主張・立証するという形で行われることが、実際の事例を通して体感することができたと思います。

　〈*Case* 4 -③〉で取り上げた事案において、第1審大阪地方裁判所（前掲大阪地判昭和61・3・14）は、第1譲渡につき売買契約の成立を認めましたが、控訴審大阪高等裁判所（前掲大阪高判昭和63・9・30）は、そう認定することはできないとしたうえで、長期取得時効の成立を認めました。〈*Case* 4 -③〉は、わが国における取得時効制度の実際上の存在理由を考える契機になるものでもあります。

第 **5** 章

相続をめぐる紛争

I　遺言者の遺言能力の認定

1．はじめに

　相続をめぐる紛争は、歴史的存在といってよいものです。そして、高齢化社会の進展と軌を一にして、遺言の数が増加するとともに、その効力を争う紛争が遺言無効確認の訴えという形で数多く提起されるに至っています。

　ところで、確認訴訟の対象は現在の権利義務または法律関係であることが原則であり、単なる事実の確認や過去の法律関係は確認の対象適格を欠くと解されているため、そもそも遺言無効確認の訴えが適法であるのかどうかが長く争われていました。最 3 小判昭和47・2・15民集26巻 1 号30頁（以下「昭和47年最高裁判決」といいます）は、これに結着をつけた判例です。すなわち、昭和47年最高裁判決は、遺言無効確認の訴えは形式上過去の法律行為の無効確認を求めるものであるが、そのような形式をとっていても、①遺言が有効であるとすれば、それから生ずべき現在の特定の法律関係が存在しないことの確認を求めるものと解される場合であって、②原告がそのような確認を求めるにつき法律上の利益を有するときは、適法な訴えとして許容されうると判断しました。現在の民事訴訟の実務は、昭和47年最高裁判決の判断に従って運営されています。

　結局、①法定遺言事項が含まれる遺言であって、②原告が当該遺言について法律上の利害関係を有する者（相続人、受遺者、遺言執行者等）であれば、適法な遺言無効確認の訴えの要件を充足するということになります。[1]

　遺言無効確認の訴えにおいて当該遺言の有効性が争われる原因となる事由として実際に主張されるものとして、遺言無能力、遺言書の不成立（偽造、方式違反）、錯誤無効・詐欺取消し等をあげることができます。

1　以上につき、田中・論点精解民事訴訟413〜415頁を参照。

　本項では、近時、最も多く主張される遺言無能力を取り上げて、その事実認定上の問題を検討することにします。

2．遺言無効確認の訴えの主張・立証の構造

(1)　広義の請求原因事実

　遺言無効確認の訴えは、消極的確認の訴えに分類されるものであり、原告としては、①確認の対象となる遺言を特定し、②確認の利益（原告適格を含む）の存在を根拠づける事実を主張する必要があります。

　昭和47年最高裁判決によると、遺言無効確認の訴えは、遺言が有効であるとすれば、それから生ずべき現在の特定の法律関係が存在しないことの確認を求める訴えなのですから、②の確認の利益の存在を根拠づけるために、①において特定された遺言に法定遺言事項が含まれることを具体的に主張する必要があります。

　また、遺言者が死亡したこと[2]および当該遺言に含まれる法定遺言事項との関係から原告と被告との間で当該遺言が無効であるかどうかを確定することが紛争の解決に資することを示す事実を具体的に主張する必要があります。

　ここでは、以上の事実を「広義の請求原因事実」と呼ぶことにします。[3]

(2)　抗弁事実

　被告は、広義の請求原因事実の①において特定された遺言が有効に成立したことを主張・立証することになります。[4]すなわち、当該遺言が自筆証書遺言である場合には平成30年改正民法968条の規定する成立要件を充足していることを、当該遺言が公正証書遺言である場合には同法969条の規定する成

2　最 1 小判昭和31・10・ 4 民集10巻10号1229頁、最 2 小判平成11・ 6 ・11判時1685号36頁を参照。

3　一般に、「請求原因事実」という場合、訴訟物である権利義務または法律関係の実体法上の発生原因事実をいいます。そこで、本文のように、消極的確認の訴えにおいて原告がまず主張すべき事実を「広義の請求原因事実」と呼ぶことにします。

4　最 1 小判昭和62・10・ 8 民集41巻 7 号1471頁を参照。

立要件を充足していることを主張・立証することになります。

　実務上、訴状の請求原因欄に、「本件遺言は偽造されたもので、無効である」とか「本件遺言には日付の記載がないから、無効である」などの記載がされることがありますが、このような主張の主張・立証責任の構造上の位置づけは、抗弁事実の積極否認ということになります。

(3)　再抗弁事実

　本項で取り上げる遺言者の遺言無能力は、抗弁事実として主張された遺言の効力の発生を障害する事実ですから、原告が主張・立証責任を負う再抗弁事実です。

　意思表示の欠缺または瑕疵に係る他の事由（遺言者の錯誤、受遺者による詐欺等）も、同様に再抗弁事実です。

3．遺言無能力の主張・立証

(1)　遺言能力の意義

　遺言無能力は原告の主張・立証すべき再抗弁事実ですから、この点の攻防をする当事者もその判断をする裁判所も、遺言能力とは何かを正確に理解して臨む必要があります。

　しかし、民法には、遺言能力の意義を正面から定義する規定はありません。そこで、民法中の遺言能力に関係する諸規定から、遺言能力としてどの程度の知的能力を要求しているのかを考究することになります。

　まず、民法961条は遺言可能年齢を15歳としたうえで[5]、民法962条は民法の行為能力制度を遺言に適用しないこととしています[6]。民法の起草者は、これらの規定につき、通常の法律行為は成年になるのを待つことができるが、遺言はそういうわけにいかないので、遺言者の最終意思をできる限り尊重する

---

[5]　民法961条は、「15歳に達した者は、遺言をすることができる」と規定しています。

[6]　民法962条は、「第5条（未成年者の法律行為）、第9条（成年被後見人の法律行為）、第13条（保佐人の同意を要する行為等）及び第17条（補助人の同意を要する旨の審判等）の規定は、遺言については、適用しない（カッコ内の注記は著者による）」と規定しています。

という観点から、15歳以上の者に遺言能力を認める趣旨であると説明しています[7]。また、民法973条は、成年被後見人の遺言につき、「事理を弁識する能力を回復した時において」有効に遺言をすることができることを前提とする規定を置いています[8]。

　この点についての最高裁判例があるわけではありませんが、裁判実務および学説の議論によって収斂されてきた考え方は、次のように整理することができます。

　①　遺言能力は、意思能力ないし事理弁識能力と同義であり、自己の行為の法的な結果を認識し判断することのできる能力をいう[9]。

　②　意思能力自体が抽象的画一的に決すべきものではなく、具体的な法律行為に即してその意味と結果とを理解することができるかどうかという観点から個別的に決すべきものであるから、遺言能力についても、具体的な遺言の性質・内容に即してその意味と結果とを理解することができるかどうかという観点から個別的に決すべきである[10]。

　以上①、②のように考えるのが正しいとすると、遺言は基本的に身分行為の性質を有するから、財産行為に要求される意思能力よりも低いレベルの知的能力で足りるといった議論は、あまりに大雑把すぎて民事訴訟における判

7　梅謙次郎『民法要義（巻之五）相続編』（有斐閣・1984年（1913年の復刻版））261頁を参照。

8　民法973条１項は「成年被後見人が事理を弁識する能力を一時回復した時において遺言をするには、医師二人以上の立会いがなければならない」と、同条２項は「遺言に立ち会った医師は、遺言者が遺言をする時において精神上の障害により事理を弁識する能力を欠く状態になかった旨を遺言書に付記して、これに署名し、印を押さなければならない。ただし、秘密証書による遺言にあっては、その封紙にその旨の記載をし、署名し、印を押さなければならない」と、それぞれ規定しています。

9　中川善之助＝泉久雄『相続法〔第４版〕』（有斐閣・2000年）487頁、瀬戸正三「遺言能力」野田愛子＝泉久雄編『遺産分割・遺言215題（別冊判例タイムズ688号）』（判例タイムズ社・1989年）338頁を参照。

10　鹿野菜穂子「高齢者の遺言能力」立命館法学249号（1996年）171頁、土井文美「遺言能力（遺言能力の理論的検討及びその判断・審理方法）」判タ1423号（2016年）24頁を参照。

断基準としては役に立たないということになります。**遺言無効確認の訴えの対象となっている遺言書の条項のほとんどすべては財産処分に関するものであって、その経済的価値が数億・数十億円に上ることも珍しくないばかりか、遺言者の財産の全体が対象となりうることから、その帰属方法の決定のために数多くの要素の検討を要する場合もあるといった実態を前にすると、単純な売買契約の締結の可否の決定よりもはるかに高いレベルの知的能力を要する場合すらある**といって過言ではありません。

(2)　遺言無能力は事実認定の問題か

前記(1)のように、遺言能力の有無は、基本的に知的能力の程度に係る問題ですが、当該遺言に即して個別的具体的に決せられるというのであるとすると、そもそも、遺言能力の有無は法律判断（法的評価）であるのか事実認定であるのかが問題になります。

前記のとおりの遺言無能力は、当事者が証拠によってこれを直接に立証し、事実審裁判所が証拠によってこれを直接に認識することはできないとする立場に立つと、遺言無能力は規範的要件であって、法律判断の問題であるという結論になります。[11]これに対し、当事者は遺言無能力を直接に立証することができるし、事実審裁判所はこれを直接に認識することができるとする立場に立つと、遺言無能力は事実的要件であって事実認定の問題であるという結論になります。[12]

筆者は、遺言無能力は事実的要件であって事実認定の問題であると考えていますが、規範的要件であって法律判断の問題であると考える立場に立つとしても、訴訟における実際の主張・立証または認定（判断）の方法に相違が生ずるわけではありません。説明の仕方の差にすぎないと考えておけば足りると思われます。

11　東京地方裁判所民事部プラクティス委員会第二小委員会「遺言無効確認請求事件を巡る諸問題」判タ1380号（2012年）11頁は、遺言無能力を規範的要件と考えているようです。

12　最3小判昭和27・5・6集民6号599頁は、意思無能力を争う論旨につき、事実認定に対する非難であって、上告理由にならないとしました。

(3)　遺言無能力の主張・立証または認定のポイント

重要なことは、遺言無能力の主張・立証または認定（判断）にあたってのポイントですが、以下のように整理しておくのが有用であると思われます。

---

① 　遺言者の精神的疾患（障害）の存否、内容、程度

　ⓐ 　遺言者の知的能力に影響を及ぼすような精神的疾患（認知症、統合失調症、意識障害等）の存否

　ⓑ 　ⓐの疾患の重症度

② 　遺言内容形成の難易の程度

　ⓒ 　遺言者の有する遺産の規模と内容、相続人等の関係者の規模と構成

　ⓓ 　遺言内容の簡易性（複雑性）の程度

③ 　遺言内容の自然性・合理性・公平性の程度

　ⓔ 　遺言者と受遺者との人的関係からの遺言内容の合理性

　ⓕ 　相続人の一部の者の遺言作成過程への関与の態様

　㋐　精神医学的観点からの遺言者の精神的疾患（障害）の存否、内容、程度

　遺言無能力の主張・立証または認定（判断）にあたって最も基本的であり重要なのは、前記①の点です。これには異論がありません[13]。訴訟で主張される精神的疾患の大多数は、ⓐのうちの認知症です。認知症にも、大別してアルツハイマー型と血管性型とがあります。アルツハイマー型は脳全体のダメージによって全般性の認知症状を呈するのに対し、血管性型は脳出血等の脳血管の障害による神経細胞のダメージによってまだらの認知症状を呈するとされています。実際の訴訟では、このような相違を十分に意識して主張・立証または認定にあたる必要があります。そして、さらに重要であるのがⓑ

---

[13]　土井・前掲論文（注10）25頁、東京地方裁判所民事部プラクティス委員会第二小委員会・前掲論文（注11）11頁を参照。

の重症度の主張・立証または認定です。一般に、認知症の重症度が中程度か
ら重度である場合は、遺言能力なしとした下級審判決が多いとされています。[14]

　(イ)　遺言内容形成の難易の程度

　前記②のうちのⓓについては、遺言内容が複雑な場合にはその理解が容易
でないから、遺言者には高い知的能力が求められるが、遺言内容が簡明な場
合にはそれほど高い知的能力を要せず、遺言能力に問題なしとされるなどと
説明されることがあります。[15]しかし、遺言書が数頁にも及ぶものであって、
条項自体がこまごまとしていて複雑なものについて高い知的能力が求められ
るのは当然ですが、**条項自体が簡明である（例えば、「遺産の全てを甲に相続
させる」といったもの）ことは、高い知的能力を要しないとの結論に直結す
るものではないことに注意する必要があります。そこで、筆者は、ⓓの点と
併せて、必ずⓒの点を検討しなければならない**と考えています。

　すなわち、遺言書における条項自体が簡明なものである場合であっても、
遺言者の有する遺産が多岐にわたり（数多くの不動産、動産、現金、預金等）、
金額的にも大きく、特定の遺産と特定の相続人との間に利害関係があると
いった事情（ⓒの点）が存する場合には、遺言者は、そのような遺産をどの
ように処分するのが自らの最終意思に沿うゆえんであるかを検討して決する
必要があります。したがって、このような場合には、遺言書における条項自
体が簡明なものであるからといって、そのような処分を決するための知的能
力が低いものでよいとはいえないからです。

　そうすると、前記②の点は、必ず間接事実ⓒ・ⓓを併せ認定し考慮するに
しても、遺言能力の有無を決するという観点からすると、重要性の大きなも
のとはいえないということになります。[16]

14　石田明彦ほか「遺言無効確認請求事件の研究」判タ1195号（2006年）82〜84頁、土
　　井・前掲論文（注10）31頁を参照。本文に説明したように、遺言能力の有無は個別的具
　　体的な認定ですから、重症度が中等度に至らない場合であっても遺言能力なしとされた
　　ものもありますし、その逆もあります。

15　石田ほか・前掲論文（注14）84頁、土井・前掲論文（注10）40頁を参照。

　㋒　法的観点からの遺言内容の自然性・合理性・公平性の程度

　前記③のうちの⒠は、人は自らの資産を遺言という形で最終処分する場合においても、周囲の者との人的関係等を十分に考慮し、自然性・合理性・公平性を重視するのが通常であるとの経験則を基礎にするものです。遺言の内容がそのような意味での自然性・合理性・公平性を欠いていることは、遺言者の遺言時の知的能力に問題があることを示す徴表であると考えるわけです。

　同⒡は、人は自らの資産を遺言という形で最終処分するのに、利害関係人である相続人の一部の者を遺言作成過程に関与させることをしないのが通常であるとの経験則を基礎にするものです。特に、当該遺言によって利益を受ける者がそうでない者に比して、遺言作成過程に大きなまたは強い関与をしていることは、遺言者の遺言時の知的能力に問題があることを示す徴表であると考えるわけです。

　事実認定の問題としてみると、以上のような説明をすることになるのですが、**事実審裁判所が、遺言能力の認定（判断）というチャンネルを使うことによって、遺言者の利害関係人間の実質的公平の実現を図り、遺言内容を自己に有利にすべく遺言者に事実上の影響力を行使した関係者が不当に利益を獲得することを許さないのが公序に合致するとの社会正義の実現を図るもの**と説明することもできます。

　以上を総合し、上記①ないし③を遺言能力の有無の認定（判断）にとっての重要度の順に並べると、①＞③＞②ということになります。

16　東京地判平成21・9・8（2009WLJPCA09088004）は、遺産のすべてを被告に相続させることを趣旨とするものであって内容自体は単純な遺言につき、「判断能力を失った状態では、周囲の者の意見に迎合してその意見に沿った遺言書を作成することも十分考えられるところであり、本件各遺言の形式や内容から遺言能力を帰結するのは無理があるものといわざるを得ず」と説示し、結論として「本件各遺言書が作成された時点では、遺言能力を欠いていたものと認められ、本件各遺言は無効である」と判断しました。この判決は、遺言の形式や内容から遺言能力の有無を認定するというのでは本末転倒のおそれがあるとの警鐘を鳴らすものと思われます。

4．事例演習（〈*Case* 5 -①〉）

　以上のように整理した遺言能力の考え方を前提にして、宮崎地日南支判平成 5・3・30判時1472号126頁（以下「宮崎地裁日南支部判決」といいます）が取り扱った紛争を素材にして、遺言能力の有無に焦点をあててその主張・立証または事実認定の仕方を検討することにしましょう。

⑴　事案の概要

　〈*Case* 5 -①〉は、Aのした公正証書遺言につき、Aの相続人であるX₁〜X₆が同じく相続人であるYに対し、Aに遺言能力なし、遺言の方式違反（口授・読み聞けなし）の 2 点を無効理由として提起した遺言無効確認の訴えです。

　宮崎地裁日南支部判決が確定した事実関係は、概要、以下のとおりです。

┌─〈*Case* 5 -①〉─────────────────

① 　A（明治37年 4 月21日生、平成 2 年 7 月22日死亡）は、昭和62年 7 月27日（当時83歳）、公正証書による遺言（本件遺言）をした。本件遺言は、ⓐA所有の土地 1 筆を二男（すでに死亡）の子X₆に相続させる、ⓑA所有の土地11筆を子X₁に相続させる、ⓒA所有の土地 3 筆を長男の妻Bに遺贈する、ⓓその余の遺産を子Yに相続させる、ⓔ遺言執行者をYと指定する等を内容とするものであった。

② 　Aは、夫が昭和51年10月19日に死亡した後しばらく 1 人で暮らし、昭和55年ころから二女と同居したが、記憶障害が現れるようになり、昭和60年ころ、外出後自宅近くで警察官に保護され、その際、長男の妻B宅（以前夫と暮らしていた）が自宅であると説明した。

③ 　昭和61年12月11日に同居していた二女が死亡したが、Aは、その葬儀に集まった親戚の者の名前がよくわからない様子であった。その後、Aは、Yと同居し始めた。昭和62年 3 月26日、YがAを宮崎県立日南病院内科で受診させたところ、C医師は、カルテに認知症の中等度の中期以降に現れる失禁のあることを記載し、さらに認知症を意味する「dementia」と記載し、認知症に用いられる脳代謝改善薬アバンを処

　方した。

④　Yは、昭和62年7月27日の数日前、D公証人の役場を訪れ、Aの遺
　言公正証書の作成依頼をし、前記①のとおりの内容を告げた。

⑤　D公証人は、昭和62年7月27日、Yから告げられた内容を基に署名
　欄を空白にした署名前証書を作成のうえこれを持参し、Y宅を訪れて、
　椅子に座っているAとの間で世間話をしながら、時間をかけて本件遺
　言の内容についての口授を得ようとした。D公証人は、Aが「後のこ
　とを見てくれる人に遺産をやりたい」などと言ったが、前記①の@な
　いし©の土地の特定ができなかったため、Yから各土地についての指
　示説明を受け、それをAに告げたところ、Aから「はい」という返事
　を得た。同日、本件遺言の作成までに約2時間を要したが、D公証人
　から見て、Aの会話の状態は特に変わった印象ではなかったものの、
　立ち会った証人の1人は、ものの言い方や記憶の呼び戻し方が普通で
　はないとの印象を受けた。

⑥　X₁らは、宮崎家裁日南支部に対し、昭和63年2月29日にAの禁治
　産宣告の申立てをしたところ、同支部は、同年8月19日にAの禁治産
　宣告をした。その際、精神鑑定をした宮崎医科大学精神科助教授のE
　医師は、同年5月18日、Aが高度の認知症状態にあり、事物の理非善
　悪を弁識し、弁識に従って行動する能力は高度に障害されており、財
　産管理能力が欠如しているとの鑑定書を提出した。

[関係図]

（平成2.7.22死亡）A ══════════════ 夫（昭和51.10.19死亡）

妻＝長　X₁〜X₅　　二　　　　Y
B　　男　　　　　　男

X₆　　　　　遺言無効確認の訴え

昭和55年ころ	A：二女と同居
昭和60年ころ	A：記憶障害で迷子になり、警察に保護される。
昭和61.12.11	二女死亡。A：葬儀で親戚の者の識別できず。
昭和62.3.26	A：内科受診→C医師：「記憶障害、認知症の中等度中期以降」と診断、アバン処方。
昭和62.7.27の数日前	Y→D公証人　本件遺言の内容告知⇒D公証人：署名前証書の作成。
昭和62.7.27	D公証人：Yの自宅へ。A：遺言内容となる土地の特定できず。約2時間かけて公正証書遺言作成。
昭和63.8.19	Aに禁治産宣告。精神科E医師による昭和63.5.19付けの「Aは高度の認知症状態」の鑑定書。

(2)　遺言無能力に関する当事者の主張

　本件遺言の内容は前記(1)①の@ないし@のとおりですから、本件遺言に昭和47年最高裁判決の要求する法定遺言事項が含まれていることは明らかであり、また、本件訴訟の当事者であるX_1〜X_6およびYはいずれも遺言者Aの相続人ですから、当事者適格を含む確認の利益があることも明らかです。

　〈*Case*5-①〉において無効確認の対象とされている遺言は公正証書遺言ですが、公証人の関与する公正証書遺言であっても、その有効無効が争われることは珍しくはなく、公正証書遺言を無効とした下級審判決も数多く公表されています。[17]

　〈*Case*5-①〉では、前記(1)のとおり、無効理由として、㋐Aに遺言能力なし、㋑遺言の方式違反（口授・読み聞けなし）の2点が主張されています。前記2のとおり、㋐はX_1〜X_6が主張・立証責任を負う再抗弁事実であり、㋑はYが主張・立証責任を負う抗弁事実の積極否認となる事実です。

　㋐の遺言能力につき、X_1〜X_6は、本件遺言作成当時のAが中等度の老人

17　土井・前掲論文（注10）45〜77頁には、遺言能力の有無が争われた平成元年以降平成26年10月30日までに言い渡された下級審判決46件の一覧表が添付されていますが、そのうち32件が公正証書遺言をめぐる紛争です。

性認知症状態にあったことから遺言能力なしと主張しました。

　これに対し、Yは、①本件遺言作成の際、AはD公証人や証人との間で通常の会話をしていたから、Aの精神状態は普通であった、②AがYに財産をやりたい旨述べており、これ自体は単純な内容であってAの精神能力を前提にしても理解できるから、認知症であったとしても、遺言能力なしとは推認することはできない、などと主張して争いました。

⑶　Aの遺言能力に関する宮崎地裁日南支部の認定・判断

　宮崎地裁日南支部は、以下のとおり、遺言能力の意義についての一般的な判断を示したうえで、Aの遺言能力の有無について、前記3⑶で示したポイントを丹念に認定し、本件遺言作成時のAに遺言能力なしと結論しました。

㈦　遺言能力の意義

　意思能力とは、自己の行為の結果を弁識し判断することのできる能力である。したがって、Aが、本件遺言をなすことによって起こる法律的結果を弁識し、その是非を判断できれば、Aには本件遺言をする意思能力があったことになるが、その前提として、Aに、本件遺言内容を理解するだけの精神能力があったことが必要であり、これがなければ、Aには本件遺言をするだけの意思能力がなかったことになる。

㈧　Aの遺言能力の有無

⒜　Aの精神的疾患の存否と重症度

　Aは、本件遺言作成当時中等度以上の認知症の状態にあった。したがって、当時のAの精神能力は、精神医学上、一般に事物の是非の判断能力及びその能力に従って行動する能力は高度に障害されており、具体的には以下のような精神状態にあったものと認められる。

　これからすると、Aは、D公証人からの質問に対し、その意味を理解しないまま、受動的に返事をし、財産処分の意味やそれが及ぼす影響に

ついても理解できず、土地を特定して認識することも不可能な精神状態であったことになるから、本件遺言の意味を理解し、その結果を弁識判断する能力はなかったと推認できる。

(B)　遺言作成の具体的経緯

　当該法律行為当時のその者の言動や法律行為の内容等を検討した結果、精神医学上の精神能力からの推認を覆せる事実が認められれば、それに従って、精神医学上の精神能力から推認される結論にもかかわらず、なお意思能力がなかったこととはいえないと判断することは可能である。

　Aの精神医学上の精神能力から推認される結論を覆して、Aに本件遺言をなすに足りる意思能力があったと窺わせる事実は認められず、かえって、Aにおいて本件遺言内容自体を理解していなかったことを推認させる事実が認められる。

　これからすると、Aは、本件遺言内容であるX₁らに相続させるべき土地の特定について認識できていなかったものと推認するのが相当である。

　D公証人は、本件遺言を作成するにあたって、2時間ほどかけてAの意思を聴取し、その間、特にAの会話内容におかしな点はなかったし、Aが正確に自己の氏名を答えたので、意思能力があると判断した旨供述する。

　しかし、前記(A)記載のAの精神状態からすると、AがD公証人と会話をしたとしても、その内容を理解したことにはつながらない。また、最高度の老年性認知症の者でも自己の氏名を答えることはできることからすれば、氏名を答えたことも、Aに意思能力があったと窺わせる事実とはならない。さらに、公証人が法律家であり、意思能力の有無が法律判断であるとしても、法律的判断を正確にする前提として、Aの医学上の精神状態がいかなるものであったかを知っておく必要があるところ、D公証人は、本件遺言作成の際、……Aの精神能力についての医師の診察

書等の資料を持たなかったというのであるから、同公証人の判断のみから、前記(A)の推認を覆せるものではない。

(C)　遺言内容形成の難易

確かに、Aは、本件遺言作成の際、D公証人に対し「後を見てくれる人にやりたい」とか「Yに財産をやりたい」旨述べたことが認められる。これからすると、本件遺言内容が、Aの発言通り「全財産をYに相続させる」などの単純な記載になっていれば、あるいは、Y主張のように、Aの精神状態を前提にしても理解可能と判断できたかもしれない。しかしながら、本件遺言内容は、前記のとおり、複数の者に対し複数の特定の土地を相続させ、遺贈する内容となっており、Aにおいてその遺言内容を理解していなかったと推認されることは前記のとおりであるから、Yの主張には理由がない。

(D)　Aの遺言無能力の主張についての結論

以上のとおり、本件遺言作成当時、Aには、精神医学上の精神能力の点からも、本件遺言作成経過及びその当時のAの言動等からも、本件遺言内容を理解し、本件遺言をすることから生じる結果を弁識判断するに足りるだけの意思能力はなかったと認めるのが相当である。

(4)　Aの遺言能力に関する前記(3)の認定・判断

まず、前記(3)のうち、(ア)の遺言能力の意義についての判断は、前記3(1)に説明したように、遺言能力と意思能力とを同義のものとしたうえで、遺言能力を個別的具体的に把握するという考え方が実務に定着していることを示しています。

次に、前記(3)のうち、(イ)のAの遺言能力の有無についての認定は、前記3

(3)に説明した遺言無能力の認定のポイントを具体的事案に即して反映させたものといってよいと思われます。

　すなわち、前記(3)(イ)の(A)および(B)は、遺言無能力の認定にあたり、遺言者の遺言作成時の精神医学的観点からする知的能力のレベル（前記3(3)(ア)）が何よりも重要であることを示しています。そして、〈*Case* 5 -①〉においては、Aの知的能力につき、本件遺言作成時の4カ月前の内科医の診断治療があり、本件遺言作成時の10カ月後の精神科専門医の鑑定書があるという事案であったため、同(イ)(A)において、**客観的な証拠によって、Aが本件遺言当時老人性認知症の中等度以上であるとの間接事実を認定することができたことから、これに精神医学的経験則を適用して、原則として、Aには本件遺言の意味を理解し、その結果を弁識判断する能力はなかったと推認できるとした**のです。[18]

　前記(3)(イ)(B)は、そのような推認を妨げるような間接事実（マイナス効果のある間接事実）があるかどうかを検討した部分です。そして、むしろ遺言無能力の推認を補強するような間接事実を認定することができるとしたのです。

　前記(3)(イ)(C)は、多くの訴訟で遺言無能力を争う側から必ずといってよいほど主張される遺言内容形成の難易（前記3(3)(イ)）に関する判断です。本件遺言内容はYの主張するようには単純なものではないという判断ですから、同(イ)(C)のいうように、「全財産をYに相続させる」のように条項自体が単純な場合についての判断をするものではありません。しかし、「あるいは、……理解可能と判断できたかもしれない」といった判決文からすると、条項自体が単純であるかどうかが遺言無能力の認定において重要な位置を占めるとの立場に立ってはいないものと考えられます。

18　司法精神医学の専門家である松下正明東京大学名誉教授は、「Alzheimer 型認知症が中等度～高度であれば、記憶障害もまた中等度～高度であることが一般的なので、遺言能力には著しい障害がある、あるいは遺言能力は欠如しているとみなすべきであるといえる」と説明しています。松下正明「精神鑑定からみた遺言能力」司法精神医学7巻1号（2012年）108頁を参照。

さて、このように検討してくると、Aの遺言能力の有無の認定に際し、遺言内容の自然性・合理性・公平性（前記3⑶の㋒）は検討されていないようにみえます。しかし、正面から判決理由とはされていませんが、本件遺言内容（同㋒の⑥にあたる事実）は当然に判断の前提になっていますし、**相続人の一部の者であるYがD公証人を訪れて本件遺言の作成を依頼し、その際に本件遺言内容をD公証人に告知したうえ、D公証人がYの依頼を受けてYの自宅を訪れて本件遺言を作成した事実や、Yが課税台帳を見てX₁らに相続させるべき土地を決めた事実等（同㋒の⑥にあたる事実）が認定されています。**

そうすると、〈Case5-①〉は、前記のとおり、遺言者であるAの本件遺言作成時の知的能力のレベルが極めて低いものであったため、判決理由中に、本件遺言内容が圧倒的にYに有利であって公平性に欠けるとか、本件遺言の作成をYが不当に誘導したといった直接の言及をする必要がなく、そうしてはいないのですが、遺言内容の自然性・合理性・公平性の点は、遺言無能力の認定に影響を及ぼしているとみて間違いないものと思われます。

5．小　括

本項では、相続をめぐる紛争のうち遺言無能力を理由とする遺言無効確認の訴えを取り上げ、遺言能力と意思能力との関係、遺言無能力の主張・立証および認定に係る理論と実際とを詳しく検討しました。

前記1のとおり、高齢化社会の進展と軌を一にして、遺言無能力を理由とする遺言無効確認の訴えも増加の一途をたどっています。そして、現在でも、**遺言条項が単純であれば、遺言者の知的能力が低くても遺言能力ありといってよいというような極度に大雑把な相対論に接することがありますが、**〈Case5-①〉**は、このような議論だけでは実際の紛争における遺言無能力の認定（判断）には役立たない**ことをよく示しています。

〈Case5-①〉は、よくある形態の紛争であり、遺言無能力の主張・立証および認定の実際を知るうえでの1つのプロトタイプといってよいと思われます。この〈Case5-①〉は、遺言無能力の主張・立証および認定の実際を

知るにとどまらず、遺言能力ないし意思能力として要求すべき最低限のレベルについてのより立ち入った考察が必要であることを示唆しているようにも思われます。

Ⅱ　遺言の解釈

1．はじめに

前記Ⅰでは、遺言者の遺言無能力を理由として遺言の効力が争われる紛争における事実認定上の問題を検討しました。

本項では、遺言の効力に係る紛争であって、遺言無能力と同じく頻繁に争われるものとして、遺言の解釈が争点になる事件を取り上げて検討することにしましょう。

遺言の解釈の問題は、「法律行為（意思表示）の解釈」の問題の一場面であり、「契約の解釈」の問題と連続性のある問題です。本書において、事実認定の問題と契約の解釈の問題との異同について検討しました[19]。本項では、事実認定と法律行為の解釈との関係等について復習または整理したうえで、遺言の解釈の問題を具体的に検討することにします。

2．事実認定と法律行為の解釈、遺言の解釈と契約の解釈

⑴　事実認定と法律行為の解釈との関係

事実認定と法律行為の解釈との関係については、「証拠によって当事者の用いた言葉や客観的事情を確定するのは、事実問題であり、これらの事実に解釈基準を適用して法的価値を有する法律行為の内容を明らかにするのは、法律問題である」[20]と説明されます。

19　第 1 章Ⅳ 3 および第 2 章Ⅰ 5 を参照。
20　四宮和夫＝能見善久『民法総則〔第 9 版〕』（弘文堂・2018年）209頁を参照。

　遺言は、契約と並んで法律行為（意思表示）の一部をなすものです。したがっ
て、遺言の解釈は「法律行為の解釈」といわれる問題の一部をなすものです。

　冒頭の説明を遺言に引き直してみますと、まず、遺言者が遺言書中に表示
した外形がどのようなものであったか、遺言に至る遺言者を取り巻く環境が
どのようなものであったか、遺言者の意図や実現しようとした目的がどのよ
うなものであったかといった点を確定する作業があります。認定の対象は、
外形的事実であったり内心の事実であったりして、比較的容易に認定するこ
とができる事実とそう容易ではない事実とがありますが、いずれも、証拠に
よって認定することが可能であり、この作業を事実認定と呼びます。

　**次に、そのようにして確定された事実を前提にして、遺言を構成する条項
がどのような意味を有するかを明らかにする作業があります。これは、遺言
を構成する条項の合理的な意味（趣旨）を法的な観点から確定する作業であ
り、[21]事実認定とは性質を異にする法律問題です。この作業を「遺言の解釈」
と呼びます。**

　すなわち、遺言は相手方のない単独行為である点において契約と異なりま
すが、「法律行為の解釈」といわれる問題の一部をなしており、その性質が
法律問題である点においては契約の解釈と異なるところはないのです。この
点は、いくら強調しても強調しすぎることはありません。最初にしっかり理
解しておきたいところです。

(2)　**遺言の解釈と契約の解釈との異同**

　(ア)　**遺言の解釈の特色**

　遺言は、その対象となる行為に本来的に代替性のない身分行為にかかわる
ものがあるうえ、遺言者の死亡によって効果が発生するものであって、遺言

21　学説が契約の解釈の中に大別して「本来的解釈」と「規範的解釈」の2つが存すると
　分析していること、判例がこのような区別をせずに「合理的意思解釈」の問題として
　扱っていることにつき、第2章Ⅰ5(1)を参照。浦野由紀子「遺言の補充的解釈」私法61
　号（1999年）200頁は、遺言の解釈における本来的解釈と規範的解釈につき、「解明的解
　釈」と「補充的解釈」という用語を使って説明しています。

についての紛争が生じる通常の場合、遺言者に対してその趣旨を確認することはできません。**そこで、わが国の民法は、法的に有効な7種類の遺言に共通する要件として遺言書の作成を要求し、それ以外にも厳格な要式性を要求するばかりか（民法967条〜984条）、遺言者の最終意思を実現するため、一般に、遺言の内容は一義的に明確であり特定されているものでなければならない**と解されています。[22]

遺言の解釈の問題を検討するのに先立って、遺言のこのような基本的性質を押さえておくことが重要です。

他方、遺言は、相手方のない単独行為であるために、一般に、取引の安全の保護の必要はなく、また、上述のとおり、紛争が生じた時には遺言者が死亡しているのが通常であることからすると、なるべく遺言者の「真意（最終意思）」を生かした解釈をすべきであるといわれています。[23]判例もほぼ同様であり、例えば、最2小判昭和58・3・18判時1075号115頁（以下「昭和58年最高裁判決」といいます）は、「遺言の解釈にあたっては、……遺言者の真意を探求すべきものであ（る）」と説示しています。[24]

(イ)　遺言の解釈と契約の解釈との共通点

遺言の解釈には上記(ア)にみたとおりの特色があることはそのとおりですが、契約の解釈との相違点を強調し、別物であるかのように理解するのは正しくありません。むしろ、前記(1)のように、遺言の解釈は法律行為の解釈の一場面なのであって、契約（特に、書面による契約）の解釈と連続する問題として把握するのが適切です。これは、判例の立場を整理してみると、よく理解することができます。

22　西謙二「判解」最判解民〔平成5年度〕6〜7頁を参照。

23　滝沢昌彦「法律行為の解釈」内田貴＝大村敦史『民法の争点』（有斐閣・2007年）62頁を参照。

24　最2小判平成17・7・22判時1908号128頁も、ほぼ同じ言い回しをしています。これらの最高裁判決にいう「遺言の解釈」と「真意の探求」との関係につき、後記(3)の(エ)を参照。

⒜　解釈の基本指針

　まず、遺言の解釈の基本指針につき、最３小判昭和30・5・10民集９巻６号657頁（以下「昭和30年最高裁判決」といいます）は、「意思表示の内容は、①当事者の真意を合理的に探究し、②できるかぎり適法有効なものとして解釈すべきを本旨とし、遺言についてもこれと異なる解釈をとるべき理由は認められない」と説示しました。

　昭和30年最高裁判決は、上記①および②を基本指針として法律行為（意思表示）の解釈にあたるべきことを説示したうえで、遺言の解釈であっても異なるところがないとしており、まさに、遺言の解釈が法律行為の解釈の一場面であることを明示しています。

⒝　解釈の考慮要素

　次に、書面による契約の解釈が問題になったケースにおいて、最１小判昭和51・7・19集民118号291頁（以下「昭和51年最高裁判決」といいます）は、法律行為の解釈一般につき、当事者の目的、当該法律行為をするに至った事情、慣習および取引の通念等を斟酌すべき旨を説示したうえで、契約書の明文の定めに反する解釈をした控訴審判決を当事者の意思に反する結果になるとして破棄しました。また、それから31年後、最２小判平成19・6・11判タ1250号76頁は、「契約書の特定の条項の意味内容を解釈する場合、その条項中の文言の文理、他の条項との整合性、当該契約の締結に至る経緯等の事情を総合的に考慮して判断すべき」であると説示しました。

　他方、遺言の解釈にあたっての考慮要素につき、昭和58年最高裁判決は、「遺言書が多数の条項からなる場合にそのうちの特定の条項を解釈するにあたっても、単に遺言書の中から当該条項のみを他から切り離して抽出しその文言を形式的に解釈するだけでは十分ではなく、遺言書の全記載との関連、遺言書作成当時の事情及び遺言者の置かれていた状況などを考慮して遺言者の真意を探求し当該条項の趣旨を確定すべきものである」と説示しました。ま

25　本文の判決理由中の①、②の付番は、筆者によるものです。

た、それから10年後、最３小判平成５・１・19民集47巻１号１頁（以下「平成５年最高裁判決」といいます）は、「遺言の解釈に当たっては、遺言書に表明されている遺言者の意思を尊重して合理的にその趣旨を解釈すべきである[26]が、可能な限りこれを有効となるように解釈することが右意思に沿うゆえんであり、そのためには、遺言書の文言を前提にしながらも、遺言者が遺言書作成に至った経緯及びその置かれた状況等を考慮することも許されるものというべきである」と説示しました。

　このように対比してみると、契約が２名以上の当事者の意思の合致によるものであり、遺言が単独行為であるとの相違はあるものの、最高裁判所は、書面による契約であれ遺言書であれ、その条項の解釈にあたって考慮すべき要素としてほぼ同一の事項をあげ、その重要性の程度もほぼ同一のものとして扱うという姿勢を示しています。

(3)　遺言の解釈における考慮要素

　遺言の解釈につき、以上の最高裁判決の立場を整理すると、おおよそ以下のようになります。

(ア)　当該条項の文言の文理

　上記(2)(ア)のとおり、遺言は、まずもって遺言書による必要があり、その内容も一義的に明確であり特定されていなければならないのですから、書面による契約の解釈の第１原則が「契約書中の条項の文言の文理に忠実に」であ[27]るのと同様に、またはそれ以上に、遺言の解釈の第１原則は「遺言書中の条項の文言の文理に忠実に」であるということになります。

26　平成５年最高裁判決は、本文掲記のとおり、「遺言者の真意を探求して」と表現せず、「遺言者の意思を尊重して」と表現しています。筆者には、平成５年最高裁判決の表現の方が、後記(3)に説明するように、「真意＝意思」は証拠によって認定されるべき事実であり、「遺言の解釈」はそれらの事実を総合考慮して遺言書の条項の法的意味（趣旨）を確定する作業であることを表現するには正確であるし、その趣旨を理解しやすいように思われます。

27　第２章Ⅰ5(2)を参照。

　⑷　条項全体の整合性・有効性

　ただし、昭和58年最高裁判決および平成５年最高裁判決が説示するように、遺言書中の条項の文言の趣旨を確定するには、紛争の中心になっている条項のみならず、遺言書中の他のすべての条項の内容との関係において整合的（整合性）であって、意味のある条項になる（有効性）ように解釈すべきです。これは、上記⑵⑷で検討したとおり、何も遺言の解釈に限られることではなく、書面による契約の解釈であっても全く同じであって、法律行為の解釈に共通する基本姿勢です。

　㈠　遺言書の作成経緯、遺言者の作成当時の状況等

　そうはいっても、遺言書中の条項の文言に不明瞭な点があったり、外形的には条項相互に矛盾するようにみえる点があったりするために、当該条項の文言の文理および他の条項との関係で整合的に解釈するというだけでは（すなわち、遺言書のテキストによるだけでは）、当該条項の解釈として十分に合理的な解釈にたどり着くことができないという場合も考えられます。そのようなときには、遺言者が遺言書作成に至った経緯、遺言者が遺言書作成当時置かれていた状況等を考慮することによって、遺言者の意図・目的がどこにあったかを究明し、当該条項の趣旨（意味）を確定することになります。

　そして、当事者の訴訟代理人において、遺言者の遺言書作成に至る経緯、遺言者の遺言書作成時の状況等の事実関係を証明し、事実審裁判所がこれらの事実関係を認定するためには、当然のことながら、遺言書の外にある証拠（外部証拠）を提出し、取り調べることになります。

　㈢　「遺言の解釈」と「真意の探求」との関係

　最高裁判決の理由説示の中に、しばしば、「真意の探求」という言い回しが現れます。しかし、「遺言の解釈」と「真意の探求」との関係は必ずしも明らかではありません。

28　遺言の解釈が争われる類型につき、阿部徹「遺言の解釈と要式性の調和」加藤一郎＝米倉明『民法の争点Ⅰ』（有斐閣・1985年）251頁、笠井修「遺言の解釈において考慮するべき事情」法律のひろば59巻４号（2006年）45頁を参照。

　学説の通説は、遺言の解釈は遺言者の真意を探求し確定することであると考えているようです。[29]

　しかし、最高裁判決の理由説示を注意深く読むと、**少なくとも最高裁判所は、「遺言の解釈＝真意の探求」とは考えていない**ことがわかります。

　例えば、前掲（脚注24）最2小判平成17・7・22（以下「平成17年最高裁判決」といいます）は、「遺言を解釈するに当たっては、遺言書の文言を形式的に判断するだけでなく、遺言者の真意を探求すべきであり、遺言書が複数の条項から成る場合に、そのうちの特定の条項を解釈するに当たっても、……遺言書の全記載との関連、遺言書作成当時の事情及び遺言者の置かれていた状況などを考慮して、遺言者の真意を探求し、当該条項の趣旨を確定すべきである」と説示しています。[30]

　この判決理由中の説示によれば、最高裁判所は、①「遺言の解釈」とは、「遺言の（より正確には、遺言書中の特定の条項の）趣旨を確定すること」として把握していること、②探求すべき「真意」とは、遺言書作成当時の事情等の状況（外形的事実関係）を斟酌することによって認定することのできる遺言者の意図ないし実現しようとした目的を指していること[31]、を理解することができます。

　すなわち、**「真意」は遺言者の内心の事実であって、その認定には若干の工夫が必要ですが、事実審裁判所が証拠によって認定することの可能な事実なのです。**この点につき、昭和30年最高裁判決は、判決理由中で、「原審が証拠によって正当に判断した遺言書の真意」と表現しており、「真意」は証拠によって認定されるべき事実であるとの立場に立つことを明らかにしてい

29　高木多喜男「遺言の解釈」川井健ほか編『講座・現代家族法（第6巻）』（日本評論社・1992年）98頁は、端的に「通説は、遺言の解釈は遺言者の真意の確定であると考えている」との観察を明らかにする。また、松原正明「遺言の解釈と遺言の撤回──判例を中心とした実務上の問題点」久貴忠彦ほか編『遺言と遺留分（第1巻）遺言』（日本評論社・2001年）206頁は、「遺言の解釈すなわち遺言者の真意の探求」と表現する。

30　昭和58年最高裁判決も、本文掲記の平成17年最高裁判決とほとんど同一の説示をしています。

ます。

⑷　小　括

以上を要約してみると、遺言の解釈の問題が法律行為の解釈という問題の一領域に属していること、遺言の解釈と契約の解釈との間には、単独行為であるかどうかの違いおよびそれぞれの行為の性質から当然に留意すべき相違点があるものの、書面による契約の解釈を取り上げてみると、そこで展開されてきた判例の態度には遺言の解釈と共通するものが多く、むしろ、相違点を強調しすぎるのは適切でないことを理解することができます。

３．事例演習（〈*Case* 5 -②〉）

以上のような遺言の解釈についての基本的理解を念頭に置いて、最３小判平成13・３・13判時1745号88頁（以下「平成13年最高裁判決」といいます）が取り扱った紛争を素材にして、遺言の解釈にあたって考慮すべき要素および複数要素間の重要性の序列の問題に焦点をあてて検討することにしましょう。

⑴　事案の概要

〈*Case* 5 -②〉は、自筆証書遺言中の住居表示をもって特定された不動産の遺贈に係る条項につき、住所地に存する土地および建物を目的としたもの

31　平成17年最高裁判決は、「法的に定められたる相続人を以って相続を与へる」との条項を解釈する前提として、訴訟記録によって認定することのできる間接事実を摘示し、被相続人の遺言書作成時の「認識」につき、同人の相続人が上告人のみであると考えていたものと、また、被相続人の遺言書作成の「意図」につき、同遺言書の１項から３項までに列挙したもの以外の遺産をすべて上告人に取得させるというものであったと、それぞれ認定することのできる可能性があることを述べたうえで、仮にそのように認定することができるときは、上記の条項につき、同遺言書の１項から３項までに列挙したもの以外の遺産をすべて上告人に遺贈するとの趣旨のものと解釈する余地が十分にある旨説示しています。

32　昭和30年最高裁判決は、「正当に認定した」と表現せずに「正当に判断した」と表現していますが、ここでの「判断」は「事実認定上の判断」という趣旨のもの（広義の判断）です。これは、昭和30年最高裁判決が、「原審が証拠によって正当に判断した」と表現することによって、事実審である原審の専権に属する認定問題であるとしていることから明らかです。

と解すべきであるか、建物のみを目的としたものと解すべきであるかが争われたものであり、争点自体は簡明な紛争です。

　原審である東京高判平成9・12・10金商1122号16頁が確定した事実関係は、概要、以下のとおりです。

〈Case 5-②〉

①　本件建物およびその敷地である本件土地につき、Aは各2分の1の、Y_1〜Y_4は各8分の1の共有持分権を有していた。Aは、本件土地建物以外に不動産を有していなかった。

②　Aは、平成4年4月20日付けで自筆証書遺言書（本件遺言書）を作成した。本件遺言書の本文には、「A所有の不動産である東京都荒川区○○○△丁目□番□号をXに遺贈する」旨の記載がある。

③　Aは、平成6年1月3日に死亡した。

④　Aの相続人は、［関係図］記載のとおり、Aの長女〜五女、X、Y_2〜Y_4の合計9名である。Y_1は、Aの長男である亡Bの妻である。

⑤　本件遺言書の作成当時、本件土地建物は、Aの自宅兼廃品回収業を営む有限会社甲野商店の事業所として用いられ、また甲野商店の借入金を担保するため金融機関の抵当権が設定されており、本件土地建物なしに甲野商店の経営は成り立たない状況にあった。そして、甲野商店は、Xらの同族会社であったところ、経営の実権を握っていたY_1とXとは反目しており、XとY_1〜Y_4との間には確執が続いていた。

⑥　Xは、上記②の遺言によって本件土地建物のAの共有持分各2分の1を取得したとして、Y_1〜Y_4に対し、共有物分割の訴えを提起した。

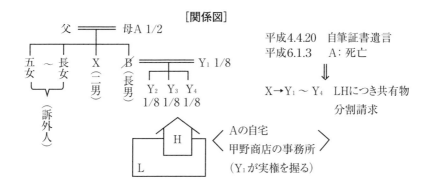

[関係図]

(2)　第1審（東京地判平成8・4・23）の判断

　第1審判決である東京地判平成8・4・23金商1122号19頁は、以下のとおり判断して、上記(1)⑥のXの主張を認め、本件土地建物の競売を命じ、その売得金をXとY₁〜Y₄の各共有持分の割合で分割することを命じました。

　本件遺言書の記載は、目的不動産の特定として完全なものとはいえないが、Aの財産は本件土地建物の共有持分のみで他に同一性を混同するような財産は見当たらないことなどからすると、本件遺言により、本件土地建物のAの共有持分がXに遺贈されたものと解すべきである。

　第1審のこの判断は、前記2(3)の遺言の解釈における考慮要素(ア)の「遺言書中の条項の文言の文理に忠実に」の第1原則によるものであることが明らかです。

　すなわち、本件遺言書の条項は、前記(1)②のとおり、「A所有の不動産である東京都荒川区○○○△丁目□番□号をXに遺贈する」という文言によるのですから、「東京都荒川区○○○△丁目□番□号」として住居表示によって特定された場所に存する「A所有の不動産」を「Xに遺贈する」との趣旨をいうものと解釈するのが、「当該条項の文言の文理に忠実に」の第1原則に素直に従ったものです。

　前記(1)①のとおり、Aは他に不動産を所有していないというのですから、上記の住居表示によって特定された場所に存するA所有の不動産が本件土地建物であることには二義がないということになります。また、遺贈の目的を、建物とその敷地である土地とを区別してそのいずれかのみに限定する意図を有しているのであれば、法律の素人であっても、単に「不動産」と表現するのではなく、目的とする「土地」または「建物」として限定する表示をするのが通常です。³³

　以上のような考察を経て、第1審は、本件遺言書の上記条項を「本件土地建物のAの共有持分をXに遺贈する」との趣旨のものと解釈したのです。これらのうち、本件遺言書の条項の文言がどのようなものであるか、Aが住居表示によって特定された場所に他に不動産を所有していたかどうかは、当事者間に争いがあれば証拠によってする事実認定の問題です。そして、**認定された事実を総合的に考慮して、本件遺言書の条項におけるXに対する遺贈の目的である「A所有の不動産」につき、「本件土地建物のAの共有持分」をいうものと確定する作業を遺言の解釈**というわけです。

　事実認定の問題と法律問題である遺言の解釈の問題とをどのように区別するのかについて、だいぶ具体的に理解することができたのではないでしょうか。

(3)　原審（東京高判平成9・12・10）の判断

　上記(2)に対し、原審は、以下のとおり判断して、Xの訴えにつき、本件土地の共有物分割請求に係る部分を却下し、本件建物のみの競売を命じ、その売得金をXとY₁〜Y₄の各共有持分の割合で分割することを命じました。

---

　①　本件遺言書に記載された「〇〇〇△丁目□番□号」は住居表示であり、文字どおりに解するならば、同所所在の建物と解すべきことになる。

　②　前記(1)⑤の本件遺言書作成当時の事情によれば、Xに本件土地建物の持分全部を遺贈した場合には、甲野商店の経営方針に関して相克が

33　これは、「不動産」、「土地」、「建物」等の日本語の使用方法に関する経験則です。

生じて経営が求心力を失い、早晩破綻する結果となることは当然Aは予測できたはずであるから、そのような遺贈をAがするはずがなく、Aが本件土地の共有持分をXに遺贈する真意を有していたと解することはできない。

ⅲ　これらを総合すると、Aは本件建物の共有持分のみをXに遺贈したものと解すべきである。

上記ⅰの説示に照らし、原審もまた、遺言の解釈の第1原則は「遺言書中の条項の文言の文理に忠実に」というものであると考えていることを理解することができます。

次に、上記ⅱ、ⅲの説示に照らし、原審もまた、遺言者の真意は証拠によって認定すべき内心の事実であり、遺言の解釈は確定された事実（考慮要素に係る事実）を総合考慮してする遺言書中の特定の条項の趣旨を確定する作業をいうものと考えていることを理解することができます。

しかし、原審の〈*Case* 5-②〉についての具体的な事実認定および判断のいずれにも重大な誤りがあるのです。その点を、後記⑷ないし⑹で検討することにしましょう。

⑷　平成13年最高裁判決の判断

平成13年最高裁判決は、以下のとおり判断して、原判決中本件土地の共有物分割請求に係る部分を破棄し、この部分につき本件を原審に差し戻しました。

①　遺言の意思解釈にあたっては、遺言書の記載に照らし、遺言者の真意を合理的に探究すべきところ、ⓐ本件遺言書には遺贈の目的について単に「不動産」と記載されているだけであって、本件土地を遺贈の目的から明示的に排除した記載とはなっていない。ⓑ一方、本件遺言書に記載された「荒川区○○○△丁目□番□号」は、Aの住所であって、同人が永年居住していた自宅の所在場所を表示する住居表示である。ⓒそして、本件土地の登記簿上の所在は「荒川区○○○△丁目」、

地番は「×番×号」であり、本件建物の登記簿上の所在は「荒川区○
○○△丁目×番地×」、家屋番号は「×番×の△」であって、いずれも
本件遺言書の記載とは一致しない[34]。以上のことは記録上明らかである。

②　そうすると、本件遺言書の記載は、Aの住所地にある本件土地およ
び本件建物を一体として、その各共有持分をXに遺贈する旨の意思を
表示していたものと解するのが相当であり、これを本件建物の共有持
分のみの遺贈と限定して解するのは当を得ない。

③　原審は、前記(3)ⓘのように本件遺言書作成当時の事情を判示し、こ
れを遺言の意思解釈の根拠としているが、以上に説示したように遺言
書の記載自体から遺言者の意思が合理的に解釈し得る本件においては、
遺言書に表れていない前記(3)ⓘのような事情をもって、遺言の意思解
釈の根拠とすることは許されないといわなければならない。

④　以上のとおり、Aが本件建物の共有持分のみをXに遺贈したものと
解すべきであるとした原審の判断には、遺言に関する法令の解釈適用
を誤った違法があり、この違法は原判決の結論に影響を及ぼすことが
明らかである。

(5)　平成13年最高裁判決の重要性

平成13年最高裁判決の判断は、前記2に解説した遺言の解釈における基本
指針、遺言の解釈にあたって考慮すべき要素、考慮要素間の序列といった問
題を復習し整理するのに格好の素材を提供しています。

第1に、前記(4)④の結論の説示部分から、最高裁判所は遺言の解釈という
問題を事実認定に係る問題ではなく、法令の解釈適用に係る問題（すなわち、
法律問題）として位置づけていることを確認することができます。

第2に、前記(4)②の「本件遺言書の記載は、……Xに遺贈する旨の意思を
表示していたものと解するのが相当であ（る）」との説示から、**遺言の解釈**

34　本文の判決理由中のⓐ、ⓑ、ⓒの付番は、筆者によるものです。

という作業が遺言書の記載（外形的表示行為）を離れて、遺言者の真意（内心の効果意思）をあれこれと探求するものではなく、あくまでも遺言書の記載の法的意味を確定する作業であるとの立場に立っていることを確認することができます。

　第3に、前記(4)③の説示部分から、最高裁判所は遺言の解釈の第1原則が「遺言書中の条項の文言の文理に忠実に」であるという立場に立っていることを確認することができます。この点は、第2の点の系であり、前記2(2)および(3)の各(ｱ)に立ち戻って考えてみれば、極めて当然のことではありますが、平成13年最高裁判決が「遺言書に表れていない……事情をもって、遺言の意思解釈の根拠とすることは許されない」とかなり強い調子で原判決の判断を論難しており、事実審裁判所に対して強いメッセージを発しようとする意図を看取することができます。

　第4に、前記(4)①の説示部分は、原審が「住居表示をもって不動産を特定した場合には、その文言の文理からして、同所所在の建物を意味するものと解するのが素直な解釈である」と考えているかのように判示した（前記(3)ⅰを参照）ため、ⓐないしⓒの根拠を具体的にあげて、そのような文理解釈が誤っていることを明らかにしたものです。**法律実務家としては、自らのしている文理解釈は素直なものであると思い込みがちですが、そのような文理解釈に説得的な根拠があるのかどうかを振り返って検討する必要をあらためて考えさせるものです。**

(6)　原判決の事実認定における問題点

　ところで、平成13年最高裁判決は、原審による前記(3)ⅱの遺言者Aの内心の意図に係る事実認定が経験則に反するものであるかどうかについて言及していません。最高裁判所がこの点に言及しなかったのは、そうするまでもなく原判決における遺言の解釈についての判断に法令違反ありとの理由で破棄することができたからです。

　そこで、平成13年最高裁判決の判決理由を離れて、原判決の事実認定に問題があるかどうかを検討してみましょう。

275

　原判決は、①AがXに対して本件土地建物の各共有持分2分の1を遺贈した場合には、甲野商店が早晩破綻する結果になるとの事実（Aの死後における甲野商店の経営上の命運に係る事実）を認定し、さらに、①を前提にして、②Aが本件遺言書作成時に本件土地の共有持分をXに遺贈するという意図を持つことはあり得ないとの事実（Aの本件遺言書作成時の内心の意図ないし目標に係る事実）を認定しました。

　しかし、上記①の点は、仮にA死亡後の将来においてXとY₁～Y₄との間で本件土地建物の共有物分割をすることになったとしても、その時点における甲野商店の経営の存続に本件土地建物が必須であるのであれば、それを前提にして共有物分割の方法を工夫するというのが通常起こることですから、「Aの持分2分の1のXへの遺贈⇒甲野商店の破綻」という連鎖が確実に発生するという事実認定をするのは、本件遺言の効力がいつ発生するかも確かに予測できないこともあり、ほとんど不可能といってよいように思われます。[35]

　そして、上記①の点の事実認定に根拠らしい根拠がほとんどないとすると、「原審のした上記①のような予測を当然にAもしたはずである」ということもできないし、さらに、本件遺言書作成時の「Aの本件土地建物の共有持分2分の1をXに遺贈するとの意図を持ったはずがない」とのAの内心の意図に係る事実認定をする根拠もないということになります。[36]

　平成13年最高裁判決は、原判決のした事実認定に対しても少なからぬ疑問を持ったものと推測されますが、この点をとらえて原判決を破棄するよりも、遺言の解釈にあたって考慮すべき複数の要素間の重要性の序列を明らかにすることの方が、遺言の解釈に係る事実審裁判所の今後の判断にとってより裨益することになると考え、前記(5)のとおりのメッセージを発することにしたものと思われます。

35　現に、本件遺言の効力が発生したのは本件遺言書の作成から1年8か月後であり、また、Xの主張を容れた第1審判決が言い渡されたのは本件遺言の効力発生からさらに2年以上が経過した後でしたが、甲野商店は破綻していないようです。

４．小　括

　本項では、相続をめぐる紛争のうち遺言の解釈に係る問題を取り上げ、事実認定と法律行為の解釈との関係、遺言の解釈と契約の解釈との異同、遺言の解釈における考慮要素等につき、詳しく理論状況を検討したうえで、事例演習を通じてその実際を体験しました。また、〈*Case* 5 -②〉によって、事実問題と法律問題の区別という法律実務家が身に付けておくべき基本を再確認することができたと思います。

　遺言の解釈を契約の解釈と隔絶した世界のものであるかのように理解するのは誤りであること、遺言の解釈にあたっての考慮要素には重要性の序列があること、遺言の解釈という作業の前提として経験則に基づいた合理的な事実認定をすることが重要であり、その一環としていわゆる「真意の探求」が位置づけられることなどを理解することができたものと期待しています。

Ⅲ　遺産分割協議書の真否の認定

１．はじめに

　前記Ⅰ・Ⅱでは、相続をめぐる紛争のうち遺言の効力が争われる紛争を取

36　そもそも、Aが甲野商店の破綻を予測し、それを回避せんがために本件土地の共有持分2分の1のXに対する遺贈をするとの意思を形成しなかったというのが経験則に合致した合理的な事実認定であるとすれば、そのようなAがなぜ本件建物の共有持分2分の1をXに対して遺贈するとの意思を形成したのかを合理的に説明することができるかどうかにも疑問が残りますし、そのようなAがなぜ「本件土地」と「本件建物」とを明瞭に区別することなく、「不動産」というあいまいな表現を用いたのかにも疑問が残ります。要するに、原審の認定した事実が世の中で実際に起きる可能性が全くないとはいえないにしても、そのように認定するためにはより説得的な根拠が必要であり、そうでないと事実審裁判所の思い込みないし決め付けにすぎず、経験則に基づいた合理的な認定であるとはいえないということになります。

り上げました。本項では、遺言者のした遺言の効力が争われるのではなく、被相続人の死亡後共同相続人間でされた遺産分割協議の効力が争われる紛争を取り上げて検討することにしましょう。

　一口に遺産分割協議の効力が争われる紛争といっても、そこにはさまざまな類型がありますが、以下の2つの類型に整理するのがわかりやすいと思われます。

　第1の類型は、遺産分割協議に参加した共同相続人の全部または一部の者に、意思表示の無効原因（虚偽表示等）または取消原因（錯誤（改正後）、詐欺、強迫等）があるとして争われるものです。

　第2の類型は、実際に遺産分割協議書が作成されているのですが、共同相続人の全部または一部の者の作成部分が偽造されたものであるなどとして争われるものです。第2の類型は、共同相続人の全部または一部の者の意思表示が存在しないということになりますから、厳密には、「遺産分割協議の成立が争われる紛争」と表現するのが正確です。

　意思表示の欠缺または瑕疵が争われる第1の類型については、消費貸借契約等の他の類型の契約（合意）における虚偽表示の抗弁の認定等を取り上げたことがありますから[37]、本項では、第2の類型の紛争を取り上げて検討することにしましょう。

2．遺産分割協議の意義と要件

⑴　協議分割の自由

　協議による遺産分割は、相続を承認した共同相続人が取得した権利義務の割合を基本的に変えることなく、各自が個々の相続財産上の持分権の交換、譲渡または放棄にあたる処分をすることによって、権利義務の内容を具体的に形成し確定する手続であると理解されています[38]。

　民法907条1項は、原則として遺産分割を権利主体の私的自治に委ねるこ

37　第2章Ⅰ4、同5を参照。

とを規定しているのです。民法906条は、遺産分割をするにあたっての考慮要素を定めており、この規定は協議分割にも適用されますが、当事者全員の自由意思による合意が確保されているかぎり、いわゆる具体的相続分によらない協議内容であっても原則として有効であり、同条に定める要素をどのように考慮したのかを後に問題にすることはできないものと解されています。[39]

(2)　遺産分割協議の要件

　遺産分割協議の要件としては、当事者全員の合意が成立するという１点に尽きます。民法907条１項は、共同相続人が遺産分割協議の当事者であることを明らかにしています。[40] そのほかに、包括受遺者（民法990条）、相続分の譲受人（同法905条）、家庭裁判所の許可を受けた不在者の財産管理人等が当事者としてあげられます。

　遺産分割協議は要式行為ではなく、理屈の上では、口頭による合意であっても有効なのですが、実務上は、当事者全員が署名押印した「遺産分割協議書」を作成するのが通常です。遺産分割による不動産の登記申請には、登記原因を証する書面として遺産分割協議書を添付しなければなりませんし、分割協議が真正に成立したことを証するために、登記申請人を除く各当事者が遺産分割協議書に押捺した印章の証明書を提出しなければなりませんから、遺産分割協議書への押印は実印によることになります。

　そうしますと、**実務的な観点から遺産分割協議が有効に成立したというためには、上記の当事者となるべき者全員の署名（または記名）があり、各実印が押印された真正な遺産分割協議書が作成されることが必要です**。後に検討する〈*Case* 5 -③〉は、まさにこの点が争われたものです。

　なお、当事者全員が一堂に会して遺産分割についての意見交換がされ、遺

38　谷口知平＝久喜忠彦編『新版注釈民法(27)相続(2)』（有斐閣・1989年）346頁〔伊藤昌司〕を参照。

39　谷口＝久喜・前掲書（注38）356～357頁〔伊藤昌司〕を参照。

40　被相続人から多額の生前贈与を得ていていわゆる具体的相続分を有しない者も、分割協議の当事者に加えるべきであるとされています。法曹会決議昭和33年５月９日。

産分割協議書がその場で作成されたのか、当事者の間を順次持ち回り、署名
（または記名）押印されたのかは、有効性の有無にかかわりがありません。

３．２段の推定の意義と推定の覆滅

⑴　直接証拠である処分証書による要証事実の証明のプロセス

　訴訟における要証事実を直接証拠である文書によって証明するという立証
活動は、法律実務家が身に付けておくべき基本の１つです。

　売買代金支払請求事件において、売買契約の成立が争われた場合に、当該
売買契約に係る契約書を提出するといったものがその典型です。売買契約書
は、売主の目的物を売る旨の意思表示と買主の目的物を買う旨の意思表示と
が記載されている文書ですから、いわゆる処分証書にあたります。[41]処分証書
の成立が真正であること（挙証者の主張する者の意思に基づいて作成されたこ
と）を認定することができる場合には、事実審裁判所としては、当該要証事
実を認定することになります。そこで、売買契約の成立を争う被告としては、
買主欄の署名（または記名）押印が被告の意思によるものではないと主張し
て争うといった展開になります。[42]

⑵　「２段の推定」の意義

　印影の存する私文書の真正な作成が争われる場合に必ずといってよいほど
用いられる立証または認定の枠組みが「２段の推定」という手法です。

　第１段の推定は、最３小判昭和39・５・12民集18巻４号597頁（以下「昭
和39年最高裁判決」といいます）によって肯認されたものであり、その内容は
以下のとおりです。すなわち、昭和39年最高裁判決は、「文書中の印影が本
人又は代理人の印章によって顕出された事実が確定された場合には、反証が
ない限り、該印影は本人又は代理人の意思に基づいて成立したものと推定す
るのが相当であ（る）」と判断しました。この判断は、わが国の印章尊重の

41　処分証書の意義につき、田中・事実認定55〜56頁を参照。

42　処分証書による証明の構造につき、田中・事実認定88、93〜94頁を参照。

慣行の存在に基づき、経験則による「事実上の推定」を認めたものです。

　第2段の推定は、民事訴訟法228条4項が「私文書は、本人又はその代理人の署名又は押印があるときは、真正に成立したものと推定する」と規定するところです。すなわち、同項の規定は、本人またはその代理人の署名または押印がある私文書につき、その署名または押印が本人またはその代理人の意思に基づいてされたこと（署名または押印の真正）が確定したときは、当該私文書の記載全体が真正に成立したとの推定がされるという「法定証拠法則」を規定したものです。

　かくして、昭和39年最高裁判決の肯認した事実上の推定（第1段の推定）と民事訴訟法228条4項の規定する法定証拠法則（第2段の推定）とが合体して、「2段の推定」と呼ばれる私文書の真正についての立証または認定の枠組みが成立しました。[43]

　これをチャート化すると、〔図10〕のとおりです。

〔図10〕　2段の推定

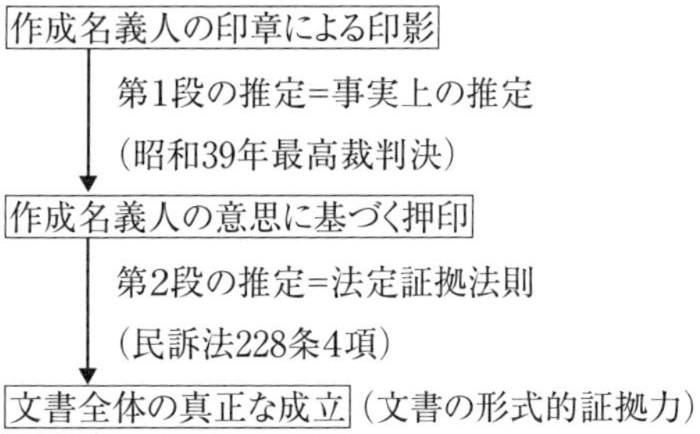

作成名義人の印章による印影

　　第1段の推定＝事実上の推定

　　（昭和39年最高裁判決）

作成名義人の意思に基づく押印

　　第2段の推定＝法定証拠法則

　　（民訴法228条4項）

文書全体の真正な成立（文書の形式的証拠力）

⑶　**第1段の推定を覆すべきであるかどうかのポイント**

　まず、作成名義人本人または代理人の印章によって顕出された事実によって、当該作成名義人の意思に基づく押印であることについて事実上の推定が働くのですから、法律実務家としては、その前提として、**当該印章は作成名義人が単独で所有し使用している印章であることを要する**（すなわち、他の

43　「2段の推定」につき、田中・事実認定58〜60頁を参照。

者と共有または共用している印章は含まれない）ことを明確に理解しておく必
要があります[44]。この点は、押印の真正を証明すべき当事者において、事実上
の推定の前提事実として証明する必要があります。

　次に、第1段の推定は、第三者がある人の印章を勝手に使用するという事
態は通常はなく、文書にある人の印章の印影が顕出されている場合には、そ
の人が自ら押印したかその人の意思に基づいて第三者が押印したかのいずれ
かであるという経験則に基礎を置くものですから、第1段の推定に対する反
証の内容となる事実を概念的に表現すると、「このような経験則の働かない
可能性のある場合であること」ということになります。

　そして、一般に、そのような場合として、①盗用型（印章を紛失しまたは
盗まれて、勝手に使用された可能性のある場合）、②委任背反型（目的を特定し
て印章を預けていたところ、当該目的外に使用された可能性のある場合）、③保管
者冒用型（印章の保管を託していたところ、保管の趣旨に背いて使用された可能
性のある場合）に分類されています[45]。したがって、**法律実務家としては、上
記①、②または③の可能性があることを示す具体的事実が存するかどうかを
検討するというのが実際にする作業になります。**

　最後に、第1段の推定は事実上の推定であって、文書の成立の真正を争う
当事者（相手方当事者）に証明責任が転換されるわけではないことを明確に
理解しておくことが重要です。すなわち、相手方当事者は、事実上の推定を
動揺させるに足りる反証を提出すれば十分なのであって、文書上の印影が作
成名義人の意思に基づいて顕出されたのではないことを証明する責任を負う
わけではないのです。

　この点は、最3小判平成5・7・20判時1508号18頁（以下「平成5年最高
裁判決」といいます）の説示によって明確に理解することができます。この
ケースは、印章の保有者である被告が出稼ぎのため印章の保管場所である自

44　最1小判昭和50・6・12判時783号106頁。
45　信濃孝一「印影と私文書の真正の推定」判時1242号（1987年）12頁を参照。

宅を留守にしているのが常態であったという事案において、金銭消費貸借契約書の連帯保証人欄に存する被告の印章による印影が真正に顕出されたものであるかどうかが争われたものです。平成5年最高裁判決の説示した「第1段の推定⇒その反証⇒第1段の推定の補完」の構造は、以下のとおりです。

［平成5年最高裁判決の説示する立証構造］

① 　第1段の推定

　　金銭消費貸借契約書中の連帯保証人欄の保証人Ａ名下の印影がＡの印章によって顕出された事実

　　⇒当該作成名義人Ａの意思に基づく押印である事実が事実上推定される。

② 　反証

　ⓐ 　上記契約書の作成当時、Ａが出稼ぎのため秋田の自宅を留守にしているのが常態であったという事実。

　および

　ⓑ 　Ａの印章が秋田の留守宅で妻によって保管されていた事実。

③ 　第1段の推定の補完

　ⓒ 　Ａが上記契約書の作成時またはその直前に秋田の自宅に戻っていた事実。

　または

　ⓓ 　Ａが印章の保管者である妻に上記契約書への押印を指示した事実。

4．事例演習（〈〈*Case* 5 -③〉〉）

遺産分割協議の実体法上の性質および2段の推定の訴訟における機能についての基礎的理解を前提にして、最1小判平成23・11・24判時2161号21頁（以下「平成23年最高裁判決」といいます）が取り扱った紛争を素材にして、遺産分割協議の成否に焦点をあててその主張・立証または事実認定の仕方を検

討することにしましょう。

(1)　事案の概要

　〈*Case* 5 -③〉は、亡Aの共同相続人であるB・C・X₁・X₂・Yの5名の間に遺産分割協議が成立したかどうかが争われた事件です。X₁・X₂は、「Aの遺産についての遺産分割協議（本件遺産分割協議）に係る遺産分割協議書（本件遺産分割協議書）のうちB作成部分は、YがBの実印を冒用して作成したものであるから、本件遺産分割協議書による本件遺産分割協議は無効である」と主張して、各法定相続分に相応する共有持分権に基づき、本件遺産分割協議に基づいて本件土地の相続登記を経由したYを被告として、真正な登記名義の回復を原因とする持分移転登記手続を求めました。

　原審である東京高等裁判所（年月日不明）が確定した事実関係は、概要、以下のとおりです。

〈*Case* 5 -③〉

①　AとYは、A所有の本件土地上に、Aの持分を100分の15、Yの持分を100分の85とする本件居宅を共有していた。

②　本件居宅は、1階がAと妻Bの居住部分、2階が長男Yの家族の居住部分であり、1階と2階に玄関が別々に設けられていたが、居宅内の内階段で相互に行き来することができるようになっていた。

③　Aは、妻Bに対し、昭和62年10月2日、本件土地の持分10分の1を贈与し、同月6日、その旨の所有権一部移転登記がされた。

④　Aは、平成7年△月△日に死亡した。Aの法定相続人は、妻であるBおよび子であるX₁・Y・C・X₂の合計5名である。

⑤　Aの相続人らは、平成7年9月30日のAの四十九日の法要の際、Aの遺産分割について話し合い、本件土地のAの持分10分の9および預貯金をBが相続し、多摩市聖ヶ丘に存する土地（聖ヶ丘の土地）のAの持分10分の5をCが相続することとした。ただし、Bの死亡後にYが本件土地をすべて相続することについて異論はなかった。

⑥　ところが、Yは、Bが本件土地のAの持分すべてを相続することに

納得がいかず、Bに対し、Bが本件土地をすべて相続するのなら、今後はBと同居しないなどと述べた。Bは、X₁・C・X₂に対し、平成7年11月23日、Yの態度について不満を述べるとともに、本件建物でYと同居を続けることに不安を示した。

⑦　平成7年12月当時、Yは、福島県郡山に単身赴任をしていたが、Xらに電話で連絡し、同月2日に遺産分割協議のために実印を持参して本件居宅に集まるように求めた。Bは、同日、本件居宅においてXらを出迎え、その1階居間にXらを通した後、そこでXらや単身赴任先から帰宅していたYと雑談をした。その後、同日中に、本件居宅において、本件遺産分割協議書にAの相続人5名全員の実印が押捺された。本件遺産分割協議書の内容は、以下のとおりである。

ⓐ　本件土地のAの持分10分の9のうち、Bが10分の4を、Yが10分の5をそれぞれ相続する。

ⓑ　本件居宅のAの持分100分の15は、Bが相続する。

ⓒ　聖ヶ丘の土地のAの持分10分の5は、Cが相続する。

⑧　平成7年12月15日、Bは、X₁およびX₂の妻であるDに対し、それぞれ額面600万円の郵便貯金証書を交付した。

⑨　平成7年12月25日、本件土地のAの持分10分の9につき、Bの持分を10分の4、Yの持分を10分の5とする相続登記がされた。

⑩　Bは、平成8年12月ころから、Yが本件土地の持分10分の5を取得したことに抗議をし、これをBに返還するように求めるようになり、平成9年12月21日、Yに対し、相続の件で嘘をつかれたのは私の方であり、本件土地の名義はすべて私のものと書き換えてくださいなどと記載した手紙を送付した。

⑪　平成18年7月、BおよびCが主導し、これにX₁・X₂が加わった4名は、本件遺産分割協議が無効であることを前提として、あらためてAの遺産分割協議をすることを求める調停を申し立てることを決め、同年8月11日、上記4名が申立人となり、Yを相手方として、東京家

庭裁判所に調停を申し立てた。

⑫　Bは、平成18年10月△日に死亡し、X₁・X₂は、平成19年2月7日、本件訴訟を提起した。

[関係図]

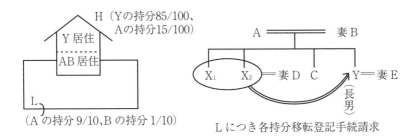

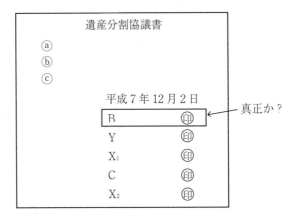

(2)　原判決の本件遺産分割協議書の成立の真否についての認定・判断

　東京高等裁判所は、以下のとおり、本件遺産分割協議書中のBの作成部分の真否について認定・判断し、結局、本件遺産分割協議は有効に成立したとはいえないと判断しました。

①　Yは、Bが本件建物1階で自ら本件遺産分割協議書に押印した旨供

述するが、その際の具体的な状況については、記憶があいまいである
として示すことができない。そして、BがYの態度に強い不満を持っ
ていたことに照らせば、Yの供述するように、Bが、Yの記憶に残る
ようなやり取り等もないまま、Y作成に係る本件遺産分割協議書に自
ら押印したとは考えられない。

ⅱ　上記事実関係にYがBの実印および印鑑登録証明書を預かっていた
事実を総合すれば、ⓐYは、平成７年12月２日、Bにはその目的を秘
してXらを本件建物に集める一方で、ⓑYの妻EにBを本件建物から
連れ出させて、その外出中に、Bのいない本件建物２階において、B
から預かっていた実印を用いてBに無断で本件遺産分割協議書に押印
し、ⓒBが承諾することを条件に本件遺産分割協議書に押印をしたX
らに対しては、本件建物２階でBに自ら押印をしてもらったとの説明
をして、Bの押印のある本件遺産分割協議書を示して、その納得を得
たと認定せざるを得ない。

ⅲ　よって、Yは、Bの実印を冒用して、本件遺産分割協議書のBの作
成部分を偽造したものであり、本件遺産分割協議は有効に成立したと
はいえない。

(3)　平成23年最高裁判決の判断

上記(2)のとおり、原審は、Xらの反証が成功したとしたばかりでなく、Y
が本件遺産分割協議書のB作成部分を偽造したと積極的に認定したのですが、
最高裁判所は、以下㋐ないし㋒のとおり、原審のいずれの認定・判断にも法
令の解釈適用の誤りがあるとして、原判決を破棄したうえで自判（Xらの控
訴を棄却）しました。

㋐　「第１段の推定」の再確認

私文書の印影が本人の印章によって顕出されている場合には、反証の
ないかぎり、当該印影は本人の意思に基づいて顕出されたと推定される

ところ、前記事実関係によれば、本件遺産分割協議書にはＢの実印による印影が顕出されているというのであるから、反証のないかぎり、当該印影はＢの意思に基づいて顕出されたと推定される。

（イ）　原判決の上記(2)ⅱの認定についての経験則違反

① 　前記事実関係によれば、Ｙは、Ｘらに対し、遺産分割協議のために平成７年12月２日に本件居宅に集まるようにあらかじめ連絡をしたうえ、自らも単身赴任先である福島県郡山から帰宅し、Ｂも、遺産分割協議のために本件居宅を訪れたＸらを出迎え、本件居宅１階居間に通した後、そこでＸらおよびＹと雑談をしていたというのであるから、上記３名が本件遺産分割協議書を作成する目的で集まったことをＹがＢには秘していたというのは不自然である。

② 　さらに、Ｂが、自らが居住する本件居宅１階にＸらを通しながら、Ｘらを置いて外出し、そのまま本件居宅１階に戻らないなどということも不自然といわざるを得ない。

③ 　しかも、本件遺産分割協議の内容は、Ａの四十九日の法要の際にＡの相続人らの間で話し合われた遺産分割協議の内容を、もっぱらＢに不利益に変更するものであること、Ｘらは、ＢからＹの態度についての愚痴や不満を聴いていたことなど前記事実関係に加え、原審の認定するところによれば、Ｘらは、Ｂの承諾を条件に本件遺産分割協議書に押印をしたというのであるから、Ｘらが、Ｙの説明によれば本件居宅２階に居るはずのＢの意向を直接確認することなく、ＹからＢの実印が押された本件遺産分割協議書を見せられただけで、Ｂが本件遺産分割協議を承諾したものと納得したというのも著しく不自然である。

④ 　原審の上記事実認定には不合理な点があることは否定しがたい。

46　平成23年最高裁判決は、ここで昭和39年最高裁判決を参照判例として摘示しています。

㈡　第1段の推定に対する反証の有無

①　かえって、前記事実関係によれば、ⓐAの四十九日の法要の際に話し合われたところによれば、Yは、Aの遺産を全く相続できないことになるのであって、Yが、本件土地上に建築された本件居宅につき、建築費用の負担割合に応じて100分の85の持分を有していることからすれば、Yが本件土地のAの持分の10分の9のうち一定割合を相続により取得することを希望するのはむしろ自然であって、ⓑBがその後も本件居宅においてYの家族と同居を続けていくことが予定されていたことや、ⓒBの死亡後にYが本件土地をすべて相続することについてはAの相続人らの間に異論がなかったことなどを考慮すれば、Y以外のAの相続人らが、Yの希望に沿った内容の遺産分割協議に応ずることは不合理なことではない。

②　そして、ⓓBは、本件遺産分割協議書が作成された日の約2週間後である同月15日には、本件遺産分割協議書上何らの遺産も取得できないことになるXらに対し、各600万円の郵便貯金証書を渡したというのであって、このことは、Bがそれ以前にAの遺産についての分割協議が成立したことを認識していたことをうかがわせるものであるし、ⓔBが平成9年12月にYに送った手紙の内容も本件遺産分割協議書が偽造されたことを指摘し、非難する趣旨のものとはいえない。ⓕBが、本件遺産分割協議書のBの押印がYによって無断でされたものであるとの主張の下に、調停の申立てをするに至ったのは本件遺産分割協議書が作成されてから10年以上も経過した後であって、記録上も、それまでは、Bが明確に上記のような主張をしていたことはうかがわれないのである。

③　以上の事情の下においては、BがYの態度に強い不満を持っていたこと、Yの当時の記憶があいまいなものであること、YがBの実印等を預かっていたことなど原審が指摘する事実が認められるとしても、

> 上記の推定を覆すに足りないとみるのが相当である。

(4)　遺産分割協議の成立に関する前記(3)の認定・判断の分析

(ア)　「第1段の推定」の推定力の強弱についての認識

前記(2)の原審（東京高等裁判所）の説示によると、原審もまた「2段の推定」という立証または認定の枠組みを前提としているものと思われます。それでは、原判決と平成23年最高裁判決との結論を分けた原因は、何なのでしょうか。

考えられるものとして、いくつかを指摘することができます。

1つは、「第1段の推定」の推定力の源泉はわが国の印章尊重の慣行（経験則）の存在にあるのですが、そもそもその推定力をどの程度に強いものとして扱うかという点の考え方に相違があることがあげられます。もちろん、そこで問題になっている印章が実印であるのかどうか、文書の経済的・社会的重要性がどの程度のものかといった要因によって、推定力の強弱に相違があるのは当然のことというべきです。しかし、〈*Case* 5 -③〉がその好例であるように、全く同一の紛争における同一の文書中の同一の印章による「第1段の推定」の推定力の把握の仕方にもかなりの相違があるというのが事実審裁判所の現実なのです。

事実上の推定力をかなり強いものと考えている事実審裁判所の例として平成5年最高裁判決の原審[47]をあげることができますし、これを弱いものと考えている事実審裁判所の例として最1小判平成8・2・22判時1559号46頁の原審[48]をあげることができます。

〈*Case* 5 -③〉で取り上げた事案についての原審（東京高等裁判所）は、①BがAの遺産分割についてのYの態度に強い不満を持っていたこと、②Yの本件遺産分割協議書作成当時の記憶があいまいであること、③Yが本件遺産分割協議書作成当時Bの実印および印鑑登録証明書を預かっていたこととい

---

[47]　仙台高秋田支判平成元・9・11公刊物未登載。

う３つの事実をもって事実上の推定に対する反証として十分であるとしたものと考えることができます。これら３つの事実のうち、前記の経験則との関係からすると、その重要性の程度は③＞①＞②の順になるものと思われます。

ところで、③については、ＹがＢの実印等を預かっていたとはいうものの、本件遺産分割協議書作成当日、同居していたＢとＹのみならず、Ａの他の相続人であるX₁・Ｃ・X₂も本件居宅を訪れていて、結局、Ａの相続人全員が本件居宅に集合していたというのですから、X₁・Ｃ・X₂においてＢの意思を確認することができる状況にあった（前記(3)(イ)の③）のです。そうすると、〈Case5-③〉における③の点は、平成５年最高裁判決がすでに説示しているように、反証として重要な地位を占めるとはいえません。

次に、②の点は、本件遺産分割協議書作成から12年程度も経過した後のＹの記憶を問題にするものであって、それ自体の合理性に疑問の大きいものです。

最後に、①の点は、後記(イ)で検討するように、本件遺産分割協議書作成時における他の多くの間接事実を検討しないでは、Ｂが自らその実印を押印したかどうかについて意味のあるものといえるかどうかが判然としないものです。

このように検討してきますと、原審は、もともと「第１段の推定」の推定力をかなり弱いものとする立場に属しているものと思われます。

(イ)　「第１段の推定」に対する反証として十分か

原判決と平成23年最高裁判決との結論を分けた原因として考えられる第２点は、「第１段の推定」の推定力の強弱のとらえ方に係る第１点のコインの裏側の問題ですが、「第１段の推定」に対する反証として十分というために

48　抵当権順位変更契約証書中の原告会社代表者の印章により印影が顕出されていることに争いのない事案において、原審である名古屋高裁金沢支部は、第１段の推定に対する反証なしとしてその真正な成立を認定した第１審判決を取り消し、同代表者の意思に基づく押印であるとは認められないとしました。前掲最１小判平成８・２・22の詳細につき、田中・論点精解民訴196～202頁を参照。

どのような事実がどの程度に集積していることを要すると考えるかの立場の相違があります。

これは、結局のところ、立証にあたる当事者の訴訟代理人または事実認定にあたる事実審裁判官が当該事件における経験則としてどれだけのものを持ち合わせているかに帰着する問題です。

前記(3)の認定・判断に即して検討してみましょう。

まず、YがAの四十九日の法要の際に話し合われた内容に異議を述べ始めたことにBが不満を持っていたという事実（上記(ア)①の事実）についてみてみましょう。原審（東京高等裁判所）は、この事実が認められる以上は、B・X₁・C・X₂がYの主張に沿った本件遺産分割協議書に押印することは一般的には生じない（経験則に反する）と考えているようです。

しかし、このような経験則の理解は、最高裁判所が前記(3)(ウ)①の@ないし©で多角的かつ的確に分析するように、軽率で表面的な思い込みにすぎないというべきでしょう。最高裁判所は、**経験則に合致した合理的な事実認定をするためには、「以前の話合いの結果にYが異議を述べたことに対するBの不満の吐露⇒B・X₁・C・X₂のYの新提案に対する不応諾」といった短絡的な事実認定をするのは危険であって、Yの新提案の根拠とその合理性の程度とを検討する必要がある**ことを具体的に指摘しています。

また、X₁・C・X₂がYの新提案に沿った本件遺産分割協議書にその意思で押印したことに争いがないところ、最高裁判所が前記(3)(イ)の③で指摘するように、BがYの新提案に対する不満を吐露していたことを知っていたXらが、当日、一挙手一投足で確認することのできる状態にあるBの意思を直接確認しないまま本件遺産分割協議書に押印したというのも、経験則に合致した合理的な事実認定とはいえないでしょう。

さらに、本件遺産分割協議書の作成後、Bが自らの実印をYによって冒用されたとの趣旨の異議を述べていたかどうかは、必ず確認すべき重要な間接事実というべきですが、最高裁判所が前記(3)(ウ)②の@および①で指摘するように、Bがそのような主張をするようになったのは本件遺産分割協議書が作

成されてから10年以上も経過した後であるというのです。

　このように検討してくると、〈Case 5 -③〉の事案において原判決の指摘する前記の３点は、それらと密接に関連する点をきちんと検討すると、「第１段の推定」を揺るがすのに十分な反証とはいえないことがわかります。

　実印をその所有者以外の者が保管していたという点のみをみると、平成５年最高裁判決の事案と〈Case 5 -③〉とに共通点があるのですが、前者は出稼ぎのため１年を通して保管場所である自宅を離れていたのが常態であった場合であり、後者は実印の所有者が保管者と同居していた場合です。実印をその所有者以外の者が保管していたという点は、前者においては事実上の推定を揺るがすのに十分な反証となりますが、後者を同一に扱うのは合理的な認定とはいえないのです。

　この点１つを取り上げてみても、事実認定が機械的ないし形式的な思考で事足れりとはいかないこと、少し大げさに表現すれば、奥の深い知的作業であることを実感することができると思います。

　　(ウ)　Ｙが偽造したとの原判決の認定についての経験則違反

　前記(2)ⅱのとおり、原判決は、Ｘらが第１段の推定に対する反証に成功したとしたばかりか、ＹがＢの実印を冒用して本件遺産分割協議書のＢ作成部分を偽造したと積極的に認定しました。

　これは、本来、Ｙにおいて本件遺産分割協議書の成立が真正であることを証明すべきところ（民事訴訟法228条１項）、原審が、その心証を形成することができなかった（すなわち、Ｙがその証明に成功しなかった）というにとどまらず、Ｘらにおいて積極否認の事実として主張した反対事実の存在（Ｙの偽造）を認定したというものです。このような認定手法は、実務上「かえって認定」と呼ばれていて、認定を誤る危険があるから、初心者は避けるのが無難であるといわれています。

　原審の裁判官は、それなりの経験を積んだ人たちであって到底初心者とはいえないのですが、前記(2)ⅱの@ないし©の事実認定のいずれについても、最高裁判所は、「不自然である」または「著しく不自然である」として、経

験則に合致しないものであると判断しています。

　前記(3)(イ)の最高裁判所の説示は、それ自体明快ですから、ここにその一々を繰り返しません。**最高裁判所は、それなりに経験を積んだ事実審裁判官であっても、「かえって認定」をするには慎重の上にも慎重に多角的な検討を怠ってはならないとのメッセージを発している**のです。

5. 小　括

　本項では、相続をめぐる紛争のうち被相続人の死亡後に共同相続人間でされた遺産分割協議の効力が争われる紛争——より具体的には、遺産分割協議書が真正に作成されたかどうかが争われる紛争——を取り上げて検討しました。

　〈*Case* 5 -③〉は、印影が顕出されている遺産分割協議書につき、いわゆる「2段の推定」のうちの「第1段の推定」を覆すための反証の成否が争われたものです。文書は民事訴訟における最重要の証拠であり、その成立の真否に係る立証および認定は、当事者の訴訟代理人であれ事実審裁判官であれ、法律実務家として身に付けておくべき技法の基本中の基本です。

49　「かえって認定」につき、田中・事実認定249〜250頁、司研・判決起案の手引68頁を
　　参照。

●事項索引●

●判例索引●

（判決言渡日順）

[平成]

※カッコ内の判例時報掲載頁は、論説「最高裁民事破棄判決等の実情」における該当判決
　解説箇所を掲載しました。同判決は公刊物未登載のものです。

〔著者略歴〕

田 中 豊（たなか ゆたか）

〔略　　歴〕1973年東京大学法学部卒業、1977年ハーバード大学ロー・スクール修
士課程修了（LL.M.）、1975年裁判官任官、東京地方裁判所判事、司
法研修所教官（民事裁判担当）、最高裁判所調査官（民事事件担当）
等を経て1996年弁護士登録
現在、弁護士（東京弁護士会）
司法試験考査委員（民事訴訟法　1988年〜1989年／民法　1990年）
新司法試験考査委員（2006年11月〜2007年10月）、慶應義塾大学法科
大学院教授・客員教授（2004年4月〜2019年3月）

〔主要著書〕『衆議のかたち──アメリカ連邦最高裁判所判例研究（1993〜2005)』
（共著、東京大学出版会・2007年）、『事実認定の考え方と実務』（民事
法研究会・2008年）、『和解交渉と条項作成の実務』（学陽書房・2014
年）、『衆議のかたち2──アメリカ連邦最高裁判所判例研究（2005〜
2013)』（共著、羽鳥書店・2017年）、『民事訴訟判例　読み方の基本』
（日本評論社・2017年）、『論点精解　民事訴訟法』（民事法研究会・
2018年）、『法律文書作成の基本［第2版］』（日本評論社・2019年）、
『判例でみる音楽著作権訴訟の論点80講』（編著、日本評論社・2019年）

〔主要論文〕「間接侵害──判例形成と立法」ジュリスト1449号（2013年）49頁、
「著作権侵害の証拠」ジュリスト1456号（2013年）110頁、「外国主権
免除法と商業的活動の例外」法律のひろば70巻1号（2017年）51頁、
「情報検索サービス事業者に対する検索結果の削除請求」コピライト
58巻685号（2018年）2頁、「服飾デザインと著作権法による保護」法
律のひろば72巻2号（2019年）52頁

〔2020年2月現在〕

紛争類型別　事実認定の考え方と実務〔第2版〕

令和2年3月10日　第1刷発行

定価　本体3,300円＋税

著　者　田中　豊
発　行　株式会社　民事法研究会
印　刷　文唱堂印刷株式会社

発行所　株式会社　民事法研究会

〒150-0013　東京都渋谷区恵比寿3-7-16
TEL 03(5798)7257〔営業〕　FAX 03(5798)7258
TEL 03(5798)7277〔編集〕　FAX 03(5798)7278
http://www.minjiho.com/　info@minjiho.com

落丁・乱丁はおとりかえします。ISBN978-4-86556-338-2 C3032　¥ 3300E
カバーデザイン　袴田峯男

▶民法（債権関係）改正に対応して、全面的に見直して改訂！

要件事実の考え方と実務
〔第4版〕

加藤新太郎　編著

A5判・458頁・定価　本体 3,800円＋税

本書の特色と狙い

▶要件事実の教科書としてロングセラーの、民法（債権関係）改正完全対応版！

▶改正の具体的な内容を簡潔に解説する「訴訟の概要」を各章の冒頭に設け、本文でも現行法や判例理論との異同に留意した、わかりやすい解説！

▶法改正のあった条文に関する部分は全面的に改稿し、改正債権法に対応する情報を的確に織り込んだ、スリムかつスマートでわかりやすい標準的な要件事実論のテキスト！

▶簡易裁判所での代理人となる司法書士はもちろん、要件事実論をマスターしようとする法科大学院生、司法修習生、弁護士等の若手法律実務家にとっても必読の書！

本書の主要内容

発行 民事法研究会

〒150-0013　東京都渋谷区恵比寿3-7-16
（営業）TEL. 03-5798-7257　FAX. 03-5798-7258
http://www.minjiho.com/　info@minjiho.com